"一带一路"背景下广西国际化会计人才培养实践探索

李振艺 李满枝 ◎编著

中国社会科学出版社

图书在版编目（CIP）数据

"一带一路"背景下广西国际化会计人才培养实践探索/李振艺，李满枝编著.—北京：中国社会科学出版社，2022.3
ISBN 978－7－5203－9767－4

Ⅰ.①—…　Ⅱ.①李…②李…　Ⅲ.①国际会计—人才培养—研究—广西　Ⅳ.①F234.5

中国版本图书馆 CIP 数据核字（2022）第 028030 号

出 版 人	赵剑英
责任编辑	戴玉龙
责任校对	周晓东
责任印制	王　超

出　　版	中国社会科学出版社
社　　址	北京鼓楼西大街甲 158 号
邮　　编	100720
网　　址	http://www.csspw.cn
发 行 部	010－84083685
门 市 部	010－84029450
经　　销	新华书店及其他书店
印　　刷	北京明恒达印务有限公司
装　　订	廊坊市广阳区广增装订厂
版　　次	2022 年 3 月第 1 版
印　　次	2022 年 3 月第 1 次印刷

开　　本	710×1000　1/16
印　　张	16.75
插　　页	2
字　　数	275 千字
定　　价	98.00 元

凡购买中国社会科学出版社图书，如有质量问题请与本社营销中心联系调换
电话：010－84083683
版权所有　侵权必究

目 录

导 论 ··· 1

第一章 会计教育基础及其相关概念 ······················· 9
第一节 会计基本理论 ··· 9
第二节 我国会计教育体制的变革与发展 ················ 22
第三节 会计人才培养模式及相关概念界定 ············· 29

第二章 国外会计人才培养模式研究 ······················· 50
第一节 美国会计人才培养模式研究 ······················ 50
第二节 澳大利亚会计人才培养模式研究 ················ 57
第三节 英国会计人才培养模式研究 ······················ 62
第四节 加拿大会计人才培养模式研究 ··················· 67
第五节 新加坡会计人才培养模式研究 ··················· 74

第三章 广西会计人才培养的现状和发展前景 ············ 82
第一节 高校会计教育取得的成就 ························· 82
第二节 广西会计人才培养的现状 ························· 88
第三节 广西会计人才培养的多重机遇 ··················· 100

第四章 会计人才能力框架的构成 ·························· 106
第一节 会计社会需求分析 ·································· 106
第二节 能力及其相关概念和理论 ························· 112
第三节 会计人员能力框架的构成要素 ··················· 118
第四节 会计人才的考核与评估 ···························· 130

第五节　国外著名会计师事务所对会计人才的要求 …… 133

第五章　构建广西会计人才能力框架 …… 138
　　第一节　构建会计人才能力框架的现实支撑 …… 138
　　第二节　会计人员能力框架的建设 …… 141

第六章　创新广西会计人才培养模式的一般举措 …… 153
　　第一节　创新培养内容，实现会计人才全面发展 …… 153
　　第二节　加强师资建设，打造精品课堂 …… 181
　　第三节　加强校企合作，提升会计人才的实践能力 …… 188
　　第四节　加强国际合作，提升会计人才的国际竞争力 …… 198

第七章　面向东盟的国际化会计人才培养 …… 218
　　第一节　东盟各国会计比较研究 …… 218
　　第二节　区域会计合作大背景 …… 223
　　第三节　做强东盟国际会计专业，打造国际化会计人才 …… 227
　　第四节　打造广西品牌事务所，助推会计服务出口 …… 231

第八章　面向未来的广西会计事业建设前瞻 …… 237
　　第一节　人工智能与会计人才 …… 237
　　第二节　大数据与会计人才 …… 240
　　第三节　区块链技术与会计人才 …… 245
　　第四节　新商业模式与会计人才 …… 249
　　第五节　"一带一路"与会计人才 …… 253

结　语 …… 257

附件　会计人才培养模式满意度调查（学生） …… 258

参考文献 …… 262

导 论

随着经济全球化进程的不断推进，我国全面深化改革的发展，越来越多的企业家放眼全球，开始国际化背景下会计人才培养模式的探索与研究，虽然取得了一些成果，但在实践过程中却难以跟上时代的要求，特别是当前的高校会计教学始终没有跟上社会的发展需要。广西地处"大西南出海通道"和"一带一路"建设的重点区域，与周边国家的经贸往来不断增加，因此，广西对高等会计人才甚至是国际化会计人才提出了更高要求。随着问题的不断涌现，如何创新会计人才培养模式，成为广西高校亟须解决的问题，这也引起了高校乃至自治区政府的高度重视。基于这一背景，笔者选择这一课题进行相应的调查和研究。

一 选题缘起

1. 广西正处于多重机遇叠加期

从1992年的"大西南出海通道战略"到2000年"西部大开发战略"、2001年中国加入WTO、2002年"中国—东盟自由贸易区"提出、2003年"泛珠三角经济合作"提出、2004年"大湄公河次区域合作"和2008年"广西北部湾经济区"，再到2014年"一带一路"倡议的提出，近些年来，随着经济全球化和区域经济一体化进程的加快，广西经济社会发展迎来多重机遇发展叠加期，会计人才的紧缺特别是涉外会计人才短缺问题已经成为制约广西对外开放、融入区域一体化进程的"瓶颈"，如何培养高素质的会计人才是社会特别是高校亟须解决的现实问题。

2. 公司（企业）会计涉外业务大幅度增加

随着世界经济全球化和区域经济一体化的发展，会计国际化趋势也在同步进行：一方面，国际经济活动重心逐渐从国际贸易转向国际筹资和国际投资，公司跨国化经营已然成为21世纪世界经济的主流，国际交易中将大量充斥着英语商业信函、合同文本、支付手段等；另一方面，伴随经营公司跨国化进程，大量出现的跨国公司审计、涉外会计、管理咨询和国际税务筹划等对会计人才的知识结构和能力水平产生了重大影响。

3. 信息技术发展对会计人才能力的新要求

近年来，由于网络信息技术在公司（企业）中的运用越来越广泛，如 ERP、办公自动系统、互联网、远程沟通工具等，在信息新技术环境下，会计人员除了必须具备会计知识外，还要掌握计算机操作知识和技能、网络系统的使用与管理及具备预测、决策知识、数据分析能力和较强的信息沟通能力等。

4. 广西高校会计专业发展的需要

从广西高校自身来说，广西高校会计专业的发展需要破与立。作为培养会计人才的广西高校，只有准确把握世界经济发展趋势，清醒地认识到广西会计教育面临的机遇和挑战，找准学校办学定位，厘清办学思路，创新办学模式，并及时对培养模式做出相应的调整和转变，才能适应经济发展的需要，培养出能力与知识俱佳的高素质的国际性、应用型、复合型会计人才。

因此，探讨和摸索出适应广西会计人才培养的新模式、探讨广西会计人才能力框架构建就成了当务之急，这既是对会计教育模式进行研究的理论需求，也是解决当前广西会计教育落后于实际能力需求这一问题的迫切需要。本书将对我国会计人才培养模式进行开放式创新实践思考，从会计职业能力需求构架来分析其人才培养模式，指明当中可能存在的问题，找到基于职业能力需求的会计人才培养模式的基本途径。总之，会计人才的能力将决定其社会价值，因此，在树立经济全球化观念的同时，应相应地确立现代会计发展的国际化观念。

二 研究综述

教育界的同仁对会计培养目标、专业建设、课程设置、教学方法、考试手段和师资培训等方面发表了不少文章，取得一些可喜的成绩，值得会计教学借鉴和推广，同时也存在一些问题需要我们进一步研究。总体来说，国内外关于会计人才培养模式的研究主要围绕以下几个方面展开：

（一）关于会计教学模式的研究

1. 国外专家研究

国外许多国家很早就意识到经济社会的发展对本科会计人才培养模

式的影响，为了探求改革会计人才培养模式之路，使之与经济发展相适应，许多专家针对本科会计教育进行了一系列的研究。

（1）基础研究。Arthur K. Ellis（2005）认为，教育理论可以划分为两大类别：传统型教育理论和经验型教育理论，而代表这两种类型的是要素主义和进步主义两大主流教育理论。

（2）教育目标研究。1989年，由当时美国八大会计公司资助成立的"会计教育委员会"专门进行了会计教育改革的研究，并先后发表了一系列关于会计教育改革的研究报告，明确指出，学校会计教育的目的不在于训练学生在毕业时即成为一个专业人员，而在于培养他们在未来成为一个专业人员应当具备的学习能力和创新能力，并使其终身学习。

（3）课程和内容体系。William E. McCarthy（1999）别有新意地对会计教育、练习和研究建立了一种与语意有关的模型。Herve Stolowy、Clyde P. Stickney（2000）公布了关于内容和知识材料在欧洲和美国的财务分析课程中使用情况的测量结果。美国的毕业生课程强调大多数已接受的会计法则和基本分析工具的应用，课程内容反映出来的差别和个别企业的财务分析课程包括会计课程有关。

（4）教学手段。H. J. Irvine、K. Cooper、G. Jones（2006）认为，可以运用概念图表的绘制练习来加强学生对财务会计中相关联的各个概念的理解和记忆。

2. 国内专家研究

我国的本科会计教育研究工作主要是由个人或是课题组开展，研究内容主要集中在以下几个方面：

（1）本科会计教育目标定位。我国会计教育界对教育目标主要展开了会计人才培养的"专才"与"通才"之争。李心合（1998）主张会计本科教育应为通才教育；阎达五教授（1998）则认为会计教育目标应定位于实际工作部门（企事业单位）培养从事会计工作的专门人才。汤湘希认为，大学会计教育目标定位必须以市场为导向，确立具有前瞻性、层次性和可操作性的会计教育目标，培养具有坚实的基本素质和专业素质，良好的职业道德修养和心理、身体素质，具有较强的自学能力和创新能力的管理型会计人才。

（2）教学方式方法。常颖、陈立群（2000）提出会计案例教学选择内容应遵循实用性、典型性、针对性、理论性和借鉴性原则，并对会计案例教学进行介绍,认为其应由准备工作、案例简介、案例讨论、案例分析和教师小结五部分组成。王姣(2004)指出案例教学开展存在的障碍,强调要发挥会计学会的作用,加强校企合作,共同开发案例教学课程。王菁华、刘政伟(2002)总结出教学过程中的"三个环节"和"两个方法",即会计教学的"二维教学法":第一维度是"三个环节",即讲授环节、问答环节、自学环节;第二维度是教学的"两个方法",即归纳法和演绎法。

(3)对国外经验的研究与借鉴。刘兴动(1996)对中西会计教育进行了比较研究,他认为,美国进行的旨在保证教学优先地位的改革是值得我们借鉴的。汤湘希(2003)对美国会计教育概况进行了全方位的描述分析,提出大学教育是一种专业教育。王来武、郝淑君和周竹梅(2004)对中国与加拿大本科会计教育改革比较研究,发现我国本科会计教育存在如下问题:①理论基础薄弱,课程设置不够合理;②技术性课程的安排不够合理,大学教育与职业教育脱节;③"以教师为中心"的传统教学方法未能改变,学生的学习能力和创新能力较差;④缺乏实践支撑,毕业生动手能力差。

(4)关于教材内容研究。牛彦秀(2002)研究了管理会计、成本会计、财务管理内容交叉问题,提出了解决的具体对策。孟焰、李玲(2007)认为,我国本科会计专业课内容重复较多、专业课与基础课比重失调、课程设置存在一些遗漏等方面的问题。

(二)关于能力的研究

1. 国外专家研究

(1) Bloom 和 Debessay(1984)认为,会计教育应该主要围绕基本原则进行,而不是试图传授所有技术领域的知识,鼓励会计教育方法的改革应从程序性和技术性的教学方法向概念性和问题式方法转变。

(2) Carnevale、Gainer 和 Meltzer(1990)及 Porter 和 McKibbin(1988)的研究表明,学生缺乏雇主所要求的智力、人际交往能力和沟通能力。Whitney(1992)认为,学校教给学生的知识过于陈旧,教育界应重新审视课程的设置以使学生能适应现在和未来的企业环境。

(3) Baldwin 和 Ingram(1991)认为,无论是采用哪种方法,会计基础课程都需要改革,应让学生掌握更多相关的和有用的会计信息。针对美国会计学生数量和质量下降的趋势,他们建议对会计基础课程的内容和方法进行彻底的更新,以吸引有很好的推理和分析能力的学生选择会计专业。

(4) Albrecht 和 Sack 指出,会计教育要强调基本原理、基础原则的教育和技能的培养;强调高水准、宽口径的课程,而非深入的专业教育;应教会学生如何寻找答案及如何学习。

2. 国内专家研究

(1) 刘玉廷(2004)认为,高级会计人才应具备的职业能力应包括五个方面:①具备一定的政策理论水平;②具备会计政策的职业判断能力;③具备在本单位组织和实施内部控制的能力;④具备财务管理的能力;⑤具备综合运用财务会计信息,为管理决策层提供意见和建议的能力。

(2) 秦荣生(2002)指出,会计人员应具备的业务胜任能力包括观察能力、记忆能力、思维能力、想象能力、操作能力。

(3) 赵秀云(2002)研究了网络环境下会计人员职业能力教育框架的构建,葛兵(1999)、乔兴旺与王志平(1999)提出,会计教学应向能力本位转化,李明辉(2004)研究了会计专业本科生能力的培养问题,刘勇(2004)探讨了如何构建会计人员能力框架问题。

从教育的角度出发,能力本位是相对于知识(学科)本位、学历(资格)本位的一个相对概念,它主要重视的是能力的培养。

(三)关于职业教育的研究

我国在实践中也探索出了一系列人才的培养模式,诸如订单教育、工学交替、产学结合、校企合作等。林永森(2012)指出,针对我国技能型人才短缺的现实,要健全和完善以企业为主体、院校为基础、学校教育和企业培养紧密联系、政府推动和社会支持相互结合的技能人才培养体系。

敬娜娜(2014)认为,培养我国高技能型人才的对策应包括相互联系的四个方面:更新思想观念,树立新的人才标准,改变传统的人才观,形成全社会"能为重、技为荣"的良好氛围;完善相关制度,建立技能激励机制;增加相关投入,加大政策支持力度,加大政府和企业对专业技术教育的投入;深化教育改革,强化技能人才培养。而张建强(2014)认为除以上四个方面外,还应充分发挥企业在培养过程中的主体作用,以及加快建立新的技能人才评价体系。

何燕（2012）重点研究了校企合作培养技能人才的模式，指出校企合作的形式有"订单式"培养培训、校企互动式、成立专业指导委员会、举办"企业杯"专业技能竞赛、产学研式、举办企业家报告会、共建学校实训基地等。而孙祥（2013）认为有必要建立全方位、深层次的"校企合作"机制，包括共同研究制定校内重大事项的机制、引入企业参与教学研究工作的机制等。

杨玉婷（2013）指出，要构建产学研合作机制，并提出中职院校可以从以下四个方面加强产学研工作：第一，充分利用实习、实训基地，承接企业产品和零件加工的订单；第二，利用实习、实训基地为社会和企业培训在岗工人、技术人员，提高他们的新技术素质；第三，利用实习、实训基地，在接触企业中为企业实现技术革新贡献才智和力量；第四，充分利用实习、实训基地，培养出高素质、专业化"双师型"的师资队伍。

姚美娟（2013）提出，工学结合人才培养模式，该模式是指在一定的教育思想和教育理论指导下，为实现培养目标而采取的培养过程的某种标准构造模式和运行方式，它们在实践中形成了一定的风格或特征，具有明显的系统性。"2+1"工学结合模式，是我国高等职业教育人才培养的一种方法，是产学结合的重要载体。具体来说，就是教学两年在学校，一年在企业进行。

综上所述，我国会计学者对会计教育及其改革问题进行了大量的研究，但存在如下欠缺：

（1）对会计教育如何从传授知识转化为培养能力以更好地适应社会对会计人才的需求尚缺乏系统性探讨以及理论支持。

（2）已有的涉及能力框架问题的研究，主要分析了能力框架研究的目的、意义及研究方法，并未对能力框架的内容进行深入研究，当前会计人才的培养尚缺乏有效的能力框架的支持。

（3）大多数研究已经深刻认识到本科会计教育在整个会计教育领域扮演着重要的角色，但是依然有很多问题需要我们去做更为深入的研究和探索。比如，为什么我国本科会计教育模式不能很好地适应市场需求？如何对我国本科会计教育模式进行定位？怎样进行教学课程和内容的更新？怎样改革本科会计教育的教学方法等？

三　研究思路及内容

1. 思路

本书将研究广西会计人才的培养模式创新问题。其研究思路是：首先对国内外研究文献进行梳理，剖析其不足，其次借助供求理论，从社会对会计人才需求视角着手，探索会计人才的能力框架构建，提出创新会计人才培养模式：通过双语教学、精品课程和"3+1"来促进广西国际性、应用型、复合型人才的培养。

2. 主要内容

（1）对国内外会计人才培养模式研究进行梳理，总结当前培养模式的不足。

（2）从实际需求视角归纳社会对会计人才能力的构成，为构建会计人才能力框架提供依据。

（3）构建会计人才能力框架。

（4）适应会计能力框架需求，以双语教学、精品课程和"3+1"三大支撑创新广西会计人才培养模式。

3. 主要观点

（1）重塑培养目标，会计本科教育的重点要放在能力的培养，而不是知识的传授，突出其四性：应用性、创新性、国际性和复合性。

（2）优化课程体系，建立目标驱动型课程体系，倡导以能力为基础，强调精品课程建设。

（3）改进教学方法，引入案例教学和问题导向相结合的新型方法，培养学生应用能力、学习能力和创新能力。如双语教学、"3+1"教学等。

（4）加强与国外高校的交流，合作办学、互派教师、共同研究开发项目，通过强强联合，实现合作共赢。

（5）注重教师与实务的交流，重视校企合作，建立校外实训基地、建立校内多功能实验、实践教学平台加强产学研相合作来促进会计教育健康发展。

四　创新之处

（1）本书提出"3+1"会计人才培养模式，是广西会计教育的首创。

（2）确立广西本科会计人才能力评价指标体系，把国际性、应用型、复合型人才要求作为会计教育质量工程的导向。

（3）以能力框架构建为切入点，提出广西本科会计人才能力框架。

五 项目意义

本书将以能力理论为基础，以能力需求分析为切入点，以会计人才的能力框架构建为主线，探讨广西会计人才培养模式的创新，这些是理论界和教育界多年没有解决而且正在摸索实践的问题，本书无论从理论上看，还是从实践价值上看，都非常有益。

（1）本书将丰富创新教育理论的内涵，有利于形成广西会计教学特色，推动广西高校会计教育的全面发展，全面提高会计教学质量，打造广西会计教育品牌。

（2）本书探讨的双语教学和"3+1"合作办学，为增进中外教育特别是广西与东盟国家合作交流提供平台，有利于广西培养国际性、应用型、复合型会计人才，加快广西区域经济一体化进程。

（3）本书以能力框架构建为导向的培养模式研究，有利于推动广西会计人才培养教育从传授知识转化为培养能力转变和创新。

第一章 会计教育基础及其相关概念

无论是会计人才培养还是会计人才能力，其主体都是会计。到底什么是会计？或者说，会计的内涵是什么？会计古义是集会议事。我国从周代就有了专设的会计官职，掌管赋税收入、钱银支出等财务工作，进行月计、岁会。也就是说，每月零星盘算为"计"，一年总盘算为"会"，两者合在一起即成"会计"。我们按照现代会计学将会计定义为：以货币为主要计量单位，以提高经济效益为主要目标，运用专门方法对企业、机关、事业单位和其他组织的经济活动进行全面、综合、连续、系统的核算和监督，提供会计信息，并随着社会经济的日益发展，逐步开展预测、决策、控制和分析的一种经济管理活动。可以说，会计是经济管理活动的重要组成部分。那么，会计人才就是能够合理完成这些会计工作的专业化人才。

第一节 会计基本理论

会计随着生产活动的产生而出现，并随着生产的发展而发展。了解会计的产生与发展，了解会计的工作与职责，对于我们构建会计人才能力框架，培育适应现代经济形势的专业化会计人才至关重要。本节对于会计的定义、会计的产生与发展、会计的任务与作用进行了详细的分析，对于我们创新会计人才培养模式提供了理论依据和现实支撑。

一 会计的产生与发展

（一）会计的产生

1. 会计是适应生产活动发展的需要而产生的

会计是适应生产活动发展的需要而产生的，并随着生产的发展而发展。经济越发展，会计越重要。在生产活动中，人们既能够创造出一定的物质财富，取得了一定的劳动成果；同时，也必然会出现一定的劳动耗费，其中包括人力、物力以及财力的耗费。无论在何种社会形态中，人们都必然会对劳动成果和劳动耗费进行比较，以便科学、合理地管理生产活动，提高经济效益。在对劳动成果和劳动耗费进行比较的过程中，产生了原始的计量、计算、记录行为。这种原始的计量、计算、记录行为中蕴含着会计思想、会计行为的萌芽。由此可见，会计是适应生产活动发展的需要而产生的，对生产活动进行科学、合理的管理是它产生的根本动因。

2. 会计是生产活动发展到一定阶段的产物

生产活动的发生是会计产生的前提条件。但会计在其产生初期还只是"生产职能的附带部分"，并不是一项独立的工作。但随着社会生产的发展，生产规模的日益扩大和复杂，对劳动成果和劳动耗费及其比较，仅仅靠人们劳动过程中附带地进行计量、计算和记录，显然满足不了生产发展规模日益扩大、复杂的需要，为了满足生产发展需要，适宜对劳动成果和劳动耗费进行管理的要求，会计逐渐从生产职能中分离出来，成为特殊的、专门委托的当事人的独立的职能。正如马克思所说的那样："过程越是按照社会的规模进行……作为对过程进行控制和观念总结的簿记就越是必要。因此，簿记对资本主义生产比对手工业和农民的分散生产更为必要；对公有制生产比对资本主义生产更为必要。"

（二）会计发展的三个阶段

会计的历史非常悠久，会计的发展是和整个经济的发展密切联系在一起的。在经济得到大发展的时候，会计发展得就快，譬如秦统一后的中国以及唐宋时期；反之会计的发展就趋于停滞，如南北朝时期、五代十国时期。概括而言，会计从产生到现在经历了一个漫长的发展历程，大致经历了以下三个阶段：

1. 古代会计阶段

古代会计，从时间上说，就是从旧石器时代的中晚期至封建社会末期的这段漫长的时期。从会计所运用的主要技术方法方面看，主要涉及原始计量记录法、单式账簿法和初创时期的复式记账法等。当时会计所进行的计量、记录、分析等工作是同其他计算工作混合在一起，经过漫长的发展过程后，才逐步形成一套具有自己特征的方法体系，成为一种独立的管理工作。这一时期，会计学在中国古代并不是一门独立的学科，没有系统、规范、普及的教育渠道和教育方法，也没有专门的会计研究人员，会计教育并没有系统的模式，大部分的"会计人才"也就是我们常提到的"账房先生"。账房先生一般也没有接受过系统的教育培训，会计方法与技术全靠账房先生自己摸索和总结，然后再依据个人天赋禀性来从事"会计"的相关工作。会计方法的传播只能是师父带徒弟式的手把手教授，一个传一个，一代传一代，在这种传承中更多的是子承父业。古代会计教育的特点是教育形式上的随意性、教育方法上缺乏统一性和教育组织无制度性。

延伸阅读

古代会计的历史渊源

※原始社会末期的会计

会计作为一种管理活动，是人类生产活动的衍生物。在生产活动中，人们总是力求以较少的劳动耗费，取得尽可能多的劳动成果。随着社会分工的发展和劳动产品的分配、交换及消费等问题凸显，"计数"逐渐成为社会生活的必要，人们逐渐形成数量观念，并尝试着以实物、绘画、结绳、刻契等方式来表现经济活动及其所反映的数量关系。由实物记事（计数）、绘画记事（计数）、结绳记事（计数）、刻契记事（计数）等方式所体现的原始计量记录行为基本代表着同时期的"会计"行为，或者说，原始计量记录行为是会计的萌芽状态，成为会计的直接渊源。

※奴隶社会时期的会计

奴隶社会代替原始社会后，开始在原始计量基础上逐步建立起最早的会计制度。中国有关会计事项记载的文字，最早出现于商朝的甲骨文；而"会计"称号的命名、会计的职称则均起源于西周，其含义是通过日积月累的零星核算和最终的总和核算，达到正确考核王朝财政经济收支的目的。据《周礼》记载，西周国家设立"司会"一职对财务收支活动进行"月计岁会"，又设司书、职内、职岁和职币来分别管理会计业务，其中司书负责会计账簿，职内负责财务收入账户，职岁负责财务支出类账户，职币负责财务结余，并逐步形成了定期会计报表制度、专仓出纳制度、财务稽核制度等。

※春秋以至秦汉的会计

这一时期,我国在会计原则、法律、方法方面均取得了一定程度的发展。春秋时期,著名教育家孔子提出了中国最早的会计原则:"会计当而已矣",意思是会计要平衡、真实、准确。它与当前常讲的"客观性"原则相似。战国时期,中国还出现了最早的封建法典——《法经》,其中包含"会计"方面的内容,如在会计簿书真实性和保管方面,规定会计簿书如果丢失、错讹,与被盗数额同罪;在会计凭证和印鉴方面,规定券契(当时的原始凭证)如有伪造、更改等情况,重者与盗贼同罪论处,轻者以欺诈论处,等等。秦汉时期,中国在记账方法上已超越文字叙述式的"单式记账法",建立起另一种形式的"单式记账法",即以"入、出"为会计记录符号的定式简明会计记录方法,又称为"入出(或收付)记账法"。西汉时采用的由郡国向朝廷呈报财务收支簿——"上计簿"可视为"会计报告"的滥觞。南北朝时期,苏绰创造"朱出墨入记账法",规定以红记出、以墨记入。

※唐宋时期的会计

唐宋时期,我国会计理论与方法进一步推进。首先,产生了《元和国计簿》《太和国计簿》《会计录》等具有代表性的会计著作。《元和国计簿》和《太和国计簿》收录了唐代人口、赋役、财政、税收等方面的统计资料。《会计录》是一种按照国家规定的财计体制和财政收支项目归类整理,并加以会计分析的经济文献。其次,创立了"四柱结算法"。所谓"四柱",是指旧管(上期结余)、新收(本期收入)、开除(本期支出)和实在(本期结存)四个栏目。这种结算法把一定时期内财务收付的记录,通过"旧管+新收=开除+实在"这一平衡公式加以总结,既可检查日常记录的正确性,又可分类汇总日常会计记录,使之起到系统、全面和综合的反映作用。可以说,"四柱结算法"的发明把我国的簿记发展提到一个较为科学的高度。最后,在宋代建立了我国会计史上第一个独立的政府会计组织——"三司会计司"。此外,"簿记"一词作为我国最早的文字记载亦已见于宋代的文献中。

※元代的会计

元代承袭旧制,在会计方面无大发展。至明代,政府颇重会计报表,要求按旧管、新收、开除和实在四柱编报,报表逐级汇总上报,国家对报表有统一的编报格式和上报日期。明代代表性会计著作是《万历会计录》，按旧额、见额、岁入、岁出汇录了人户、田粮、军饷、俸禄及各种税收和交通运输等统计资料，编排井然有序，数据先后可循，并突出了财政收支项目的对比关系，便于分析研究。

※明末清初时的会计

明末清初之际，中国又出现了一种新的记账法——"龙门账法"。此账法是山西人傅山根据唐宋以来"四柱结算法"原理设计出的一种适合于民间商业的会计核算方法，其要点是将全部账目划分为进、缴、存、该四大类。"进"指全部收入，"缴"指全部支出，"存"指资产并包括债权，"该"指负债并包括业主投资，四者的关系是：该＋进＝存＋缴，或进－缴＝存－该。也就是说，结账时"进"大于"缴"或"存"大于"该"即为盈利。傅山将这种双轨计算盈亏，并检查账目平衡关系的会计方法，形象地称为"合龙门"，"龙门账"因此而得名。"龙门账"的诞生标志着中式簿记由单式记账向复式记账的转变。到了清代，会计制度又有新的突破，即在"龙门账"的基础上设计发明了"四脚账法"。清末，随着西式会计的引入，中式会计趋于衰落。

2. 近代会计阶段

1494年，意大利数学家卢卡·帕乔利的著作《算术、几何、比及比例概要》问世，标志着近代会计的开端。近代会计的时间跨度较长，从15世纪一直到20世纪40年代末都属于近代会计时期。在此期间，会计的方法技术与内容上有两点重大发展：一是复式记账法的不断完善和推广，人们在古代单式簿记的基础上，创建了复式簿记；二是会计逐渐发展成为一种职业。中国近代系统的会计教育是从清朝末年开始的，在民国时期逐步发展和成熟起来。中国近代会计教育经过近半个世纪的发展，为形成系统的、规范的、普及性的专业会计教育体系奠定了基础。民国初期最早的专业会计教育是政府举办的短期培训，由政府举办的簿记讲习所和审计讲习所实施。一方面介绍新式会计账册格式与使用，另一方面培养急需的专门会计人才。

3. 现代会计阶段

客观地说，"古代会计""近代会计"的提法是不够严谨的，较为准确的提法应该是"古代簿记""近代簿记"。由簿记时代向会计时代的转变发生在20世纪50年代。那时，Bookkeeping（簿记）开始向Accounting

（会计）演变，簿记工作开始向会计工作演变，簿记学开始向会计学演变。在这一时期中，随着社会生产力的进一步提高和科学技术的迅猛发展，作为一门适应性学科的会计也发生了相应的变化，主要表现为：一是会计核算手段方面质的飞跃，即现代电子技术与会计融合导致的"会计电算化"；二是会计伴随生产和管理科学的发展而分化为财务会计和管理会计两个分支。1946年在美国诞生了第一台电子计算机，1953年便在会计中得到初步应用，其后迅速发展，至20世纪70年代，发达国家就已经出现了电子计算机软件方面数据库的应用，并建立了电子计算机的全面管理系统。从系统的财务会计中分离出来的"管理会计"这一术语在1952年的世界会计学会上获得正式通过。

二　会计的分类及属性

（一）会计的分类

依据不同的标准，会计的分类也不尽相同。目前常见的有以下几种划分方式：

1. 按核算主体及目的分类

按核算主体及目的不同可分为预算会计和财务会计。

预算会计：适用于各级政府部门、行政单位和各类非营利组织的会计体系，以实现公共职能为目的，以公共资产为核算对象，以公共事务为核算依据，以公共业务成果为主要考核指标，其具有"公共性""非营利性""财政性"的特点。

财务会计：适用于各类企业及营业性组织的会计体系，以营利为目的的经济实体为核算对象，反映企业的财务状况、经营成果和现金流量，为改善企业内部管理和提高经济效益服务。

2. 按报告对象分类

按其报告的对象不同分为财务会计和管理会计。

财务会计（Financial Accounting）：编制财务报表，为企业内部和外部用户提供信息。财务会计的工作重点在于报告财务状况和营运状况，主要是对外部提供参考。财务会计的特征主要体现在：

（1）财务会计主要通过定期编制会计报表，使企业外部信息使用者（股东、银行、政府、供应商等）能够及时、准确地了解到企业的经营状况，以使其能够做出正确的决策。因此，财务会计被称为对外报告会计或外部会计。

(2) 财务会计是对企业已经发生的经济业务进行事后的记录和总结，对企业过去的经营活动进行客观的反映和监督。因此，我们往往称它为事后会计。

(3) 财务会计必须按照一定的程序，按照一般公认会计原则、会计准则和会计制度，进行会计核算，定期披露企业的会计报告。按惯例向公众披露的会计报告需经过注册会计师审计。

管理会计（Management Accounting）：主要是对企业的管理层提供信息，作为企业内部各部门进行决策的依据。管理会计没有标准的模式、不受会计准则的控制。其特点有：①管理会计是利用财务会计提供的会计信息及其他有关管理信息，运用数学、统计和计算机等技术方法，通过计算、对比、分析等手段，为企业内部管理者提供经营决策、制订计划、管理控制企业经营活动信息的报表。因此，管理会计又被称为对内报告会计或内部会计。②管理会计也被称为事中控制会计和事前决策会计。因为管理会计包括规划与控制两方面的内容：前者主要是通过确定目标、编制计划和确定实现计划的手段与方法，来对企业未来的经营活动进行全面的筹划；后者则主要通过落实责任、考核实绩和分析计划的执行情况，来对企业经营活动进行控制。③管理会计不像财务会计那样要严格按照一定的方法、程序进行，它采用的方法和程序都十分灵活。

3. 按行业分类

按行业分为：工业企业会计、商品流通会计、金融证券会计、保险企业会计、施工企业会计、房地产业会计、邮电通信会计、农业企业会计、旅游餐饮会计、医疗卫生会计、交通运输会计、文化教育会计、物业管理会计、行政事业会计、上市公司会计、物流企业会计、连锁经营会计、出版印刷会计、私营企业会计、小企业会计（制造业）会计、小企业会计（商业）会计、电力企业会计、煤炭企业会计、钢铁企业会计、石油化工会计、汽车行业会计、烟草企业会计、酒类企业会计、食品企业会计、药品企业会计、加工制造会计、轻工纺织会计、外经外贸会计、信息咨询服务业会计、广告服务会计、房屋中介服务会计、市场（农贸、五金、批发、建材、服装等）会计、个人独资企业会计、高新技术企业会计、软件及集成电路会计。

4. 按工作内容分类

按工作内容分为：总账会计、往来会计、成本会计、材料会计等。

我们比较常提的就是成本会计。成本会计是指为了求得产品的总成本和单位成本而核算全部生产费用的会计。成本会计的中心内容为成本核算。成本会计分为管理及财务两个方面，成本会计协助管理计划及控制公司的经营，并制定长期性或策略性的决策，并且建立有利的成本控制方法、降低成本与改良品质。

5. 按工作范围分类

按工作范围分为：公共会计、私用会计、政府会计。

（二）会计的属性

会计的属性是指会计的性质。从会计产生和发展的历史过程中可以看出，会计所涉及的内容，既同生产力相联系，又与生产关系和上层建筑相联系，从而使会计既有技术性，又有社会性。

1. 技术性

会计的技术性，主要表现在会计的某些方法反映了生产力的技术与组织的要求。会计是在社会实践中，适应管理生产过程的需要而产生的，生产过程是一种分工协作的集体化的大生产，它包括劳动者、劳动资料和劳动对象的结合，这种结合的基础是生产技术。因此，会计为了全面地、综合地反映和监督生产过程，促使生产活动达到人们的预期效果，会计的技术方法和理论知识必然要随着生产技术日益复杂，生产规模日益扩大而扩大，它经历了由简单到复杂，由低级到高级的发展过程。多少年来，人们总结了对经济活动记录、反映、分析、检查等一套会计专门的科学方法，这既是人类劳动和智慧的结晶，也是人类共存的一种财富。借助它能系统、真实地反映客观实际情况，用于管理生产，可以促进生产的发展。

2. 社会性

会计的社会性是指会计作为一种经济管理活动，它是企业管理的一个重要组成部分，必然牵涉企业所有者、债权人、政府、企业管理当局、潜在投资者等一系列的外部和内部利益主体，各利益主体从各自利益驱动出发，自然要求会计工作符合自身利益需求，以期达到有利于自己的经济后果。因而，会计工作就要协调各方面的利益需求，最终在各利益主体之间做出最优的权衡决策，满足不同利益主体的要求。这种协调最明显的例子就是会计准则的制定。会计准则的制定过程往往不仅是技术的研究过程，同时还是政治协调的过程，讨价还价与强势集团，对最终的准则有相当程度的影响。

会计的双重属性决定了会计科学管理属性，使它成为一门经济管理科学。正确认识会计的双重性质，对于我们利用人类创造的会计科学财富，充分发挥会计的管理作用具有重大的意义。从技术性方面看，凡是能促进生产力发展的会计理论和方法，是任何社会形态下共同需要的，可以共同采用，这为我们充分借鉴国际上先进的会计理论和方法为我国社会主义经济建设服务奠定了理论基础。从社会性方面看，会计要维护一定的生产关系，体现不同的管理目的，应划清社会主义会计和资本主义会计的本质界限，发挥社会主义会计保护社会主义生产关系和上层建筑的作用。

三 会计的职能和目标

（一）会计的职能

会计的职能是指会计在经济管理中所具有的功能。《中华人民共和国会计法》对会计的基本职能表达为：会计核算职能与会计监督职能。

1. 会计核算职能

会计核算职能是指主要运用货币计量形式，通过确认、计量、记录和报告，从数量上连续、系统和完整地反映各个单位的经济活动情况，为加强经济管理和提高经济效益提供会计信息。什么是核算？比如一家公司在一定时间内购进了多少商品，花了多少钱，销售了多少商品，卖了多少钱，在购销过程中发生了多少费用，最后到底是赚了还是亏了，必须采用一定的方法，把这些情况都记录下来并计算清楚，最终以一定的形式表达出来。这种记录、计算和报告的过程就是会计核算。可见，会计核算就是对大量的经济业务通过记录、计算、归类、整理和汇总，并通过记账、算账、报账等程序，全面、完整、综合地反映经济活动过程和结果，并为经济管理提供有用的信息。从会计的含义我们知道，会计首先是一种经济计算，同时又是一个以提供财务信息为主的经济信息系统，会计工作的过程就是一个核算的过程，可见会计本身就具有核算功能。随着管理对会计要求的提高，会计核算不仅包括对经济活动的事后核算，还应包括事前核算和事中核算。事前核算的主要形式是进行经济预测，参与决策；而事中核算的主要形式则是在计划执行过程中，通过核算和监督相结合的方法，对经济活动进行控制，使之按计划和预定的目标进行。

2. 会计监督职能

会计监督职能是指对特定主体经济活动和相关会计核算的合法性、合理性进行审查。会计对经济活动进行核算的过程，也是实行监督的过程。会计监督职能主要是以国家的财经法规、政策、制度、纪律和会计信息为依据，对将进行和已经进行的经济活动进行合理合法的监督。会计监督按其经济活动过程的关系，分为事前、事中和事后监督。其监督的内容主要包括：分析会计核算资料、检查遵纪守法情况、评价活动成果、确定经营目标、调整计划等内容。通过会计监督能正确地处理好国家与企业关系，提高宏观经济效益和促使企业改善经济管理水平，提高企业经济效益。

3. 两者关系

会计核算和会计监督关系十分密切，两者相辅相成；会计核算是会计监督的基础，而会计监督是会计核算的保证。两者必须结合起来发挥作用，才能正确、及时、完整地反映经济活动，有效地提高经济效益。如果没有可靠的、完整的会计核算资料，会计监督就没有客观依据；反之只有会计核算没有会计监督，会计核算也就没有意义。

随着社会经济的发展和经济管理的现代化，会计的职能也会随之发生变化，一些新的职能不断出现。一般认为，除会计核算和会计监督两个基本职能之外，还有分析经济情况、预测经济前景、参与经济决策等其他职能。

（二）会计的目标

会计目标概括来说就是设置会计的目的与要求。具体而言，会计目标就是对会计自身所提供经济信息的内容、种类时间、方式及其质量等方面的要求。也就是说，会计目标是要回答会计应干些什么的问题，即对所从事的工作，首先要明确其应符合的何时以何种方式提供合乎何种质量的何种信息。

会计目标指明了会计实践活动的目的和方向，同时也明确了会计在经济管理活动中的使命，成为会计发展的导向。制定科学的会计目标，对于把握会计发展的趋势，确定会计未来发展的步骤和措施，调动从事会计工作和借助会计工作者的积极性和创造性，促使会计工作规范化、标准化、系统化，更好地为社会主义市场经济服务等都具有重要的作用。

1. 关于会计目标的两种学术观点

（1）决策有用观。持这种观点的人认为，财务会计的目标就是向信息使用者提供对其进行决策有用的信息，主要包括两方面内容：①关于企业现金流量的信息；②关于经济业绩及资源变动的信息。决策有用观适用的经济环境是所有权与经营权分离，并且资源的分配是通过资本市场进行的，也就是说，委托方与受托方的关系不是直接建立起来的，而是通过资本市场建立的，这导致了委托方与受托方二者关系的模糊。

（2）受托责任观。受托责任的含义可以从三个方面来理解：①资源的受托方接受委托，管理受托方所交付的资源，受托方承担有效地管理与应用受托资源，并使其保值增值的责任；②资源的受托方承担如实地向委托方报告受托责任履行过程及其结果的义务；③资源受托方的管理当局负有重要的社会责任，如保持企业所处社区的良好环境、培养人力资源等。由此可见，受托责任产生的原因在于所有权与经营权的分离，而且必须有明确的委托受托关系存在。委托方与受托方中任何一方的模糊或缺位，都将影响受托责任的履行，因此，要求委托方和受托方处在直接接触的位置上。

这两种观点适用的经济环境不同，受托责任观要求两权分离是直接进行的，所有者与经营者都十分明确，二者直接建立委托受托关系，没有模糊和缺位的现象；而决策有用观要求两权分离必须通过资本市场进行，二者不能直接交流，委托者在资本市场上以一个群体出现，从而二者的委托关系变得模糊。

2. 会计目标与任务

会计目标与会计目的不同，会计目的是相对于会计实践活动而提出的，它不属于会计信息系统，是在该系统以外回答人们利用会计信息来干些什么的；而会计目标则不是，它属于会计信息系统的组成部分，它一经明确，作为其具体化的会计职能就确定了。因为，会计目标提出后，不论是从质的方面，还是从量的方面都规定了会计能提供什么种类以及什么方式的信息。此时，会计目标不能超出这个范围，除非又提出新的目标。作为会计目标能深刻地反映会计目的，会计目的又反过来约束会计目标。因为，没有高要求的会计目的，也就设计不出高的会计目标。因此，会计目的只能通过影响会计目标而促使我们去发展会计本身所具有的功能，并且借助其发展来促进会计目的的的实现。

四 会计的任务与作用

(一) 会计的任务

会计的任务是指通过会计的职能所应该完成的工作，它是会计职能的具体化。会计任务是进行会计工作之前，人们主观提出的一种工作目的。具体就是在进行会计工作过程中应该达到什么目的，符合什么要求。只有明确会计工作的目的和要求，在具体实施会计工作的过程中，才能够按照这个目的和要求来安排每一个工作环节，也才能按照事先确定的目的或要求开展工作，最终保证目的得以实现。会计任务与会计目标不同。会计目标尽管也是人们主观提出来的，但是，它是构成会计信息系统的组成部分，它是有客观依据的，它主要是就会计提供什么数量、质量的信息所明确的目的与要求，不是对整个会计工作提出的目的与要求。会计任务是人们主观提出的，它是就会计工作而言的，是进行会计工作之前的一种设想，即进行会计工作应该达到什么目的与要求。应该注意会计目标、会计任务和会计作用之间的区别与联系。

在我国，会计的根本任务是：按照国家的财经法规、会计准则和会计制度进行会计核算，提供以财务数据为主的经济信息，并利用取得的经济信息对会计主体的经济业务进行监督、控制，以提高经济效益，并服务于会计主体内、外部的有关各方。

具体来说，会计的任务包括以下内容：

1. 反映和监督各会计主体对财经法规、会计准则和会计制度的执行情况

贯彻执行国家的财经法规、会计准则和会计制度，是各会计主体进行经济活动的首要原则。因此，会计在反映经济活动、提供会计信息的同时，还应以有关的财经法规和准则、制度为依据，对经济活动的合法性、合规性实行必要的监督。对于违反财经法规、准则和制度的行为，应及时予以制止和揭露。

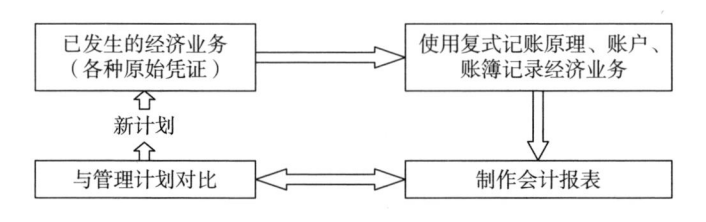

图1-1 会计工作流程

2. 反映和监督各会计主体的经济活动和财务收支，提供会计信息

为了管好自身的经济活动，加强经营管理，提高经济效益，各经营主体必须了解和掌握各项经济活动的进行情况。会计的基本任务就是运用专门的程序和方法，对各项经济活动进行全面、系统、及时的反映和监督，从而为信息使用者提供与决策和管理有关的信息，并揭示经济管理中存在的问题及其产生的原因，进而促使管理者改进经营管理，提高经济效益。

3. 充分利用会计信息及其他有关资料，预测经济前景，参与经营决策

前文已经提到，随着生产的发展、经济关系的复杂化和管理理论的提高，会计基本职能的内涵和外延都得到了发展，会计的新职能不断出现。与之相应，作为会计职能具体化的会计任务也必须进行改革，要变事后监督为全程监督。也就是说，会计不仅要对经济活动和财务收支进行事后的反映和监督，而且，要在掌握历史资料的基础上，根据经营管理的要求对经济前景做出预测，同时还要通过对备选方案的测算和比较，积极地参与经营决策。

（二）会计的作用

会计的作用是指会计的各项职能在特定的历史时期、特定的社会经济制度下实现和利用之后所产生的效果。会计作用的发挥取决于两个重要因素：一是会计所处的外部环境因素，即会计工作所处的社会历史时期，社会政治、经济制度；二是与会计自身的内在本质有关的因素，即会计的职能被人们所认识和利用的程度。

从我国目前的会计实践工作来看，会计的作用包括两方面的内容：一方面是会计的正面作用；另一方面是会计的负面作用。也就是说，会计工作既能完善和加强经济管理，也能弱化经济管理。

会计的正面作用，从目前看主要有以下四点：①为国家进行宏观调控、制定经济政策提供信息；②加强经济核算，为企业经营管理提供数据；③保证企业投入资产的安全和完整；④为投资者提供财务报告，以便于其进行正确的投资决策。可以看出，目前我国的会计工作更多地停留在记账、算账、报账阶段，会计的预算、决策、控制和分析职能还没有得到充分发挥，甚至有些职能还没有真正实施。如何充分地发挥会计职能、更好地实现会计作用已成为我国会计工作中迫切需要解决的问题。

会计的消极作用，当前主要表现为会计信息的失真。会计信息失真

直接导致了国有资产流失、偷逃税款等现象的出现。尽管对会计信息失真这一问题的成因和对策尚无定论，但毋庸置疑，会计信息失真是会计工作所产生的一种负效应。这一点是认识会计作用时不应被忽视的。

会计的作用与会计任务不同，会计任务是进行会计工作之前人为主观提出来的，而会计作用则是会计工作实施之后在社会实践中产生了什么效果。它是会计职能发挥作用后所形成的一种结果，既是会计行为效果的体现，也是指导会计实践的会计理论在实践中能否得到检验的一种标志。如果会计发挥了很好的作用，说明会计理论得到了会计实践的验证，也说明会计工作的效果得到了体现。否则，说明会计理论不能指导会计实践，会计工作没有产生工作效果，甚至说明会计工作产生了负效应。

第二节　我国会计教育体制的变革与发展

会计人才培养模式是时代的产物，也必须随着时代的变化而变化发展，尤其是生产力的发展不断变化。1978年，我国开始实施改革开放这一基本国策，经济体制逐渐由计划经济体制转变为社会主义市场经济体制。经济体制的变化决定了会计改革的必然性。这也就对会计教育提出了新的要求，会计教育改革的深化势在必行。综观新中国成立70年的会计教育改革大致分为计划经济体制下会计课程体系的建立、改革开放后会计专业教育学科体系框架的建立、市场经济体制下会计专业人才培养目标体系完善以及国际化背景下会计专业人才培养模式建立四个阶段。

一　计划经济体制下会计课程体系的建立

新中国成立之后，我国逐步废除了封建土地制度、没收了官僚资本，并在保护民族工商业的基础上，建立了新民主主义经济体制。在1950—1958年这一时期，我国主要以学习苏联经验为主，与此同时，也开始在统一全国财政工作、推进社会主义初级阶段经济体制建设等方面进行了积极的探索和实践。

（一）引进和建设会计课程

国民经济恢复时期和第一个五年计划时期是引进建设会计课程的阶段。马克思说："过程（指商品生产过程）越是按社会的规模进行，越是失去纯粹个人的性质，作为对过程的监督和观念总结的簿记就越是必要。因此，簿记对资本主义生产，比对手工业和农民的分散生产更为必要，对公有生产，比对资本主义生产更为必要。"马克思所说的簿记，就是会计。到了公有生产的社会，即到了社会主义社会，社会主义生产比资本主义生产更需要会计。这一阶段总体来说是在旧中国半封建半殖民地经济的基础上，建立社会主义经济，统一国家的财政经济工作。与此相适应，政府相关部门依据以往的革命根据地会计工作的经验，借鉴苏联社会主义建设中会计工作的模式，经过几年的努力，建立了与国家财政制度相适应的会计核算制度体系，统一了国家机关、事业单位的会计核算工作；适应国营企业的建立和发展，建立了国营企业会计制度。

在这一时期，为了适应会计工作和会计教育的需要，学习和借鉴苏联的会计理论与会计实践，出版了一批苏联的会计教材，如苏联会计学基本教程（1951年）、工业会计教程（1952年）、国营农场会计核算（1953年）、工业企业经济活动分析（1954年）和会计核算原理（1955年）等。这些书籍的出版对我国会计学的建立和发展产生了直接影响。在之后的时间里，在总结会计工作经验的基础上，我国会计工作者编写了一批会计著作，如陈其祥的《工业企业财务会计》（修订本）（1952年）、王澹如的《会计核算》（修订本）（1953年）、《工业会计核算和工业企业经济活动分析》（1957年）等。这些会计著作标志着我国现代会计学雏形的建立。

（二）会计学发展在挫折中成长

1958—1965年，我国的会计工作在挫折中成长。1958年的"大跃进"冲破了一些束缚，但在"大破大立""先破后立"的影响下，使整个社会的会计工作遭受到重大挫折。之后，随着国民经济的恢复和发展，会计工作也进行了一系列的恢复和整顿：1961年财政部与国家计委发出《关于加强国营企业成本管理工作的联合通知》；1962年财政部与中国人民银行总行联合召开了全国会计工作会议；1963年国务院发布《会计人员职权试行条例》；1964年财政部提出了《企业会计工作改革纲要（试行草案）》；1965年财政部召开了全国预算会计工作会议。这一系列会计制度建设，使会计工作从挫折中得到恢复和整顿，也使会计工作得到发展。

这一时期会计学也得到相应的发展。如出版了高等财经院校会计教材编写组编写的《会计原理》（1963年）、中国人民大学财政贸易系会计教研室编写的《工业会计核算》（1963年）、高等商业学校经营管理类教材选编组编写的《商业会计（修订本）》（1964年）。这些会计著作从会计的理论与方法真实反映了我国会计学界研究的成果。

（三）会计学发展遭受破坏

1966—1976年全国的会计工作遭受到始料未及的破坏，1976年"四人帮"被粉碎后，会计工作进入新的历史发展时期。与此同时，也开启了会计学的恢复性建设。直至1977年恢复高考后，相关的财经类院校恢复招生，会计教育也开始复苏。然而，这十年会计教育的停滞导致了中国会计专业人才队伍出现了"断层"现象。

总体来说，这一时期的会计教育很大程度上仍然是借鉴苏联经验，采取与统一的财务会计制度相配合的教育体制。会计教育规模也比较小，上海立信会计学院是当时唯一的专业会计学校。随着经济的恢复和会计人才的需求增长，会计教育规模开始扩大。在这种大环境下，会计学也完成了它发展的初期阶段，会计学发展的特点是建立会计课程体系。这种会计课程体系一般包括：会计学原理；部门会计学（工业会计、农业会计、商业会计、基建会计和预算会计等）；会计分析（经济活动分析）；会计检查（当时没有审计）等。也有人指出，还应该包括会计史。

二 改革开放后会计专业教育学科体系框架的建立

1979—1991年，通过一系列的财税改革，各种产权关系逐步明晰，这一时期的经济体制也从"计划经济体制"向"有计划的商品经济"转型。实施改革开放后，中国的经济发展呈现全新的面貌，会计学发展的成就也同样突飞猛进。

（一）改革开放促进会计学大发展

1978年党的十一届三中全会做出了把工作重点转移到社会主义现代化建设上来的战略决策。1979年国家提出对国民经济实行"调整、改革、整顿、提高"的八字方针，这一举措使会计工作在社会主义现代化建设中日益发挥着重要的作用。1979年年底中国会计学会成立；1980年全国会计工作会议召开，财政部颁发了国营企业会计制度；1981年财政部又颁发了国营供销企业、国营施工企业、建设单位的会计制度；1984年制定了《会计人员工作规则》《会计档案管理办法》和《国营企业成本管理条例》；1985年第六届全国人大常委会制定并实施《中华人民共和国会计法》；1986年制定《会计专业职务试行条例》和颁发《中华人民共和国注册会计师条例》。这一系列举措标志着我国的会计工作迈上了新台阶，对于加强我国的会计工作和会计学建设起到重要的作用。

在这一时期，各地区和各部门的会计学会相继成立，出版了各种会计刊物，召开各种理论研讨会，会计理论研究欣欣向荣。各种会计著作纷纷出版，如会计学原理、现代会计学、专业会计学、成本会计学、财务管理学、管理会计学、经济效益分析学、会计制度设计学、会计史学等。

(二)"双层"会计学科体系的建立

这一时期，在会计学发展过程中，我国"双层"会计学科体系逐步建立，即会计学科体系和在会计教学层面的会计课程体系。

1. 会计学科体系

会计学科体系是各种会计学科相互联系而形成的有机整体。会计学按学科性质范围，可分为会计基础学科、企业会计学科、政府会计学科、非营利组织会计学科、个体经济会计学科、会计人才学科、会计规范学科、会计综合学科8类，每类包括若干会计学科。会计学科体系如下：一是会计基础学科，如会计学原理、会计制度设计、实证会计、会计数学、计算机会计、会计实验等；二是企业会计学科，如财务会计、成本会计、管理会计、高级会计、金融会计、期货会计、证券会计、网络会计等；三是政府会计学科，如政府会计、军队会计等；四是非营利组织会计学科，如非营利组织会计、事业单位会计、基金会计等；五是个体经济会计学科，如个体工商业会计、农户会计等；六是会计人才学科，如会计人才学、会计哲学、会计逻辑学、会计伦理学、会计行为学、会计心理学、会计教育学等；七是会计规范学科，如会计法学、会计准则学、会计公关学、会计监管学、会计档案学、会计组织学等；八是会计综合学科，如社会会计、公证会计、咨询会计、灾害会计、风险会计、地区会计、会计史学等。

2. 会计课程体系

会计课程体系是学校按照会计专业培养目标和教学要求设置的各种会计课程相互联系而形成的有机整体。会计课程体系是以核心课程为主干，将会计学科分为核心专业课、一般专业课和选修专业课三类而建立的学科体系。各类学科又包括若干专业课：一是核心专业课：会计原理（基础会计、初级会计）；财务会计（中级会计）；高级会计（特殊业务会计）；成本会计；管理会计；财务管理；财务分析；审计。二是一般专业课：会计制度设计；计算机会计（会计管理信息系统）；比较会计；会计理论；会计实验。三是选修专业课：金融会计；政府会计；非营利组织会计；国际会计；会计法学；税务会计；会计史；其他会计。至20世纪80年代末，国家教育委员会提出了会计学专业应设置11门核心课程的指导性建议，即以专业内的核心课程作为基础，并辅之以电算化会计、会计制度设计等专业课，将财政学、国际贸易等方面课程作为配套课程，从而确定出一套会计专业人才培养体系的基本框架，既结合中国国情，具有中国特色，又能与国际接轨，与时俱进，正所谓是中国会计教育事业发展进程中的一大进步。

典型案例

以上海财经学院会计系为首，在著名会计学家娄尔行的主持下，展开了高等学校会计教育的课程改革。在此次课程改革过程中，会计专业人才培养获得了不错的成绩，同时也掀起了其他高校会计教学改革大潮，在一定程度上成了示范模式。此次改革制订了以培养通才为目标的会计专业教学计划，并采用了学分制；增加了成本会计、审计学等核心专业课，完善了专业课程体系；在教材建设方面注重与实务和西方先进理论的结合，更加符合高层次会计教学的需求。到20世纪80年代中期，上海财经学院、中南财经大学开创的教学模式在中国教育界成为典型代表，两者具有特色的部分是以"会计专业核心课程"为主体，采用学分制，之后被誉为"上财模式"和"中财模式"。

（三）大会计学的发展

大会计学的大会计是指包含会计工作、会计市场、会计研究、会计思想和会计教育的会计。这里所指的会计范围即会计领域，包括两大部类：一是计量会计部类，以资金运动为对象的需要进行货币计量的会计，主要是企业事业会计；二是非计量会计部类，以资金运动相关方面为对象，主要是与计量会计相关的支持性会计。大会计学是研究大会计发展规律的知识体系。

总体来说，这一时期，改革开放后经济环境的变化和会计制度体系的规范和完善，使会计人才的需求量开始大幅增长，会计教育进入了全新的蓬勃发展时期。此时会计教育最突出的发展成果就是对会计专业学科体系的建设。会计学发展的特点是：一是引进西方经典的会计教材与相关著作。一些出版社成系列地引进美国和其他国家的原版（有的并有中译本）会计经典教材和相关著作，这对我国会计学的发展产生了重大影响。二是会计基本理论的深入讨论。在会计学术界，对会计本质、会计职能、会计目标、会计范围、会计规范、会计体系、会计中国特色、会计国际化等基本理论问题进行深入的讨论。三是大会计学的发展。四是建立中国特色会计学科体系。会计理论研究的成果、会计工作实际经验，借鉴西方发达国家会计学建设的成果，建立反映中国特色的"双层"会计学科体系。

三 市场经济体制下会计专业人才培养目标体系完善

1992年10月党的十四次代表大会提出建立社会主义市场经济体制，会计工作进入发展的新阶段。自1992—1998年，证监会成立、《公司法》《证券法》相继出台，标志着中国企业组织和运作进入了规范化的进程，同时资本市场开始规范发展，中国市场经济体制开始迅速发展。在经济体制发生迅速变化的同时，中国的会计体系也顺应经济发展，走向规范化。1992—2000年，先后颁布多项制度：1992年11月30日财政部发布了《企业财务通则》和《企业会计准则》，刘玉廷（2009）评价这两项制度带来的改革意义非常深远，被称为"会计风暴"；1993年10月31日第八届全国人大常委会第四次会议通过了《中华人民共和国注册会计师法》。这些举措全方位地促进了社会主义市场经济体系发展过程中会计体系的完善，也促进了社会主义市场经济的健康发展。

20世纪90年代，由于经济体制的改革以及科学技术的飞速发展，会计人才的需求在数量和素质方面也有了新的变化，大专层次以下的人才需求量减少，同时更高层次、本科以上学历、掌握信息技术、具有实务经验的会计人才的需求大幅增加，中国会计准则也开始逐渐和国际惯例趋同。在这种情况下，学术界以及教育界的许多专家学者都呼吁对会计专业人才培养目标在原定目标的基础上进行适时修订，从而使会计人才的培养更加与时俱进。1993年，葛家澍教授对当前会计人才培养目标提出了要求，总结起来，主要包括：迎合现阶段需求、夯实专业知识基础、拓宽整体知识架构、既符合国情又体现国际化、重在应用的会计专业人才。20世纪90年代中期，会计人才培养增加了电算化、实务课程、模拟课程、国际会计等提高会计人才综合实力的课程，同时增加教学实验环节，提高学生的动手能力和实际操作能力。

伴随会计教育改革，会计招生制度的改革使设立会计专业的院校大幅增加。同时，在全国许多地区，相关部门先后建立会计学会；大量会计专业期刊如雨后春笋般出现；会计理论和实务研究讨论会议召开频率大大增加；会计理论研究成果更是百花齐放。

四 国际化背景下会计专业人才培养模式建立

2001年中国加入WTO，标志着中国进一步加入了世界经济一体化的范畴，经济发展进入了新的进程。21世纪既是经济全球化进一步发展的世纪，也是发展知识经济的时代。在这样的背景下，中国吸引了更多的资本，同时也在国外寻找有价值的投资机会，全球资本流动打破了国界限制，各国保持日益紧密的资本联系。科学技术的迅猛发展也推动经济体制进一步改革和完善，计算机、网络和通信技术使经济行为自动化和便捷化大大提升。杨国昌（2000）指出，在经济全球化的趋势下，各国的经济发展都受到其重要影响，对中国而言，机遇与挑战并存。2001年1月1日开始施行新的不分行业的《企业会计制度》，继续推行已制定的企业会计准则；2006年2月15日财政部发布了《企业会计准则——基本准则》和38项企业会计具体准则等。

在全球经济一体化发展的进程中，会计成为各国经济交流过程中的商业语言。然而，由于中国之前的会计准则与国际准则存在较多的差异，导致中国企业财务信息不能满足外方合作伙伴的需求。在这样的背景下，从2006—2010年中国财政部为推动中国会计国际化发展采取了一系列措施，包括发布与国际准则趋同的《企业会计准则》《企业财务通则》《注册会计师和会计师事务所信息披露制度》《企业内部控制基本规范》等一系列准则和制度，建立基于企业会计准则的可扩展商业报告语言（XBRL）通用分类标准、XBRL技术规范系列国家标准等。这些准则和标准进一步完善了中国会计体系，提高了会计信息质量，全面加快了中国会计国际化的进程。

针对不断发展和变化的经济环境，2007年以来财政部又先后出台了

《全国会计领军（后备）人才培养十年规划》《会计行业中长期人才发展规划（2010—2020）》等会计人才培养计划，对新时期的会计人才培养提出了新的要求。在当今的经济环境下，培养国际化、具有竞争优势、复合型会计人才已经是会计培养的首要目标。大学作为会计专业人才培养的最主要场所，其顺应会计国际化的培养模式改革显得尤为重要。这一时期的会计人才培养定位于会计人才的国际化、具备综合信息处理能力等更高层次的要求上，要求会计人才不仅作为财会人员记录企业的经济行为，同时要参与企业的管理和价值创造、具备应对多变的外界环境的能力以及国际化的视野和交流能力。在会计人才培养的具体方式上，为迎合应用型人才的需求，应该重视培养实践能力，与之相辅的还有分析问题、解决问题能力，以及应对各种事件的能力，都应该在培养中加大力度。相应的实践类过程、国际交流机会，都可以有助于全面提升会计人才的综合素质和国际化能力。

总之，当今国际形势瞬息万变，随着市场经济体制改革的不断深化以及中国外向型经济的不断发展，迫切需要培养一批具有专业性、综合能力强的国际化会计专业人才，高校必须面向未来且立足于现实构建具有中国特色的会计专业人才培养模式。如何针对《国家中长期人才发展规划纲要（2010—2020）》和《国家中长期教育改革和发展规划纲要（2010—2020）》提出的有关要求并借鉴国际经验来科学设计会计专业人才培养目标？如何使未来会计专业人才培养模式更加符合中国社会发展、实现培养模式上的创新？这些都是目前教育改革亟待解决的重大问题。

第三节 会计人才培养模式及相关概念界定

随着教育体制改革的深入以及社会教育需求的多样化发展，自20世纪80年代以来，人才培养模式问题逐渐成为中国高等教育的重要议题。但时至今日，人才培养模式的改革与创新依然是高等教育发展的薄弱环节。我们有必要认真研究人才培养模式的内涵及其相关概念，为广西会计教育的发展及人才培养提供应有的服务。

一 会计人才培养模式

1. 学界对于"人才培养模式"的界定

有人才培养,就有人才培养的模式。但我国高校、学界及教育行政部门提出并讨论人才培养模式,则是近些年的事。文育林在 1983 年发表的文章《改革人才培养模式,按学科设置专业》中最早出现了"人才培养模式"这一概念,其内容是关于如何改革高等工程教育的人才培养模式。之后,也有一些高校和实践工作者继续探讨人才的培养模式及其改革,但都没有明确概括出"人才培养模式"的概念,对其内涵的把握较为模糊。由于高等教育实践的需要,理论工作者也逐步开始关注这一问题,并试图界定其内涵。

20 世纪 90 年代以来,随着人们对人才培养模式关注度的增强,相关的研究迅速增多,对于"人才培养模式"这个概念我国很多学者都对其进行过研究。刘明浚于 1993 年在《大学教育环境论要》中首次界定这一概念,提出人才培养模式是指"在一定办学条件下,为实现一定的教育目标而选择或构思的教育教学样式"。教育行政部门首次对人才培养模式的内涵做出直接表述是在 1998 年。当时,教育部公布了《关于深化教学改革,培养适应世纪需要的高质量人才的意见》,揭示了"人才培养模式"的概念与若干重要内涵,该意见明确指出"人才培养模式是学校为学生构建的知识、能力、素质结构,以及实现这种结构的方式,它从根本上规定了人才特征并集中地体现了教育思想和教育观念"。

1997 年,由罗强元主编的《工程教育人才培养模式》进一步从培养目标、专业设置、教学计划、课程模式等方面对"人才培养模式"做出了较为全面和系统的论述。在"人才培养模式"所包含的要素方面,由龚怡祖 1999 年出版的《论大学人才培养模式》专著中,首次提出"专业设置、课程体系、培养途径、教学运行机制、教学组织形式及淘汰模式"六个要素。

对于如何界定人才培养模式,学术研究也是仁者见仁、智者见智,主要有以下观点:

一方面,从人才培养目标的视角来看,蔡炎斌认为人才培养模式是为实现培养目标而实施的培养过程以及采取的培养方式方法;另一方面,从人才培养过程来说,李志义又认为,人才培养模式是遵循一定的教育思想,在这种思想下,将培养目标、培养制度、培养方案等加以整合的一个过程。另外，在1998年教育部召开的第一次全国普通高校教学工作会议上，时任教育部副部长的周远清同志曾对这一概念做出过阐述，他认为所谓的人才培养模式，实际上就是人才的培养目标和培养规格以及实现这些培养目标的方法或手段。

据此，我们认为，"人才培养模式"是指在一定的现代教育理论、教育思想指导下，按照特定的培养目标和人才规格，以相对稳定的教学内容和课程体系、管理制度和评估方式，实施人才教育的过程的总和。它主要由培养目标、培养课程体系、教材建设、培养方法、质量评价五大部分内容组成。会计人才培养模式作为一个细化的分支或专业，其培养模式也不例外，必须包含培养目标、培养课程体系、教材建设、培养方法、质量评价五大部分。

2. 人才培养模式的类型

从实践看，随着中国经济发展的不断提高以及教育国际化进程的加快，要求中国人才培养模式更要与时俱进，与现实环境要求相适宜；同时，也要求中国人才培养模式与不同层次的人才培养目标相匹配。

目前，在中国学术界研究中较为常见的人才培养模式主要包括：通才教育人才培养模式、专才教育人才培养模式、复合型人才培养模式、宽口径专业人才培养模式、创新人才培养模式、科学教育与人文教育并重新人才培养模式、本—硕连读人才培养模式等。

其中最高层次是主导整个高等教育系统的模式，如通才教育模式、专才教育模式；第二层次的人才培养模式是各高校所倡导的培养模式；第三层次则是某专业独特的培养模式。本书主要探讨第三层次即会计专业层面的人才培养模式。

3. 人才培养模式的特点

（1）培养模式体现教育的目的性。教育的目的是社会对所要造就的社会个体质量的总体要求，对教学方向、教学内容、教学方法和教学管理起着决定作用。教育的目的性与宏观经济环境相关联并产生相互的作用。教育的目的是促进宏观经济的发展，又影响教育目的，而培养的模式又渗透着教育目的。

（2）培养模式是市场经济的产物，要体现主体多元化特性。社会、学校、学生都将成为培养模式中的主体，应该坚持学校和企事业单位及用人单位共同商定的原则，同时也充分发挥学生的主体作用，鼓励学生积极参与，强调多元化。

（3）培养模式的内涵中要体现层次性。人才培养模式主要是围绕"培养什么样的人"和"怎样培养"这两个基本问题而展开的。据此，人才培养模式应包括三个层次的内容。第一层次是目标体系，主要指培养目标及规格；第二层次是内容方式体系，主要指教学内容、教学方法与手段、培养途径等；第三层次是保障体系，主要指教学队伍、实践基地、教学管理和教学评价等。

（4）培养模式的实践性和可行性。人才培养模式是理论研究与实践探索的结晶，尤其应当强调具有坚实的实践基础。经过实践证明的、行之有效的模式才有生命力，才能发挥其应有的作用。

从当前高等教育的发展情况来看，广西会计教育要想适应社会发展的需要，必须具有自身独特的人才培养模式。对于广西会计人才，也要具备以下几个方面的要求：一是要符合区域经济的要求；二是要符合相关部门对该类人才素质的要求；三是要适应中小企业对会计人员多样化的需求。

二　人才培养模式的相关概念界定

（一）培养目标

培养目标，是指依据国家的教育目的和各级各类学校的性质、任务提出的具体培养要求。我国普通高等教育分为研究生教育、本科教育和专科教育等层次，其中研究生教育又分为博士和硕士两个层次。不同层次的高等教育对人才培养的要求是不一样的。例如，本科教育的培养目标是较好地掌握本专业的基础理论、专业知识和基本技能，具有从事本专业工作的能力和初步的科学研究能力；对硕士研究生的要求是掌握本专业坚实的理论基础和系统的专门知识，具有从事科学研究和独立担负专门技术工作的能力；而博士研究生则要掌握本学科坚实宽广的理论基础和系统深入的专门知识，具有独立从事科学研究的能力，在科学或专门技术上做出创造性成果。

培养目标是由特定社会领域和特定社会层次的需要所决定的，也随着受教育对象所处的学校类型、级别而变化。为了满足各行各业、各个社会层次的人才需求和不同年龄层次受教育者的学习需求，各级各类学校就需要制定各自的培养目标，以此来完成各自的任务，培养社会需要的合格人才。

在这里，培养目标与教育目的是不同的。教育目的是针对所有受教育者提出的，是根据政治、经济生产、文化、科学技术发展的要求和受教育者身心发展的状况确定的，它反映了社会对受教育者的要求。而培养目标是针对特定的教育对象而提出的，是教学领域里为实现教育目的而提出的具体要求，教育目的引导着培养目标，培养目标受制于教育目的。只有明确了教育目的，各级各类学校才能制定出符合要求的培养目标。

从人才培养模式角度分类，人才培养目标可分为两类，即通才教育和专才教育。通才教育是指在培养学生的过程当中，保证必要的专业教育的同时，加强基础理论、基本方法教育，扩宽专业面，力求做到博和专相统一，以培养知识面和职业面宽广的专门人才，使他们能够适应复杂多变的社会。这也是目前国际高等教育实践中的一个重要的价值取向。专才教育则强调某一学科的专业性的知识和技能，其目的主要是培养能够从事某种职业或进行某个领域研究的专门人才。专才教育注重学生的专业知识和实践能力的培养，满足社会对各类专门人才的实际需求，而不是学生的能力素质的全面发展。通才教育强调知识的综合性和广泛性，但可能因涉猎知识过于宽泛，导致学科的深入发展受到影响；专才教育通常较为重视学生实际工作能力的培养，但在专业划分过细的情况下，也会造成学生知识面狭窄的现象。

从人才培养内容角度分类，高等教育人才培养目标也分为两类，即通识教育和专业教育。通识教育是一种对近代高等教育发展具有重大的影响的教育思想和实践，被认为是扩展大学生知识综合运用能力的有效培养方式。该思想最早可追溯到亚里士多德的"自由教育"思想，大学通识教育最早是由美国博德学院的帕卡德教授提出，是指在大学阶段对学生进行共同科目课程的教育，它注重识见通达知识广博等方面的培养，旨在培养学生具有广泛的基本知识、技能和态度，秉承的是"完人"的教育理念。专业教育是培养在一个专门领域从事专门职业或专门岗位的专门人才的教育。尽管通识教育和专业教育有很大的不同，但是通识教育和专业教育是相互联系的；通识教育是专业教育的基础和延伸，专业教育是对通识教育的深化。在大学教育中，应将通识教育和专业教育联系起来，将通识教育贯穿整个高等教育体系，通过环境熏陶这类隐性教育的开发与应用，才能构建起通识教育人才培养模式。

（二）课程体系

课程体系是指在教育理念指导下，将课程的各个构成要素加以排列组合，使各个课程要素在动态过程中统一指向课程体系目标实现的系统。课程体系主要由课程目标、课程内容、课程结构和课程活动方式所构成。课程体系是培养目标的具体化，是实现培养目标的载体。课程体系是否合理直接关系到培养人才的质量。

课程在学生成长中处于核心地位。学校的影响力，取决于课程的影响力；学校的创造力，取决于课程的创造力；学校的生命力，取决于课程的生命力。这三种力量的体现主要取决于课程结构。所以，无论怎样强调课程的重要性，都不为过。通过构建开放多元、充满活力、富有特色的课程体系，为学生提供更加自主、更具个性、更多选择的成长环境、教育资源和专业服务，让学生的潜能得到全面充分而又自由的发展，尽最大可能实现学校的培养目标，是各类学校不断采取的措施。

目前，有关课程的概念已形成一个庞大的"课程"家族。简单梳理如下，从宏观管理体制来看：有国家课程、地方课程和校本课程三级划分；从课程形态来看：先有学科课程、活动课程、社会实践课程，再有社团课程、环境课程；从学科内容来看，有分科课程和综合课程，有的学校还把课程分成若干领域；从课程任务来看，分基础性课程、拓展性课程、选择性课程；从课程性质来看，不仅有必修课程，还有必选课程、学生自选课程；从课程功能来看，有工具性课程、知识性课程、技能性课程、实践性课程；从表现形式来看，有显性课程和隐性课程之分。

课程不是随意的而是严肃的，课程不是生成的而是预设的，课程不是一个方案而是一个体系，课程的品质不在于数量而在于质量。所以，课程的研发就显得相当重要。好的课程结构应该具备均衡性、综合性和选择性三个基本特征。均衡性是指学校课程体系中课程类型、具体科目和课程内容能够保持一种恰当、合理的比重。综合性具体体现在三个方面：一是加强了学科的综合性；二是设置综合课程；三是增设综合实践活动。

总之，课程体系的建设成为学校育人体系建设的一个杠杆，整体撬动了学校育人模式的变革，形成学校办学特色。所以，学校课程改革追求的应该是学校课程体系的建设。高等学校课程体系主要反映在基础课与专业课、理论课与实践课、必修课与选修课之间的比例关系上面。

表 1-1　　　　　　　　　课程建设质量标准

一级指标	二级指标	质量标准	分值
师资队伍	教学梯队	有教学带头人。近两年高级教师100%担任本课程教学工作，形成合理的教学梯队	10
	业务水平	近两年30%以上教师在核心期刊发表论文或承担省级教学科研课题	5
	师资培养	对青年教师配备导师，培养方向明确，计划具体，较好地坚持相互听课和观摩教学，近两年35岁以下青年教师教学评价优良	5
教学条件	教学文件	课程教学大纲、授课计划、教案及讲稿、教学活动制度等教学文件完备，档案齐备	5
	教材建设	积极开展教材建设，选用近三年出版的优秀教材，开发使用校本教材	5
	实验实践条件	实验开出率100%，有设计性、综合性实验，有稳定的校内外教学实习基地，图书资料齐全	10
教学过程	教书育人	对学生严格要求，严格管理，注重引导和培养学生严谨治学精神和良好道德品质，为人师表	5
	教学内容	符合教学大纲要求，备课认真，学时安排合理，注重恰当引入学科发展前沿知识和技术	10
	教学方法和手段	适合课程教学规律和特点，理论联系实际，有利于培养学生思维能力、自主学习能力和创新能力	10
	学习指导	根据课程特点合理布置作业，批改及时，辅导答疑耐心，注重学生学习方法指导和课外指导	5
	实践技能	实践技能培养和考核体系完善，实验实习要求严格，注重学生实际动手能力培养	10
	课程考核	试题难易适中，优秀率和不合格率符合要求，试卷批阅准确无误	5
教学研究与改革	教学研究与改革	积极进行教学研究与改革，成效显著	10
	教学成果	近两年获得校级及以上教学成果奖	5

（三）教材建设

《国家中长期教育改革和发展规划纲要（2010—2020）》《国家中长期人才发展规划纲要（2010—2020）》明确要求中国教材建设的方针和目标是："以服务人才培养为目标，以提高教材质量为核心，以创新教材建设的体制机制为突破口，以实施教材精品战略、加强教材分类指导、完善教材评价选用制度为着力点，为提高教学质量和人才培养质量发挥更大作用。"

教材是知识的载体，是人才培养工作的一项基础性措施。教材建设是课程建设和教学改革的重要组成部分，是深化教学改革、提高教学质量的重要保证。根据《教育部关于"十二五"普通高等教育本科教材建设的若干意见》（2011）的规定，我们认为教材建设应该做到以下几点要求：第一，凸显重点。教材建设分为三个层次，包括国家、省、市（区）高等学校三级，根据课程难易以及受重视程度的不同，需要重点完善主要基础课程教材和核心课程教材，对实验实践类教材编写要大大加强，对数字化教材建设要与时俱进，做到及时创新；与此同时，对各个层次教材进行全面统筹，提升教材整体质量。第二，质量优先。在教材建设过程中，教材编写尤其重要，教材建设应符合人才培养目标，符合教学规律和认知规律，注重素质教育；反映当代课程建设与学科发展新成果、新知识、新技术，注重借鉴国内外教材先进成果。教材的编写者最好有教材的使用者，只有在教学研究和科研领域取得成绩的人编写教材才能保证教材的质量和权威，总体做到三个优先：应该优先支持学术造诣高、教学经验丰富的教师编写教材；优先支持特色专业、品牌专业开发教材；优先考虑在高水平出版社出版教材。第三，锤炼精品。教材应该与时俱进，以特色为引领，着力打造精品，学科内的最新研究成果、新知识的拓展、新技术的创造都要及时地在教材中体现。除了教材内容要与时俱进，还要重视方法上的革新，要反映新时期的人才培养模式，体现获取知识和创造知识的方法。第四，因材施教。鼓励特色人才培养需要多样化的教材，可以避免教材的重复建设。

典型案例

广西大学教材建设管理规范

西大教〔2016〕41号

一 教材建设的组织领导

第一条 教材是教学内容的重要载体,是教学活动的基本要素之一。教材建设是学校一项重要的基本建设工作。校、院(系)两级都要加强教材建设的组织领导,统筹规划,落实教材、讲义编写的各项方针、政策。调动广大教师编写教材、讲义的积极性和主动性,提高教材、讲义编写质量。

第二条 学校成立教材建设委员会,主任由主管教学的副校长担任,副主任由教务处处长担任,委员由各院(系)教材建设领导小组组长和有关专家组成。学校教材建设委员会的任务是:审定全校教材建设规划和年度计划,检查落实教材建设工作各项方针、政策和措施,评选校级优秀教材和讲义,推荐出版教材等。学校教材建设委员会,每届任期四年。

第三条 各院(系)成立教材建设领导小组,组长由主管教学的副院长或副主任担任,组员由各教研室主任和有关专家组成。院(系)教材建设领导小组的任务是:制定本院(系)教材、讲义编写计划,审核选用教材质量,推荐校级优秀教材、讲义,向学校推荐出版教材等。有编写教材、讲义任务的教研室,应指定专人负责本教研室教材、讲义的编写工作。

第四条 凡列入院(系)编写计划的自编教材、讲义,由主编教师提出书面申请,经院(系)教材建设领导小组讨论通过,报学校教材建设委员会审批,列入校级教材、讲义编写计划,并参加校级教材建设立项项目评选。未列入校级编写计划的教材、讲义,学校不予立项建设。学校教材建设立项项目的评审工作,每两年进行一次。

二 教材、讲义编写

第五条 列入校级编写计划的教材、讲义,应是我校开设的课程,应以立德树人为根本任务,以推进中国特色社会主义理论体系进教材进课堂进头脑为主线,以提高教师队伍思想政治素质和育人能力为基础,积极培育和践行社会主义核心价值观,坚持育人为本、德育为先,把坚定理想信念放在首位，确保社会主义办学方向。列入校级编写计划的教材、讲义，应遵循思想性、科学性、先进性原则，立足学生全面发展，努力构建全员全过程全方位育人格局，形成教书育人长效机制，增强学生社会责任感、创新精神和实践能力，全面落实立德树人根本任务。要注重创造性转化和创新性发展工作，能反映本学科国内外科学研究和教学研究的先进成果。特别是哲学社会科学教材要充分反映马克思主义中国化最新成果、反映中国特色社会主义丰富实践、反映本学科专业领域最新进展。且还必须满足下列条件之一：

1. 国内尚无统编出版或虽有统编出版但不适合我校使用的教材；
2. 在区内外，具有优势和特色的教材、讲义；
3. 我校教学中需要数量比较多的教材、讲义；
4. 广西高校教学中需要数量比较多的教材。

第六条 教材、讲义编写应贯彻少而精、便于自学的原则，篇幅不宜过大，一般以每学时教材内容3000—3500字为宜。

第七条 学校立项建设的教材、讲义，实行主编负责制。各院（系）要保证人员落实，按质、按时、按量完成任务。未按时完成编写计划，学校取消该教材的立项建设资格。

三 教材供应和自编教材、讲义印刷

第八条 为保证教学秩序和教材质量，凡我校普通高等教育学生使用的教材，均由教务处教材科统一订购、印刷和发放。其他任何单位和个人都不准擅自向学生出售教材、讲义。

第九条 凡列入校、院（系）两级教材编写计划的各种自编教材、讲义，由主编教师填写"广西大学教材印刷申请表"，落实使用专业、年级，并提前2—3个月将书稿送交教材科统一安排打印。

第十条 我校自编的教材、讲义，要求文稿写在稿纸上，字体、表格、数字公式、外文字母、标点符号要清楚、整齐，图形要按1∶1比例用墨水画在描图纸上，以便制版。打印的各种教材、讲义，由编写教师负责校对2次，无差错后才能交付印刷。

第十一条 自编教材、讲义原则上印刷一届学生班级使用。若印刷数量过少，成本过高，经院（系）教材建设领导小组批准，可印刷2—3届在校学生使用的数量。教材、讲义需要重新修订时应将已印的教材、讲义使用完毕才能重新印刷，以避免造成积压和浪费。

四　教材出版

第十二条　凡列入我校编写计划的教材，原则上经校内二届以上教学实践证明，未经试用的新编教材还需经二名副教授（其中校外一名）以上职称同行专家鉴定通过；教学效果好、有特色、需要公开出版时，由主编填写"广西大学教材出版申报表"和"选题申报表"各一式二份报教材科，经学校教材主管领导审批由教务处教材科统一向有关出版社推荐出版。

第十三条　教材经出版单位审核同意出版后，由编者、出版社、教材科三方面签订教材出版合同书，各方须严格遵守合同中有关条款，以确保教材按时、按质量出版与发行。

第十四条　出版教材需要编者包销时，包销数量应根据我校实际使用数量和编者自行推销的数量决定，由主编教师填写《广西大学教材出版包销使用合同表》，校内使用的数量为2—3届学生班级实际用书量。系用量、作者用量和其他用量，需经有关单位负责人签名确认。教材出版后按《广西大学教材出版包销使用合同表》规定办理。

第十五条　为保证包销教材使用完，编者稿酬应作为包销教材风险金暂存教材科，待包销书使用完后，将稿酬退还给编者。若包销教材因故不能使用完，剩余教材的经费从编者的稿酬中扣除。

五　教材、讲义编写和出版的有关政策

第十六条　为搞好我校教材建设工作，调动广大教师编写教材的积极性，学校要认真落实党和政府有关教材编写的各项方针、政策。学校设立教材建设基金。学校教材建设基金主要用于我校教师编写讲义、教材的启动经费、教材出版亏损补贴和校级以上优秀教材、讲义评选经费的开支。

第十七条　凡列入校级讲义编写计划且篇幅不少于3万字的自编教材、讲义印刷后，应将其编写工作量记入印刷当年编者的教学工作量中，并将其成果登入教师教学业务档案。

（一）编著讲义（种），即教师收集的资料，经自己长期教学实践和研究，编写出的我校以往没有的新讲义，内容不得抄录已有的教材，其编写工作量计算办法如下：

1. 实验讲义：计划学时数×100%；
2. 公共课、基础课、专业基础课讲义：计划学时数×150%；

3. 专业课讲义：计划学时数×200%。

（二）汇编讲义（种），即选用现成的文章和资料编写而成的讲义，其编写工作量计算办法如下：

1. 实验讲义：计划学时数×30%；

2. 公共课、基础课、专业基础课讲义：计划学时数×45%；

3. 专业课讲义：计划学时数×60%。

（三）修订讲义（种）（修订量不低于原讲义的15%）工作量计算办法如下：

1. 实验讲义：计划学时数×20%；

2. 公共课、基础课、专业基础课讲义：计划学时数×30%；

3. 专业课讲义：计划学时数×40%。

（四）译著讲义（翻译外文教材）：计划学时数×150%。

第十八条　凡获校级以上（含校级）立项建设或列入校级教材编写计划的教材由出版社正式出版后，应将其编写工作量记入出版当年编者的教学工作量中，并将其成果登入教师教学业务档案。

（一）编著教材（种），即教师收集的资料，经自己长期教学实践和研究，编写出的我校以往没有的新教材，内容不得抄录已有的教材，其编写工作量计算办法如下：

1. 实验、实习指导书：计划学时数×150%；

2. 基础课、专业基础课教材：计划学时数×230%；

3. 专业课教材：计划学时数×300%。

（二）汇编教材（种），即选用现成的文章和资料编写而成的教材，其编写工作量计算办法如下：

1. 实验教材：计划学时数×50%；

2. 公共课、基础课、专业基础课教材：计划学时数×70%；

3. 专业课教材：计划学时数×90%。

（三）修订教材（种）（修订量不低于原教材的15%）工作量计算办法如下：

1. 实验、实习指导书：计划学时数×30%；

2. 基础课、专业基础课教材：计划学时数×40%；

3. 专业课教材：计划学时数×50%。

（四）译著教材：计划学时数×150%。

正式出版后教材的编写工作量,在记入编者的教学工作量时,应减去其正式出版前已记入该编者该种教材作为讲义编写工作量部分。

第十九条　多人合编的教材(含讲义),其编写工作量分配由编著者协商解决。但其分配额之和不能超过该种教材(讲义)所规定的编写工作量。

第二十条　建立校级优秀教材和讲义评奖制度。校级优秀教材和讲义的评奖工作,每两年进行一次。凡我校教师任主编的教材、讲义,获得校级以上(含校级)优秀教材、讲义奖,学校将给予表彰和奖励。

第二十一条　凡我校教师独立编写或我校教师担任第一主编,并列入校教材编写计划的教材,学校发给适当的编写教材启动经费。

第二十二条　获校级以上(含校级)立项建设的教材,学校发给适当的立项建设经费。校级教材立项建设经费,实行分期投入。

第二十三条　供校内使用的自编讲义,由于印刷成本高,学校不付编者稿酬。正式出版的教材,其稿酬由出版该教材的出版社支付。

第二十四条　我校教师独立编写并经校教材建设委员会或教材建设主管部门认为可以出版的教材,因印数少,出版部门确实造成经济亏损的,学校给予适当的教材出版亏损补贴。教材出版亏损补贴根据学校拨款实际情况从严掌握。获校级以上(含校级)立项建设教材,优先享受学校教材出版亏损补贴。教材出版亏损补贴的经费,仅用于出版社出版该书亏损的补贴,不得挪作他用。

第二十五条　需要教材出版亏损补贴经费者,由主编教师写出申请报告,经院(系)教材建设领导小组审核,报学校教材建设委员会或教材建设主管领导审批。

第二十六条　各院(系)要加强本单位的教材建设工作,制定出具体的政策和措施,调动教师编写教材、讲义的积极性。各院(系)要承认教师编写教材的教学工作量,并与劳务、奖金分配挂钩,同时,根据实际情况设立本学院(系)教材建设基金,用于资助本单位教师编写教材、讲义。

第二十七条　本条例中"教材"概念不包含 CAI 课件等电子教材。CA 件等电子教材建设,将另文规定。

第二十八条　本规定由教务处负责解释。

第二十九条　本规定自公布之日起执行。原《广西大学教材建设条例(试行)》(校教字〔1999〕20号)同时废止。

——来源 http://jwc.gxu.edu.cn/info/1990/6001.htm

（四）教学方法

教学方法是教师和学生为了实现共同的教学目标，完成共同的教学任务，在教学过程中运用的方式与手段的总称。它包括教师的教法、学生的学法、教与学的方法。根据实践中已有教学方法，归纳起来，基本的教学方法主要包括讲授教学法、讨论教学法、案例教学法、启发式教学法、直观演示法、探究式教学法等。

表1-2　　　　　　　　　　　常用教学方法展示

	含义	基本要求	优缺点
讲授教学法	教师通过简明、生动的口头语言向学生传授知识、发展学生智力的方法。它是通过叙述、描绘、解释、推论来传递信息、传授知识、阐明概念、论证定律和公式，引导学生分析和认识问题	(1) 讲授既要重视内容的科学性和思想性，同时又要尽可能地与学生的认知基础发生联系 (2) 讲授应注意培养学生的学科思维 (3) 讲授应具有启发性 (4) 讲授要讲究语言艺术。语言要生动形象、富有感染力，要准确、简练、条理清楚，语速要适度，语调要抑扬顿挫，适应学生的心理节奏	教师容易控制教学进程，能够使学生在较短时间内获得大量系统的科学知识。如果运用不好，学生学习的主动性、积极性不易发挥，就会出现教师满堂灌、学生被动听的局面
讨论教学法	在教师的指导下，学生以全班或小组为单位，围绕教材的中心问题，各抒己见，通过讨论或辩论活动，获得知识或巩固知识的一种教学方法	(1) 讨论的问题要具有吸引力 (2) 讨论前，教师应提出讨论的具体要求，指导学生收集有关资料或进行调查研究，认真写好发言提纲 (3) 讨论时，要善于启发引导学生自由发表意见。讨论要围绕中心，联系实际，让每个学生都有发言机会 (4) 讨论结束时，教师应进行小结，概括讨论的情况，使学生获得正确的观点和系统的知识	全体学生都参加活动，可以培养合作精神，激发学生的学习兴趣，提高学生学习的独立性。但适用范围有局限性。一般在高年级学生或成人教学中采用

续表

	含义	基本要求	优缺点
案例教学法	一种以案例为基础的教学法，案例本质上是提出一种教育的两难情境，没有特定的解决之道	(1) 努力创设一个有利于学生进行探究发现的良好的教学情境 (2) 选择和确定一个合适的案例 (3) 有序组织教学，积极引导学生发现和解决问题	案例生动具体、直观易学，给人以身临其境之感，易于学习和理解。但对案例选择的要求比较高，对教师和学员的要求也比较高
启发式教学法	教师在教学过程中采用多种方式，以启发学生的思维为核心，调动学生的学习积极性的一种教学指导思想	(1) 调动学生的主动性 (2) 启发学生独立思考，发展学生的逻辑思维能力 (3) 让学生动手，培养独立解决问题的能力 (4) 发扬教学民主	在教学中进行启发式教学，有利于提高学生学习的积极性，从而全方位地提高学生的能力
直观演示法	教师通过展示各种实物、教具或进行示范性实验，让学生通过观察获得感性认识的教学方法	(1) 目的要明确 (2) 现象要明显且容易观察 (3) 尽量排除次要因素或减小次要因素的影响	是一种辅助性教学方法，要和讲授法、谈话法等教学方法结合使用

任何一种教学方法的选择都必须根据现实情况进行，科学、合理地选择和有效地运用教学方法，要求教师能够在现代教学理论的指导下，熟练地把握各类教学方法的特性，能够综合地考虑各种教学方法的各种要素，合理地选择适宜的教学方法并能进行优化组合。一般而言，教师在选择合适的教学方法时，需要做到以下几个依据：

第一，依据培养目标选择教学方法。培养目标在教学方法的选择上起到了指引性作用，不同领域或不同层次的培养目标的有效达成，要借助于相应的教学方法和技术。教师可依据具体的可操作性目标来选择和确定具体的教学方法。

第二，依据教学内容特点选择教学方法。不同学科的知识内容与学习要求不同，不同阶段、不同章节的内容与要求也不一致，一门课程的教学通常会持续一个学期或两个学期，在这一学期或两学期中的要求也不尽相同，这些都要求教学方法的选择具有多样性和灵活性的特点。

第三，根据学生实际特点选择教学方法。学生的实际特点直接制约着教师对教学方法的选择，这就要求教师能够科学而准确地研究分析学生的上述特点，有针对性地选择和运用相应的教学方法。著名教育家孔子所提倡的因材施教教学思想，就是要求教师根据每一名学生的能力及特点，采取不同的教学方法，使学生的才能得到最大的发挥。

第四，依据教师的自身素质选择教学方法。任何一种教学方法，只有适应了教师的素养条件，并能为教师充分理解和把握，才有可能在实际教学活动中有效地发挥其功能和作用。随着时代发展，教学方法一直在创新。有些教学方法运用不当就会反其道而行之，收效甚微，甚至起到反作用。另外，随着教学方法的不断创新，对教师的要求也越来越高，比如外语能力、信息技术能力等，这也要求教师根据自身的实际选择适合的教学方法。

第五，依据教学环境条件选择教学方法。教学环境是教学方法实现的客观存在条件，只有具备了相应的教学条件，教学方法才能最大限度地发挥出来。因此，教师在选择教学方法时，要在时间条件允许的情况下，应能最大限度地运用和发挥教学环境条件的功能与作用。

另外，教师在运用各种教学方法的过程中，还必须充分关注学生的参与性。

（五）质量评价体系

教学质量是教育发展的核心，是教育的生命线。教学质量评价是指对教师的学术业务水平、教学方法、教学态度等进行评价。健全的教学质量监控体系对提高学校教学质量至关重要。构建科学、合理的教学质量监控体系应以现代教育理念为指导，以制度建设为根本，以各种信息为基础，从而有效地保证高等教育教学质量的持久提高。评价教学质量要考察的因素有很多，如前期各课程的教学质量、本门课程各个教学环节的互相配合、教师的教学效果、学生的素质及学习态度等。

表1-3　　　　　　　　　　　课堂教学质量评价标准

一级指标	二级指标	质量标准	分值
教学态度	教风	为人师表，治学严谨，敬业精神	5
	教学准备	熟悉授课内容及相关领域知识，合理安排教学进度，精心备课，教案规范	8
	教学活动	积极参加教改、教研和平时的各种教学活动	7
教学基本技能	教学语言	普通话标准，教学语言清楚，语速适当，具有逻辑性	7
	板书	板书工整，书写认真，有条理，纲目分明，重点突出	5
	课堂组织能力	教学目标明确，紧密围绕教学目标组织教学。有效利用上课时间，思路清晰，条理分明，重点突出。注重师生互动，课堂气氛活跃	8
	教师自身修养	教师仪表端庄，言谈举止得体	5
教学内容	教材选用	选用新版优秀教材或适合于本专业校本教材适合教学要求	5
	熟练程度	依据教学大纲，内容正确，深浅、多少适当，讲解扼要、清晰、熟练，讲解内容深入浅出，并能正确把握该学科新成果	8
	理论联系实际	根据课程特点，积极利用实物教学或现场教学，注重理论联系实际，培养学生实际分析和解决问题能力	7
教学方法和手段	教学方式	能根据课程特点选用合适的教学方式，方法灵活多样，善于提出问题，开拓学生思路，启迪思维，激发兴趣。注重学生创新意识和创新能力的培养	7
	教学手段	根据课程特点，熟练、灵活、恰当地运用现代教育技术等各种教学辅助手段，充分提高教学效率和教学效果	8
	课外辅导	对学生课外学习有明确要求，作业批改认真、准确，经常、主动、耐心地为学生答疑解惑	5
教学效果	能力培养	实现了课程教学目标，学生牢固掌握并能灵活运用所学知识，对本课程的学习兴趣、思辨能力和自学能力均有显著提高	7
	学生成绩	能够及时向学生反馈学习情况并提供针对性的指导，考试能够覆盖课程学习的主要内容，对学生的学习评价客观、公正、准确，学生的测试成绩符合正态分布，优良率高	8

质量评价一般分为内部质量评价和外部质量评价。内部质量评价一般由高校自己负责，旨在提高本校的人才质量；外部质量评价主要由政府和相应机构负责，旨在向社会提供与市场需求相匹配的人才。从质量评价形式看，人才培养质量评价体系主要有三种形式：

第一，内外结合型。内部质量评价体系主要负责内部质量活动，这种质量评价体系通常由高校自己来完成，主要以教学和科研为核心进行质量控制和评估；外部质量评价体系主要借助外部质量评估活动来监督高校内部质量活动，它通常由政府和社会等外部利益相关者来进行，通过收集高校的质量证据，来满足外部利益相关者对于高校人才培养质量水平与程度的了解需要。

第二，动态控制型。根据教育运行的动态过程，人才培养质量评价体系分为培养目标评价体系和过程评价体系。目标评价体系是对人才培养目标做出的评价活动，通常需要根据国家高等教育总目标制定本校的人才教育目标，并根据市场需求变化进行调整，使之发挥对人才培养工作的导向作用；过程评价体系是对培养过程的各要素进行评价，以确保高校人才培养、科研活动和社会服务的质量。

第三，功能定位型。一般而言，高等教育的主要任务就是教学，但除这一功能外，高等教育还承担着越来越多的科研和社会服务任务。教学和科研、社会服务功能三者相辅相成，因此人才培养评价体系也相应分为教学质量评价体系、科研质量评价体系和社会服务质量评价体系。

三　人才培养模式创新的制约因素及创新思路

（一）制约因素

目前，很多高校的人才培养模式还是简单的应试教育，这种培养模式显然不能适应社会的发展，也不可能培养出创新创业型人才，亟待改革。但是，改革的进程总体来说比较缓慢，主要有以下几点制约因素：

1. 教学理念的束缚

人才培养模式是教育思想的具体化。只有在一定的教育思想指导下，人才培养模式才有意义。否则，就只能是一些要素毫无依据的拼凑。在当前的高等教育中，教育思想表现为"大学理念"。这种理念对人才培养模式的制约主要表现在以下三个方面。

第一，计划经济体制所形成的惯性束缚。在新中国成立后的相当长一段时间内，我国逐渐形成了一个与计划经济相适应的高等教育体制。

在这样的体制中,政府直接对高校进行集中统一领导和管理,高校完全没有自主权,只能按照政府的规定办学,难以形成自身的理念。随着改革开放后思想的不断解放,当前,我国大部分高校已经有了相当大的自主权,但一些高校的改革却仅停留在形式上,思想却依然表现出极大的惯性和惰性,一些高校只重视硬件建设而忽视软件建设,重视规模扩大而忽略理念提升,没有探索和形成自己的办学理念。

第二,与时俱进的新兴办学理念缺位。现代社会,随着信息科技革命的迅猛发展,信息流动更加迅速,全球化更加明显……在这样的大环境下,高校必须与时俱进,适时调整人才培养模式,突出人才的国际视野、信息素养、学习能力及全面素质。但是,不少高校却依旧我行我素,不能及时革新自我,特别是在理念层面,很多高校还没有形成学术自由、国际化、通识教育等理念。

第三,对高校教改的理性思考有待加强。长期以来,高校的教改看似热火朝天,但如何办学,如何育人,育人的体系如何建立健全,如何引导教师长远发展并以教师的创新带动学生的创新,这些问题都没有去进行认真的规划设计。高校对人才培养模式的顶层设计缺乏战略思考。没有很好地、系统地去思考"大学到底培养什么样的人才,怎样去培养这样的人才"。以至于形成了一个"怪圈"——高校围着政府转、教师围着领导转,反倒把真正的育人根本任务置于不重要的位置。

2. 制度的羁绊

人才培养模式创新的一个重要制约是制度,这主要表现在两个方面。

一是权力的错位与失衡。随着高校办学自主权的不断扩大,高校已经有了较大自主权。可是,高校内部却存在行政权力与学术权力的不平衡。目前多数高校依然按照行政管理的模式管理大学。学校多数事务也都是由"行政部门"进行管理,各教学单位基本上都是在遵循行政部门的安排和要求运行。虽然很多大学也成立了校级学术委员会,可是,其组成人员多数是学校、院系以及职能部门的负责人,很少有"布衣教授"、普通教师参与,从而忽视了学术方面的考虑,弱化了学术权力。人才培养模式的改革是一项重要的学术事务,需要一线教师的积极参与。但是,学术权力的缺失,阻碍了教师主动性、积极性的发挥,没有教师的积极参与,人才培养模式改革创新只能流于形式。

二是高校评估制度不完善。总的来说,我国对于科研的评价通常比较具体、实在,而对教学的评价则相对空洞。目前,我国对于高校的评估以政府主导的行政性评估为主。行政性评估中影响最大的莫过于学科评估及本科教学工作水平评估。但基本上与教学模式的改进无多大相关,对于教学的评价指标不够具体。此外,教学质量评价还存在单一化、形式化的倾向,对于个性化教育教学模式的评估没有引起足够的重视。

3. 资源的约束

近年来,人才培养模式的改革一直如火如荼地进行,但它们往往陷入表面化、口号化,或者仅仅是培养模式要素的局部改变,而不是整体变革。这与理念和制度的束缚有关,同时也与教育资源的匮乏脱不了关系。

首先表现为教育经费不足。教学改革离不开教育经费的支持。但随着高等教育的不断扩招,教育经费严重不足。自1998年始,我国高校规模迅速膨胀,而高校所能获取的资源却没有得到相应的改善,以至于高校普遍负债运行。有的高校虽然从银行获得了一些贷款,但也主要用来购置校园、修建教学楼、增添设备,能够用于人才培养模式改革上的经费少之又少。

其次表现为师资建设比较薄弱。目前,我国高校师资队伍存在的一大问题是,受思想观念和评价体系的影响与制约,教师能够潜心研究教学,探索教学改革这门学问的并不多。导致这种现象的主要原因是教师没有从事人才培养模式改革的外动力和内驱力。从外部来说,学校对教师的考核重显性成果。科研成果属于显性,产出立竿见影,而教学改革的成果却很难评价,况且育人的周期本身就长,人才要真正到社会上发挥作用也不是短期内能见效的,而且还会受到很多因素的影响。从内驱力来说,许多教师对教学没有足够的热情,要不要改革,改革后能不能促进学生的全面发展,很多教师并不上心,以至于认真研究学生,研究教学问题,从学生内心深处的需求出发,注重他们的兴趣、爱好、特长、个性发展则似乎是一种奢望。

最后表现为课程资源不足。课程是人才培养的核心要素,是人才成长的载体。人才培养模式的改革要以优质、丰富的课程资源为基本条件。可是我国高校的课程却存在严重的不足。中国大学在课程广泛性方面做得最好的是北大和清华,但都仅限于3000门左右,和发达国家的高校课程资源相比仍有差距。资源不足显然已经成为我国人才培养模式的创新的一个极大障碍。

(二) 创新出路

人才培养模式的创新,虽然与政府的评价及社会其他因素有很大关系,需要政府与社会做出相应的改变。但是,最根本的出路还在于高校自身的努力,高校应勇于和善于承担起教学改革、人才培养模式创新的主体性责任。对于人才培养模式的创新路径,本书后半部分还会详细展开,在这里暂不论述。

第二章 国外会计人才培养模式研究

《国家中长期教育改革和发展规划纲要》将创新人才培养模式作为提高教育质量的根本途径,研究、借鉴国外先进的人才培养模式,是快速提高我国人才培养水平的有效途径之一。随着经济的发展和教育体制的改革,各国在不断探索教育模式发展的进程中,形成了各具特色的人才培养模式,借鉴国外有益经验对广西人才培养模式的完善和创新具有重要的启示。在这一章,本书着重分析了美国、澳大利亚、英国、加拿大、新加坡等国家的会计专业人才培养模式,分析了它们的特点和经验,以求为广西会计专业人才培养模式建设提供一定意义上的借鉴和参考。

第一节 美国会计人才培养模式研究

美国是世界上最早开始会计专业硕士教育的国家,其会计教育兴起和发展主要得益于第二次世界大战后资本主义市场经济的迅速发展。虽然美国的会计实务水平与会计理论研究处于世界领先地位,但其会计教育在1980年曾出现过比较严重的问题,主要表现在两个方面:其一,高校会计专业缺乏优秀生源,会计专业的竞争力低;其二,会计教学内容空洞滞后,理论与实践分离。改革迫在眉睫。在这种情况下,美国成立了会计教育改革委员会来迎接会计教育改革的挑战,在经历了一系列艰辛的改革后,岌岌可危的美国会计教育得到了全面改善。

一 美国会计人才培养的特点

改革后美国会计教育更加注重培养学生在快速变化和竞争激烈的国际化环境中的专业知识技能、沟通技能、领导技能、批判性思维以及解决问题和分析问题的能力等。具体如下:

(一) 培养目标更加明确，具体定位为培养"通用性"人才

"通用性"人才，我们通常简称为通才。所谓通才，通常指学识广博、具有多种才能之人，从人才学、教育学的角度则称横向型人才。通才教育是为了培养具有高尚情操、有高深学问、有高级思维，能自我激励、自我发展的人才。它实行的是一种博雅教育，注重理智的培养和情感的陶冶。对应会计专业的人才培养，则是培养能在未来职业中获取专业知识的有能力有素质的人才。

美国通才教育培养目标对于会计本科教育的内容主要做三个方面的要求：素质、知识和职业倾向。这么做的目的就是提高学生的素质和能力，以便为未来的职业发展做好充分准备。具体而言，素质包括沟通能力、分析能力和人际交往能力；知识包括一般知识、企业和组织中的商业知识以及会计审计知识；职业倾向是指对会计专业的了解和职业价值观，包括从业者认同会计专业并乐于从事本职业，遵守职业道德规范并能够独立地进行是非判断，关注公众利益。

(二) 课程设置更加丰富

在会计教育过程的不同阶段，美国高校的课程设置各不相同。美国高校的课程设置只是人才培养的一部分。他们遵循的是终身教育，"活到老，学到老"。就课程体系设置而言，一般设置三类会计专业课程：一般基础课程、商业教育课程和会计教育课程。

一般基础课程注重拓宽学生知识面，培养逻辑思维和解决问题的能力，涉及人文哲学、社会科学、艺术、自然科学、语言等学科领域，为学生奠定了知识框架的基础。基本上一进入大学的新生首先学习的就是这部分基础课程。商业教育课程的特点在于该课程与企事业单位的组织特点和实际运行密切相关，能够使在校学生提前了解相关商业规则和商业知识，为将来踏入社会做好充分准备。会计教育课程则是为了让学生掌握足够的会计专业知识，体现会计作为经济信息的沟通和使用的本质，这也是会计专业的专业课程。

以哈佛大学的基础课程设置为例：

哈佛大学的基础课程都是核心课程，并且由学校核心课程教授委员会设计和认定。哈佛要求学生学习的基础课程学分约占总学分的1/4。它要求学生在全部 11 类基础课程的 8 类中各选修一门，并且所选修的应该是与学生本身专业关系最远的课程，与学生本身专业较重复的为免修课

程。通过这样的基础课程安排，美国高校会计专业的学生也能够掌握自然学科、人文学科等多门知识。

拓宽视野方面设置相应的基础课程，如哲学文化艺术等，在接触商业方面则是开设与经济学、管理学有关的课程。在这三种课程的设置比例中，关注基础课程设置的质量，提高基础课程、商业课程的设置比重，让学生不局限于专业学习中。另外在课程的安排上多给予学生选课的权利，有助于学生更好地系统学习感兴趣的课程。

（三）教学方式更加多样

据调查，美国大学教师常用的教学方法是讲授法，几乎80%以上的教师都会选择这一教学方法，但这并不意味着讲授法是他们课堂教学的唯一方法。他们会将这一方法与其他教学方法结合使用。比如，同时穿插使用小组讨论、答疑解惑、社会实践等教学方法。在教学技术方面，在传统的传播知识形式（如板书、投影等）的基础上，他们也会利用多媒体技术组织课堂教学。

以美国著名的商学院——斯隆管理学院为例：

在斯隆管理学院，学生可以选择最适合自己的学习方式，主要包括：

（1）研讨会计划。学校通常会邀请当地甚至全国的资深教授对研讨课题指导，学生自己制订学习计划和学习进度，实现学生自主学习的方式。

（2）研究计划。即学生可以选择一个研究项目，既可以参与到老师的项目中，也可以在老师的指导下进行研究，最后获得学分。

（3）学术小组。在小组中，学生可以得到老师的个别指导，然后按照自身情况查找资料以及安排学习进度。通过以上丰富的学习项目，有利于培养学生独立思考问题、研究问题的能力，使学生具备运用专业知识解决问题的意识。

（4）独立的小学期。即以三周半的时间作为一个小学期，在此期间紧凑地安排了多种形式的学习，包括600种小型课程、独立研究项目团队研究项目、学术交流、系列报告讲座等，学生在小学期里可取得12个学分。

（四）教学活动更加丰富

当地教育部门十分重视引导高校丰富自己的会计教学活动。美国高校的本科教学以学习为主，由课堂授课、分组讨论、课后作业、会计实验室演练四个部分组成，研究生由理论研究和实践操作两个部分组成，同时开展形式多样的教学活动，强调教与学的有机结合。通过这样的方式，学生的学习兴趣得到了极大提高，学生的自主学习习惯得到了很好的培养，学生理论联系实际的能力得到了很好锻炼。

（五）教材体系更加完整

与培养"通识人才"相对应，美国的教材体系不仅强调传递知识，更重视引导学生独立学习与思考的能力，具体表现在教材范围和教材内容两个方面。

首先，教材的选择范围较广，总体来说，高校只是规定了一小部分指定教材，其余部分为教师自编教材，或者教师也可以推荐一到两本必读书籍以及一些辅助书籍来辅助教学。教师推荐书籍也会随着实践和理论的更新而随时变动，保证传授知识时与时俱进。推荐书单引导学生在课后自主选择其感兴趣的方向进行深入学习，而不仅仅停留在课堂接收的知识。

其次，教材内容翔实，案例丰富。在美国的会计教材中有大量的案例介绍，启发学生对所学知识进行思考和应用。教材中或者通过案例带出相应的理论，或者在理论之后编入案例加强理解，案例之后往往附加讨论题目以及扩展阅读的书目。讨论题目供学生进行思考或者分小组讨论，扩展阅读书目供学生根据自己的兴趣阅读扩展视野或者学有余力的学生进行深入的学术分析，对案例及理论加深理解。教材中课后习题往往是开放性的主观题，没有标准答案，目的就是引导学生独立思考，积极参与课堂讨论，培养学生主观能动性。美国会计教材延续性较高，质量高，更新速度较快，满足了给予学生权威、系统的理论知识的要求，同时其又能通过案例或者讨论题的形式培养学生学习的兴趣以及独立思考的能力，这正是美国的很多会计教材在世界上广受欢迎的原因。

（六）考核方式更加灵活

建立以提高教学质量为目的的培养质量评估方法体系。美国高校的评估只是美国高校质量评估体系中的一环，其真正目的不是通过评估给高校排名，而是借评估程序了解各个高校各个专业或者项目的办学质量是否达到应有的水平，提出改善建议，从而提高高校教学质量。

另外，评价机构由各个高校的人员构成。高校合作进行的教学质量管理，排除了政府的干预，相当于大学的自治组织，向社会展示的是大学间自我评价自我改善的风貌，所以如果互相包庇会失去信誉，因此评估的标准、过程和方法都能保证客观性与公正性。

延伸阅读

美国特色人才培养——社区大学

美国的社区大学（Community College）是美国教育体系的重要组成部分。所谓社区大学就是指用市民的税金来运营的短期大学，相当于中国的大专。美国社区大学是2年大学，一般是为正式的4年制大学打下基础。社区大学基本是公立的，带有很强的地域性。比如，一个科罗拉多的学生高中毕业后可能会选择在当地的社区大学先上两年，然后转学到科罗拉多的4年制大学。

在美国，有1200多所社区大学，拥有1000多万名注册学生。社区大学的成立既是时代发展的趋势也迎合了社会发展的现实需求。20世纪，美国的城市化、工业化高速发展，对人才在数量和质量上的要求都不断提高，这在一定程度上促进了社区大学的发展壮大。第二次世界大战后，很多退伍兵重返学校，也促进了社区大学和成人教育的发展。

从年龄上看，社区大学的学生平均年龄是29岁，40%的学生21岁以下，60岁以上的老人大学生也十分常见，从某种程度上看像个社区一样。还有60%的学生是边工作边读书。

从学费上看，社区大学的年平均学费为两千多美元，而普通公立大学的年均学费接近六千美元，社区大学的学费不足公立大学的一半。所以，先在社区大学就读两年再转入普通大学继续深造，对于一些家庭状况不乐观的学生来说是一个极佳的选择。不仅如此，如果学生上社区大学，学校离家较近，食宿费用上也可以节省很多。可以说，社区大学的出现为很多家庭减轻了负担。

另外，美国社区大学也确实有类似于中国的大专的作用。对于不打算深造的学生，社区大学也会颁发相应的从业或技能资格认证。但是，社区大学只能提供颁发副学士学位，副学士学位是不等于学士学位的。但是，就读社区大学还可以转学到别的四年制的大学或学院就读，许多学分都是能够被承认的。

但美国社区大学也有与中国的专科教育不同的地方，比如国内专科教育多以技能为主，为了就业而学习一些实用性较强的课程，少有研究型或综合型课程或学科。美国社区大学不仅提供职业课程，同时也提供转学课程。转学课程是专门为想继续申请4年制大学的学生设计的，学生可以在社区大学上大学前两年（大一、大二）的基础课程，所修的学分是被4年制大学所承认的。

再如，国内专科学生就读完后，想继续深造就读本科的话，是需要参加专升本的考试，考试有一定难度。美国社区大学学生转学时，并不需要考试。社区大学学生凭着在两年制大学获得的学分，就可以申请转学。当然美国大学考核学生的标准除分数之外，还有其他条件。学生的GPA分数较高时，还可以申请转入全美排名靠前的四年制大学。

因此，我们可以说美国的社区大学对于人才的培养形成了自身的特色，对于广西会计人才的培养也具有一定的借鉴意义。比如专升本过程中，一些专科学制已修学分是可以考虑纳入本科学制的，避免了知识的重复和学生时间的浪费。

二　经验借鉴

（一）建立政府引导、职业界参与的会计人才培养机制

国内知名会计学专家阎达五教授曾指出：要改革我国的会计教育，首先必须疏通会计人才供求双方的联系渠道，使会计人才的供给者、会计教育部门能够根据会计人才的需求状况，订立教育目标，培养出符合社会需要的会计人才。美国会计教育改革所收到的效果正是因为美国会计教育在职业界和教育界的配合下，将会计人才的供给与需求紧密联系，形成了一种良性循环机制。因此，广西会计教育目标必须充分考虑广西当地的社会需求，培养适合广西经济社会发展的会计人才。首先，自治区政府相关部门要充分发挥桥梁和纽带作用，建立会计教育界和实业界的联系；其次，充分利用中国会计学会已成立的会计教育研究组的优势，进一步加强会计教育界与职业界及自治区政府会计管理机构的联系与合作；最后，充分利用中国注册会计师协会为高校教育提出适应会计人才需求的指导性意见。

（二）树立终身学习的教育理念

毫无疑问，大学会计教育是培养会计专业人才的重要渠道，但这并不意味着这种正规教育是一劳永逸的。培养适应社会经济发展需要的人

才，要求广西高校依照终身教育的理念培养具有综合素质的会计人才。在高校的课程设置上，学校不能单纯对本专业的学科知识做出要求，而是要放眼全局，尽量淡化学科间的界限，注重知识的系统性和完整性，加强一般通识教育和基本商业经营管理教育的课程设置。如美国的案例研究教学和阶段性的专业论文等，鼓励学生尽早参加研究活动。值得一提的是，案例分析教学法已经在我国的会计教育中开始尝试。如东北财大、上海财大、上海立信会计学院等院校的新编教材中都有所体现。广西会计教育要充分取长补短，借鉴成功案例。与此同时，对于广西的会计从业人员也要积极引导他们树立终身学习理念。

（三）诚信教育

在现行的会计教育中，很多高校对于学生职业道德的培养没有引起足够的重视。尽管改革后的美国会计教育取得了不少成就，但是在其学校会计教育中诚信观念和职业道德教育并未得到应有的重视和体现。安然公司、施乐公司、世界通信公司乃至安达信等一系列会计丑闻，可以说是美国会计教育的一大瑕疵。国内会计教育在诚信方面也存在一些问题，会计信息造假事件以及由此引发的信任危机迫切要求高校开展诚信教育。

随着经济全球化的不断深入，诚信和职业道德问题又一次被提上了新高度，许多涉及会计职业道德的新问题需要解决，加强诚信和会计职业道德教育显得愈加重要。作为培养未来会计人才的大学，必须加强对学生职业道德的教育。因此，如何定位和开展会计职业道德教育，特别是诚信教育是广西高校教育迫切需要解决的现实问题。

以通才为目标的高校会计教育是广西高校可以借鉴的，通才教育可以全面提高会计专业学生的各方面能力和素质，让学生全面发展，成为具备会计知识和各种能力的通用型人才，在毕业后的职业岗位上能迅速融入并且胜任。在课程的选择上，美国学生拥有自主选择大部分课程的权利。学校提供给学生的必修课只是一部分，其他的学分要靠自由选修课和限选课来获得，选修课程的学分比重很大。美国的课堂是以学生为中心，以学生提出问题为主，学习中注重学生的主动发现。另外，在考核中美国高校侧重加入课堂表现的部分，在考试中注重考查学生思考和解决问题的能力，要求原创性地分析问题，能达到对学生能力的培养要求。当然，美国的社会、经济等诸多因素与广西的实际情况有所不同，这就要求广西会计教育在吸收借鉴的基础上充分考虑自身特色。

第二节　澳大利亚会计人才培养模式研究

澳大利亚的会计教育为其培养了许多优秀的会计人才，这与其国内的会计教育模式密不可分。高校的会计培养非常重视培养学生的专业技能和其他通用技能。除此之外，高校还十分重视培养学生的道德品质，主张他们成为终身学者。澳大利亚新南威尔士商业与经济学院院长认为：社会、经济在不断发展变化，学校的培养目标和规格必须随着市场需求的变化进行调整和改革，使学校教育既符合市场需求，又能保证教学质量。因此，澳大利亚的会计教育始终围绕着这一明确的目标和理念进行改革与完善。

一　澳大利亚会计培养特点

具体而言，澳大利亚的会计教育主要有以下几个主要特点。

第一，培养目标定位准确，课程设置合理。人才培养目标是澳大利亚人才培养体系的核心与向导，是澳大利亚会计教育的出发点与归宿，它明确了高校的培养方向和要求。在澳大利亚，高校在进行会计人才培养时，确立科学的会计人才培养目标是首先要考虑的。在这个基础上，澳大利亚将会计课程设置与社会需求、学生就业紧密结合起来，相关专业的课程设置主要是根据市场需要和学生就业情况，每学年进行会计课程的总结、修改和替换，避免书本知识的滞后导致学生所学知识与社会需求脱节。此外，在澳大利亚的课堂上，案例教学、研讨会、角色扮演等方式也是老师经常使用的教学手段，他们鼓励学生积极参与讨论和模拟，以此来培养学生的创造性思维。

第二，先进成熟的教学环境。澳大利亚在会计教学中十分重视推广会计实验教学。他们从增强学生兴趣和满足市场需求的角度出发，在高校普及会计实验室，进行会计基础教学以及专业会计教学的单项实验和综合实验，强化学生的实践操作能力，以此来提高会计人才的社会认可度。同时，他们也会在教学中使用全方位的现代化多媒体设备进行演示分析，同时还会利用互联网平台讲解现代最新的会计信息。教师与学生的互动在网络上就能全部完成，澳大利亚的大学会计教育提供了各种先进、完备的现代化多媒体电子设备。每学期授课教师都可以随时运用网络资讯及多媒体设施向学生发布课程计划、所要进行讨论的探究问题和必要的指导等；学生也充分利用互联网资源带来的便利圆满地完成每一门课程的学习。这就在节约时间的同时提高了学生的信息化水平。

第三，健全的"自我学习服务"。澳大利亚高校十分重视培养学生自我学习、自我拓展的能力。学生在自我学习过程中遇到的问题，可以通过多种方便快捷的渠道获得教师的帮助。学校以各种形式对学生进行"服务"，比如咨询会、宣讲会、讲座等。学生可以根据自己的需要和兴趣自由选择参加各种讲座，这些讲座整个学期都会不断举行。此外，学生还可以在校内网上查询下载相关"服务"的具体安排，澳大利亚提供的这项特色"服务"，可以帮助学生更好地进行自我管理和自我学习，有利于学生更好地提高学习效率，完成自己的学习和研究。

第四，丰富多彩的教学手段。澳大利亚会计本科教学虽然同样以课程学习为主，但其采用多样化教学形式来进行教学活动安排。每一门课程的学习通常会采用教师授课、小组讨论与辅导、课堂练习与辅导和计算机实验室练习等教学手段。在这种教学模式下，教师授课时间少于学生的讨论和练习的时间，充分体现了以学生学习为主的教学目标。教师通过讲授本课程的基本理论与方法，分析评价相关教材中案例所涉及的会计理论与主要问题，引导学生进行相关内容的学习和思考；学生根据课程计划中按照授课内容提出的相关问题进行必要的准备，然后进行分组讨论交流，发表个人的认识和见解，促进教学内容的理解和掌握，在此基础上以教材中的习题及实务中较为典型的公司年报为主，辅导学生进行习题和报告分析，教学相长。

第五，多样化的考核方式。澳大利亚会计教育根据不同课程对学生的不同要求对学生的考试方式进行了详细划分。贺欣（2008）通过对澳大利亚会计本科教育的考查，指出其一般课程成绩由课堂表现、平时作业成绩、期中考试成绩和期末考试成绩共同决定，而对于应用课程（如金融分析、财务软件等课程），其成绩主要由课堂表现和平时作业成绩决定。平时成绩来源可能是小组展示、论文或个人课堂汇报等，形式灵活多样，依具体课程而定。这就打破了以期末考试"一考定学期"的传统考核方式，有利于培养学生的整体学习观念，使学生注重整个过程的学习。

延伸阅读

澳大利亚 TAFE 人才培养模式

TAFE 全称 "Technical and Further Educatio"，意思是 "技术和继续教育学院"。澳大利亚的 TAFE 体系初始于 20 世纪 70 年代，自 1980 年以来，澳大利亚政府与行业一起建立了一个在国家培训框架下以能力标准为基础的、以培训包为课程开发依据的国家职业教育和培训体系。TAFE 是高级职业教育机构，类似于我国的高等职业技术学院。它的目的主要是培养具有高度专业知识和技术的人才，课程的设置注重专业性和实用性并重，教学内容是教学工作和课堂教学相结合。TAFE 模式的核心是以职业能力为本位，具体特征体现在以下几方面：

1. 培养目标更加明确

培养高水平的实用型人才，最大限度地为经济、社会发展服务，这是 TAFE 的办学宗旨。澳大利亚的 TAFE 基本上是面向生产基层第一线，培养适用的高级技术应用型人才和管理人才，也培养动手能力见长的技能型人才。TAFE 提供灵活的多级证书，从低级到高级，一般分为六级。这种不同等级的证书，是通过学分制逐步积累完成的。TAFE 的多级证书既有利于学生根据个性发展需要进行选择学习，也有利于学生逐步分段攀登，更为在职人员提高职业岗位事业技能创造了条件。

2. 课程设置和教学方式的灵活多样

TAFE 的课程可以面向不同年龄、不同行业社会群体，提供社会和行业改革所需的各种知识和技能。在课程安排方面，提供有阶段性的、又可连续的课程，方便学员在不同时期、针对不同需求来决定所修课程。部分课程还可与大学学位实现学分减免、课程转换和衔接。为学员提供证书、文凭或行业技能培训等多功能的立交桥式的教育培训平台，更提供了学员终身学习的良好平台。TAFE 的教学内容以培训包为标准，一般没有统一的课本，由各学校和教师自主选择教学内容，多以讲义和辅助资料为主，这也要求老师在授课的过程中强调与实际需求的紧密结合。

TAFE 课程采取灵活多样的教学方法和手段，通过课堂、工作现场、模拟工作场所、网络等方式开展教学。由于班级人数普遍较少，平均 20 人左右，学员在课堂内讨论发言的机会很多，教师的授课方式也灵活多样。

3. 师资队伍建设及产学研一体化发展

担任 TAFE 的教师必须具有本科以上学历，受过教育专业和相关专业的培训，有5年左右的专业实践经验。专职教师受聘后，一般要参加相关的专业协会，以保证其能及时了解新的专业知识和技能。整个教师队伍中，兼职教师的比例较大。兼职教师是一支重要的力量，他们了解知识、技术的需要点，给学生以最新的信息。与企业挂钩，开展产学合作教育是 TAFE 培养人才的重要途径。在澳大利亚教育中，产学合作教育有着良好的传统，也使 TAFE 得以立足与发展。在多年的职业教育改革和探索中，逐渐形成了以行业为主导的职业教育制度，极大地支持和推动了 TAFE 的可持续发展，形成产学研一体化发展的良好局面，也成为 TAFE 备受青睐和称赞的主要原因之一。

4. 完善的校内实践基地

为了加强实践教学，学院都建立了实力雄厚的校内实践基地。实习现场和学生教室设在同一场地。学习环境就是模拟的工作环境。有一部分课程是到企业去完成的，学习环境则与工作环境结合起来。除设备现代化的实训基地之外，学院还设立了各种中心，诸如计算机中心、电教中心、语言训练中心、图书馆等，装备了各种设施供学生使用，从而为提高教育质量提供了可靠的物质保证，同时也为培养学生的竞争意识、团队精神创造了条件。

二　经验借鉴

澳大利亚会计教育发展至今，充满了朝气和活力，相对成熟，很值得我们借鉴。通过对澳大利亚会计专业人才培养特点的了解，我们从中获得启示和经验如下：

（一）人才培养要与社会需求紧密联系

人才培养要注重与社会，特别是与行业、企业对人才、技能的需求相结合，教学工作应该及时吸收行业、企业的专家进行参与和指导，并根据市场需求的变化不断加以修改。为使学生能更好地满足用人单位的需要，真正胜任用人单位的工作岗位，广西会计人才培养方案应根据市场需要和学生就业情况来制定，每学年都要进行相应的修改和替换。每当出现新理论、新政策、新法规时，教师都应及时把它们加入授课内容里面，避免学生在学校学到的理论知识与社会需要脱节。另外，学校还应加强学生财务软件、办公软件、数据库等计算机操作技能的熟练掌握。

需要注意的是，现在用人单位都非常重视学生职业专项技能，为拓宽学生就业渠道，可充分利用学校的教学资源，鼓励与支持学生参加社会考试。如考取电算化证、会计从业证、计算机等级证和助理会计师证等。

（二）课程设置及教学方式应突出职业技能和实践能力

澳大利亚高校十分重视围绕能力培养搞好教学领域的各项改革。在人才培养方式上不会刻意强调理论课与实训课的界限，反而十分注重理论与实践相结合，加强实践环节和现场教学，注重培养学生的动手能力，努力实现教学与实践的"零距离"，毕业与上岗的零过渡，使学生毕业后能马上走上工作岗位并能快速胜任岗位。因此，广西会计教育也应该在会计基础理论知识够用的前提下，着重增大实践实训课时的比重，加强学生课程实践技能的操作。此外，还要联系建立校外实践基地，使学生在第一线得到实践锻炼。

（三）设置入门引导课程

广西会计教育应借鉴澳大利亚开设入门引导课的经验，在基础专业课之前开设形式多样的、趣味性的专业入门课程。入门引导课主要包括相关专业的基础知识与目前发展的方向等专业基本情况，以及加入一些高年级的优秀同学介绍专业学术研究方式，例如，学术泰斗的学术讲座，高年级学长学姐的经验介绍活动等。这样一来，使学生在了解了一定的基础知识、背景后进入专业课的学习，提前感受到会计学的魅力，有助于学生日后的专业课程学习的主动性，使学生更好、更快地适应大学的学习模式，收到更好的教学效果。

（四）加强与行业的联系，强化产学合作教育

广西会计教育应该积极借鉴澳大利亚的模式，在专业设置、课程开发、教学进程等教学活动的开展过程中加强与行业、企业的密切合作，共同开发和制定。这样培养出来的人才才能更好地符合行业要求，符合社会经济发展的需求。除此之外，还应该尽可能利用第三方的优势，如政府、学术组织等，同时还要扶持和培养会计行业的代表——会计民间职业团体，如注册会计师协会、管理会计师协会等。在此基础上采用各种方式，发挥民间职业团体在沟通与交流中的职能，如参与会计职业教

育评价体系的制定，调查企业的需求，组织广泛的学术交流、研讨活动。大力提倡会计教学人员到企业、会计师事务所等兼职，同时积极邀请会计行业的资深人士参与到会计教学工作中。这样一方面弥补了学校技能课教师的不足，保证了教学上的专业水平；另一方面又加强了学校与社会的联系，保持了学校师资结构的灵活性，也提高了师资队伍的综合素质。

第三节　英国会计人才培养模式研究

世界上第一个具有现代意义的会计职业团体成立于英国，最早的会计师也出自英国，英国作为会计职业的起源地，其现代会计理论和实务较发展水平位于世界前列。英国政府对会计教育高度重视，英国的会计教育与美国相比存在很多的共同点，但也有着自己独特的一面。与美国一样，英国会计教育的目标设立明确，但英国高校是自治的，获得特许的机构，其内部都配备健全完善的质量评价监督体系，会定期对自己的教学项目进行全方位严格正规的检查和评估，以保证其学术水平和教学质量。

一　英国会计人才培养的特点

第一，综合技能教育目标引导下的课程体系设置。在课程设置方面，为了避免高校毕业生与社会需求不相符的问题，英国各高校在学科教学大纲和教学指南的框架之下，提出自己的教学目标，既不违反国家的规定，也符合教学自主性要求，以培养出符合市场需求的会计人才。在英国，单纯的会计专业课程很少，基本是混合教学，比如会计和金融结合，会计和法律结合等。高校重视拓展学生的知识面，强调学科广度，除开设专业理论课程外，还充分听取社会其他利益相关群体的声音，有针对性地安排一些通用技能课程，强化学生的应用能力，降低其就业难度。

具体表现为以下两个特色：

（1）增加实践机会，设置"三明治"课程。何为三明治课程呢？其实就是一种"学习＋工作＋学习"模式的课程。这种课程模式有效地将学生课程和实习两个方面结合起来，学生可以有效地将课堂上学习的知识加以有效利用，有助于学生更好地发现问题、解决问题。

(2) 打破专业束缚，实现学科融合。英国会计课程不再局限于本专业的知识，而是从经济学、管理学、金融学、法学、社会学等多个方面着手，强化知识的系统性，从而使学生的知识更加全面，更好地适应社会需求。华威大学的会计学与金融学相融合，形成了会计金融学这门特色学科。从课程表我们可以看出，华威大学会计学专业的学生除了要学习专业课，还要学习经济学、法学、行为学等方面的知识。

表 2-1　　　　　　　　　　华威大学会计金融学课程

秋季课程	春季课程
政治经济学	商法
商业经济学	财务管理学
财务会计概论	商业项目策划
组织行为学	管理会计学基础
管理定量分析 1	管理定量分析 2

第二，培养方法注重与市场紧密对接。英国作为当今世界会计教育最发达的国家之一，在进入 21 世纪后，非常重视会计人才的培养，并将培养目标放在满足社会需求的应用型会计人才上。虽然英国大学在教学中给予会计专业比较大的自由空间，但是在市场需求和政府政策的双重作用下，英国各会计名校对会计专业人才的培养目标基本一致。英国的国内会计专业机构非常发达，比较著名的会计师协会都非常重视与高校的联系，职业资格认定考试的学习科目与业余高校的课程紧密联系，这使社会对高校培养出的会计专业人才有较高的专业度认可。英国的会计专业机构十分发达，比较著名的有英国特许公认会计师公会（ACCA）、英国特许管理会计师协会（CIMA）、英格兰及威尔士特许会计师协会（CIAEW）、爱尔兰特许会计师协会（ICAI）、苏格兰特许会计师协会（ICAS）以及英国特许公共财务会计师公会（CIPFA）六大特许会计师职业团体。

第三，教学形式灵活多样，注重学生学习兴趣的培养。为提高学生的学习兴趣，英国高校特别注重教学形式的灵活性。小班教学、案例教学等课堂教学形式灵活多样，大大激发了学生的学习兴趣，而且在这个过程中学生独立思考的能力也得到了有效锻炼。在会计教学中，教师和学生的关系是让学生学会如何自己来学习，更多的是强调"如何做"，而不是"是什么"。

第四，注重终身教育理念。与其他国家一样，英国高校的会计教育也十分强调终身教育理念。终身教育强调对学生学习方法、创造性思维、独立思考、理解判断和创新能力的培养，以能力为本位，突出学生的应用能力，注重教授学生基础性和工具性知识。在英国，会计教育不只是年轻人学习专业的开始，无论什么年龄，在哪一个工作阶段，只要有需求，经申请就可以接受正规的会计教育。在英国高校的课堂上，既有年轻的应届生，也有资历丰富的中老年学生。因此，在会计教学过程中，独特的终身教育理念能体现英国高校素质和能力培养的思想精髓。

延伸阅读

英国学徒制人才培养模式

学徒制在英国由来已久，英国学徒制最早可追溯到12世纪初，至今已有900多年的历史，可谓底蕴深厚，影响深远。现代学徒制，是英国职业教育技能发展规划的核心。1995年，现代学徒制在英国正式实施推广。现代学徒制与传统学徒制不同，现代学徒制是一种新型职业人才培养形式，体现了学校教育同企业职工培训的充分融合。与传统教学模式相比具有"双重身份、双元育人、岗位培养、岗位成长"的特征。具体而言，英国现代学徒制具有以下特点：

1. 学员具有学生和企业准员工双重身份

英国的现代学徒制中，学徒由学校和企业招收。学徒既是在校的学生，同时也是企业的准员工。他们在校学习的过程中，同时也在企业工作，承担着相应的岗位职责，获得与企业相同岗位正式员工一样的薪酬，得到相同的劳动保障。因此与学校的顶岗实习和企业普通培训有着本质的区别，英国现代学徒制的学徒获得的是一份有培训性质的工作。

2. 培养框架结构完整

无论是哪一个行业的学徒培养，英国现代学徒制下各专业的教育框架都是一致的，均包含五个方面，分别是：知识技能、技术技能、执行能力、个人学习和思考能力、员工权利及责任。知识技能主要包含英语、数学和计算机方面的知识。执行技能主要涵盖与人沟通、团队合作能力培养。除此以外，所在行业的技术技能，个人的学习能力，明确自身权利及责任均包含在学徒制的培养框架下。学徒要通过这五个方面的认证，才可获得毕业证书。

3. 培养方式具有灵活性

英国的现代学徒制有三个级别：高等、高级、中级学徒制，分别指国家职业资格4级及以上、3级、2级。英国学徒制开发主体是各行业技能委员会，核心内容是学徒需要获得的若干个国家资格证书。这种学徒制框架本质上是一种目标——结果导向的管理策略，对学习的具体内容没有明文规定，培训机构教什么、企业做什么、学徒怎么学都很灵活。它的模式一般为：学徒经过面试确定录用，签订培训合同；接着校企交替培训，企业每周4天，培训机构每周1天，最后考核取得学徒框架里规定的所有资格认证。

4. 评估体系十分严谨

评估是对学徒掌握知识、技能及素养的重要检查手段。英国现代学徒制下的评估与我国高校的考核方式相比，更为严谨。在学徒培养过程中需要通过笔试、口试、实践等多种考核方式对学徒进行考核，力求从知识、技能、素养全方面验证学徒的学习结果。在整个评估过程中，由评估师、内审员、外审员构成的整个评估团队负责实施评估工作。评估师主要对学徒进行考核，在对学徒的考核过程中，评估师受到内审员的监督，内审员受到外审员的监督。只有各方面的评估和监督，都符合要求后，学徒的评估结果才有效力。

为了帮助小企业开展现代学徒制，英国还发展了一种新的学徒招募模式——学徒制培训中介模式。在这一模式中，学徒制培训中介是学徒的雇主，他将学徒分配到合作企业接受学徒培训，并向企业收取一定费用。当企业无法继续雇用学徒时，学徒制培训中介就为学徒寻找新的学徒岗位。这种制度设计充分体现了以就业为导向的原则，让学徒的知识学习与企业岗位培训相结合，从而实现"零距离上岗"。无论是企业主导、财政扶持还是框架完善、范围宽广，英国学徒制的精髓就在于让人才的供给适应社会发展的需求，让书本里的知识与企业发展需求对接。

为破解技能型人才短缺的问题，我国很多地方开展了现代学徒制的实践和探索。然而很多探索只是学到了学徒制之"形"，未见学徒制之

"神"。作为一种外来新事物，现代学徒制在我国一方面需要理念创新，另一方面其发展模式必须与中国实际相结合，避免"水土不服"问题。

二 经验借鉴

通过对英国本科高校会计专业人才培养的目标、课程体系设置、培养方式与方法等方面的了解，我们从中获得启示和经验如下：

（1）明晰会计教育目标。明晰会计专业人才培养目标是会计教育的首要环节，它对会计教育的培养方式、课程设置、教材建设等方面起到举足轻重的导向作用。回顾会计教育发达国家的培养目标，无论是英国推崇的"将学生培养成为能够满足社会需求的优秀会计专业人才"，还是美国提出的"使学生具备成为一个专业会计人员的素质"，他们提出的目标都相当明确，为各级会计教育机构和人员指明了会计教学的方向。

（2）增加会计实践机会。常言道："读万卷书，行万里路。"会计作为一门实践性很强的学科，更不能单纯依靠学习书本上面的理论知识，必须适当增加实践机会。这样做既能夯实之前学习的理论知识，加深所学知识的理解，又能增强学生的实务操作能力，对于会计技能的提升意义重大。英国本科阶段实行的"三明治"课程无疑对广西会计本科教学具有借鉴意义，它很好地将会计实践融入会计教学之中。即便由于英国与广西的教育环境并不完全相同，但我们仍可在教学中适当增加实践环节，培养学生的实践能力。

（3）加强与会计职业界的联系与合作。如何培养出真正满足社会需要的人才一直是各国高等教育高度关注的话题。在英国，各种各样的职业会计师公会层出不穷，通过定期的讲座以及共同的教材建设等形式，英国教育界与职业界长期以来一直保持着密切联系，这种联系使高校可以及时了解到社会对于会计专业人才的需求。随着全球化的发展，广西的会计师事务所越来越多，同时，一些国际著名会计师事务所也开始进入中国市场。这都为广西本科会计教育界与职业界的沟通带来了便利条件。因此，广西高校应该抓住这一有利时机，积极与职业界展开合作。

第四节　加拿大会计人才培养模式研究

加拿大非常重视高等教育投入，注重人才培养教育，形成了独特的会计专业人才培养模式，具体表现为：以综合应用能力提升为培养目标设置课程体系；通过强化基础教育，建立坚实的多学科知识基础来扩充学生视野；通过多种跨学科的培养项目来培养高端的复合型国际人才；通过多元化的课堂教学形式培养学生的阅读、独立思考以及人际沟通能力；通过学校、政府与企业的合作为学生在校期间搭建实践训练的舞台，以提高学生在实际工作中的知识应用与创新能力；通过构建多层次质量培养评价体系来保证教育教学质量的提升等。

一　加拿大会计人才培养的特点

1. 综合应用能力培养目标导向下的课程体系设置

加拿大高校本科会计教育课程设置归结起来有以下三方面特点：一是非常重视对数学、统计、管理和商务学科的学习，这种课程设置使学生无论在本科毕业以后继续研究深造或是直接就业，都可以拥有扎实的学科基础；二是专业课通常根据执业资格考试的内容设置，这充分说明加拿大教育对学生专业水平有较高要求；三是选修课程划分比较详细，除商务选修课外，非商务选修课程也尤为重要，这就让学生对艺术、人文科学和自然科学等学科也能有更好的了解。

2. 多元化的培养方式与方法

加拿大高校本科会计教育的培养方式基本上是围绕加拿大注册会计师协会对CPA会员的要求进行的。该培养方式有三个特点：第一，将学生纳入学校整体教育，对学生进行专业上的培养；第二，加强学生的专业知识技能的培训，为学生提供专业领域的工作实践经验；第三，注重学生各种能力培养，而不是单纯要求学生掌握扎实的知识与精湛的专业技术。

（1）强化基础教育，通过多学科知识扩充学生视野。加拿大本科会计教育十分重视基础教育，通过扩充学生在自然科学和人文科学方面的选修课，加强学生在人文科学和自然科学方面的学习，拓展学生的知识及技能，从而提高学生对于知识的灵活掌控以及准确的应用能力和创新能力。比如,加拿大的滑铁卢大学就十分重视学生的基础教育,滑铁卢大学的选修培养课程内容十分丰富,包括经济、计算机、地理、历史、哲学、音乐等各个方面。

(2) 通过跨学科项目来培养高端的复合型国际人才。加拿大本科会计教育特别重视跨学科的综合知识体系的培养。通过将会计与其他商务课程以及非商务课程的结合,培养出具有全球视野的复合型人才。比如,加拿大约克大学的商学院为本科学生设置了商务管理学士和国际商务管理学士。管理学士在四年的本科学习期间为学生设置了金融、会计、市场营销等重点课程。国际商务管理学士在管理学士的基础上还增加了一门外语,可以从十几种语言中任选一种,旨在鼓励学生研究某一国家或地区,并选择合适的时机去国外交流学习。

(3) 注重培养学生的独立思考以及人际沟通能力。王来武等(2004)在"比较中国与加拿大本科会计教育改革的研究"中提到,加拿大会计课程是以培养学生的综合能力为目标,重点培养学生成为积极的思考者而不是消极的信息接收者。为此,教师通常在课堂上采用各种各样的教学形式,如课堂辩论、案例教学、期末论文和文献综述等达到师生互动的目的。

(4) 加强合作,为学生搭建实践训练的舞台。加拿大会计教育往往会通过学校、政府与企业三方的合作教育来提高学生的知识应用与创新能力。合作教育是加拿大本科会计教育的一种实践教学形式。合作教育的开展形式主要是由加拿大联邦政府提供经费和设置相关课程,地点可以是政府、企业或者社会服务机构。学生在入学时即可选择合作教育课程。2000年起,加拿大合作教育联合会开展了一个项目,目的在于将学生在校的学术性学习和在工作单位获得的工作经验结合起来。学生通过参与一门合作教育进行学习实践,目的是在毕业前获得比较有意义的工作经验。

以滑铁卢大学合作教育教学模式为例:

刘洋和王云鹏(2007)在《发展合作教育加强应用型创新人才培养——加拿大滑铁卢大学合作教育及其改革》一文中研究了加拿大滑铁卢大学在合作教育及其改革方面的一些成果。该文认为,与其他学校相比,滑铁卢大学的合作教育具有以下优势:

A. 学生在工作学期所赚取的薪酬基本可以支付本科阶段的学费。如

AFM 学程的合作教育在四年的时间里平均可以取得 51000 美元至 74000 美元的报酬。

B. 完成学术性课程的同时能够取得 16—20 个月的有价值的工作经验。

C. 学生在工作学期内不同的职业经历可以为以后的择业方向提供参考。

D. 学生在课堂所学的理论知识能够迅速在现实中应用和实践。

E. 合作教育深受企业和政府的好评，与用人单位之间保持紧密联系，有效地提高毕业生的就业率以及工作待遇水平，一般合作教育学生的就业率可以保持在 96% 以上。

3. 多层次培养质量评价体系

加拿大的培养质量评价体系分为三个层次：省级、校级以及社会。在加拿大，由于政府主管教学经费，因此各学校教学的定期评估由各省大学协会负责。评估的目的是促进学校对已有教学进行改进，从而保证高等教育的学位质量水平。评估人员通常是退休的大学校长、教授或是一些教育咨询公司代表和企业代表，但不得是大学现任的管理人员，这种聘用机制确保评估过程的客观性以及独立性。此外，社会上的独立媒体或者机构也可以对教育培养质量进行评价以及对高校进行评估排名。如知名杂志《麦克林》（Maclean's）每年对大学的办学绩效进行评比排名，同时也采用世界知名大学的排名体系作为办学水平的指标。

延伸阅读

加拿大 CBE 实践教学模式

"以能力为基础的教育"（Competency based education）实践教学模式，简称 CBE 实践教学模式。这种实践教学模式产生于第二次世界大战之后，现广泛应用于美国、加拿大等北美的职业教育中。加拿大的以能力为基础的（CBE）模式也是当今一种较为先进的职业教育模式，其理论依据是著名心理学家布卢姆的"掌握性学习""目标分类理论"以及"反馈教学原则"。CBE 模式着重强调以实际职业或者岗位需求为导向，主要采用 DACUM 方法开发的课程。这种课程体系的建立，为加拿大高质量的职业教育奠定了坚实的基础。

（一）教学的原理

1. 任何学生如果给予高水平的指导都可以熟练地掌握所学的内容。

2. 不同学生，学习成绩之所以不同是因为学习环境不充分，而不是学生本身的差异，大多数学生，若有适合自己的学习条件，那么在学习能力、学习进度、学习动力等方面都会很相似。

3. 教育工作者应该重视学，而不是重视教。

4. 在教与学的过程中，最重要的是学生接受指导的方式、方法和指导质量。

（二）CBE 模式的程序

1. 课程开发 DACUM。由具有丰富实践经验的工人、技术人员和管理人员、专家和熟练技师组成的开发委员会进行职业分析，讨论后形成专项技能，然后，开发委员会对每一职业能力进行综合能力、专项能力的细化，编制成 DACUM 表。

2. 教学设计。院校的教育专家首先根据职业岗位的工作需要对学生必须掌握的知识与技能进行排序，然后设计出教学模块。

3. 教学实施。在教学过程中，学习场所主要是教室和操作车间。教室提供学习者教材、参考书等，操作车间提供操作工具，教室和操作车间是连在一起的，学生在教室进行理论知识的学习，遇到问题时则到操作车间进行实践。

4. 教学考评，包括入学前诊断测评、课程考试与实习考评和毕业总体掌握程度测评。

（三）加拿大 CBE 模式实践教学的特色

1. 重视以能力为中心的实践教学模式

加拿大 CBE 模式实践教学的主要特征，是以职业能力的培养作为实践教学的目标和评价标准。它通过职业分析确定的综合能力作为学习的科目，以职业能力分析表所列专项能力，从易到难地安排实践教学计划。加拿大 CBE 模式中的能力指一种综合职业能力，包括四个方面：知识（与本职相关的知识领域）、态度（动机、动力情感领域）、经验（活动的领域）、反馈（评估、评价领域）。这四个方面都能达到方构成一种专项能力，一般以一个学习模块的形式表现出来。这种职业分析工作、综合能力与专项能力的确定是由来自企业和专门课程设计的专家组成的顾问委员会完成的。以能力作为实践教学的基础，而不是以学历或学术知识体系为基础。这对入学学员原有经验所获得的能力经考核后予以承认，可以用较短的时间完成原定课程。

2. 采用 DACUM 方法开发的课程

CBE 模式课程的制定离不开 DACUM，即课程开发。DACUM 所开发出的 CBE 模式课程已经成为加拿大职业教育中最负盛名的课程体系。主要步骤如下：

（1）成立 DACUM 委员会。该委员会的成员一般由某地区的某一行业中的杰出从业人员组成，由这些从业人员来确定该职业的综合能力，并且依次将能力进行分解，从而细化将要学习的能力模块。

（2）制定课程能力模块。DACUM 委员会认为，课程能力模块的制定就是将某一职业领域内所需要学习的能力分解成为几项综合能力，并且将这些综合能力再细化成各个专项能力。通常一个职业可分解为 8—12 个综合能力，每一个综合能力包含 6—30 个专项能力，对每个专项能力分别进行具体详尽的说明。其最终成果是一张 DACUM 表（罗列出综合能力与专项能力）及说明。教学专家便可根据 DACUM 表来确定教学单元或模块。这些单元具有明确的教学内涵。然后将教学单元按知识和技能的内在联系排列顺序。若干个相关单元可组成一门课程。在这些课程中可确定出核心课程（或称基础课程）和职业专门课程、预备课程，再按课程间的相互关系制订出教学计划。所以，DACUM 是一种较规范细致的方法，整个过程都力图保证职业能力在实践教学中的实现。

（3）其他工作。完成了上述的工作后，DACUM 委员会还需要对各个专项能力制定标准，并且细化教学工作。编制课程是一项十分严肃的工作，因为这直接关系到人才培养是否真正凸显了人才的创新和实践能力，因此，加拿大的学校非常重视这一块。

表 2-2　　　　　　传统职业课程与 CBE 模式课程比较

比较项目	传统职业课程	CBE 模式课程
课程内容	专业划分以内容为主	以职业分析和能力分析为主
教学目标	目标抽象，研究学什么	目标具体，研究能干什么
教学方法	教师讲授	学生自主学习，教师辅助

续表

比较项目	传统职业课程	CBE 模式课程
效果反馈	反馈滞后	反馈及时,便于控制
学习时间	限制性的课堂学习	不限制时间,以表现为主
课程设置	固定课程学习	以需求选择课程
教材教具	刚性整体	模块化、组合化、标准通用化
教学标准	常规标准、主观标准	具体工业标准、客观标准
教学评价	分数评价	能力评价
教学需求	群体需求	个体需求

从表 2-2 我们可以清晰地看出,CBE 模式的课程更适合现代社会发展的需要,通过个人对于职业个性化的选择制定出极富个性的职业教育课程,充分反映了个人能力的全方位发展。

(四) CBE 职业模式对我国职业教育的启示

1. 课程开发以职业需求为导向

由于 CBE 模式课程以能力为导向,因此,这种能力本位的学习更加贴近了从事某一种职业的需求。DACUM 委员会的成员都来自某一领域内的优秀从业人员,因此,设计课程目标的综合能力就更能体现出实际工作所需要的核心能力,与实际职业岗位的匹配度较高。同时,这些职业的学习直接取材于当地的职业需求,针对不同职业的实际需求,对学生所需要掌握的职业技能和学习程度也做了不同的规定,如"在两年制、三年制和研究生证书专业的课程目标之间做了明确划分,两年制课程的职业目标定位在技术员,三年制定位在技术师,研究生证书专业教育定位在职业经理"。

2. 课程内容联系实际需求

与传统的职业教育课程相比,这种课程完全以能力为导向,将学生所需要掌握的各种从业信息转化为一种从业能力的学习,CBE 课程的学习内容淡化了传统职业教育课程以学科划分学习内容的痕迹。因此,我们可以说,"判断这种课程合理性的标准并非课程内容的内在知识逻辑,而是与这类课程相对应的职业能力模块划分是否合理,以及是否覆盖了本专业绝大部分工作的技术能力"。而这种关注能力的课程,将更大程度地使学生在学习能力的同时与实际从业能力进行了无缝对接。

二　经验总结

1. 课程设置注重基础性、多样性、系统性和实用性

课程设置的基础性指的是重视基础课程的作用，不仅包括专业基础课，而且更加重视相关学科基础课，如管理学、经济学、法学、计算机信息技术等，这有助于学生站在学科综合的角度审视和解决经济问题。课程设置的多样性指的是增加基础教育课程和边缘学科的种类并提高授课比例，人文和自然科学可以在其他选修课中实现，边缘学科可以在专业选修课中实现，学生可以自由选择。这种方式的课程设置可以帮助学生扩充相关知识，达到专业素质和人文素质的统一。课程设置的系统性指的是根据学校的实际情况和学生的认知规律分别把基础教育课程、专业课程和边缘学科课程设置成一套或多套科学的课程体系，内容完整，难易程度循序渐进，层次分明。课程设置的实用性指的是根据专业领域宽度和深度的变化及时不断地修正和补充相关课程，从而增强课程的灵活性，真正做到与时俱进。

2. 通过跨学科合作项目培养高端复合型人才

复合型人才指的是掌握多种专业知识和技能，有较强的适应能力和应变能力的高素质人才。随着经济社会的发展，社会对复合型人才的需求也越来越强烈。因此，广西的会计教育应当借鉴此类模式，培养会计与金融兼修的高端复合型人才。由于同时学习两个专业要求学生有较强的学习能力，所以应当采取自愿报名的方式，每年从会计和金融专业的入学新生中通过自愿报名、考试和考评的方式择优录取一些学生。对于这类学生，学校应设置独特的教学目标、教学模式以及课程体系，并由学校的优秀教师来进行教学。在修满规定学分并且完成论文答辩后，可以颁发双学士学位。这种合作培养项目在人才培养的过程中需要注重课程的实践应用性与国际化，它不仅满足了市场对复合型人才的需求，对于提高学校的知名度以及促进高校教育改革创新中也能起到典型示范作用。

3. 加强实践教育，培养"知合一行"的高素质人才

实践教育的主要途径包括课堂内引导和课堂外锻炼。课堂内引导主要通过改变课程结构、课堂的教学模式和考核方法以提高学生的认知实践能力。课堂外锻炼主要依靠实践模拟训练和校企合作模式来提高学生的操作实践能力。实践模拟训练是学校设置专门的实践模拟训练实验教室，在假期让学生以小组形式模拟企业日常的财务操作和运行流程，并进行模拟岗位轮换。校企合作模式是一个合作共赢的过程，企业又成为高校的实践培养平台，高校为企业输入人才并提供科研指导，学生在这个过程中可以锻炼实际工作能力。

4. 建立从上至下系统的培养质量评价体系

这个质量评价体系应分为教育部门、学校和社会三个层级，做到从上至下的监督、评价、管理。教育部门一般都会有一套系统的人才质量评价体系。一套完整的高校人才培养质量评价体系主要从评价标准、评价方法以及用人机制等方面着手，必须充分保证评价的客观性和公正性。高校也要有自己的教学质量评价体系，这种质量评价体系必须能够充分调动教师和学生参与评价教育培养质量的积极性和主动性。另外，社会也是教育培养质量监督和评价的有力助手，社会通过利用行业资源，可以对高校教育中存在的问题予以客观、深入的分析，帮助找出问题的原因，提出建设性意见。

第五节　新加坡会计人才培养模式研究

新加坡，主岛面积只有682平方千米，比首都北京的市区面积还要小，然而新加坡的跨国企业数量却非常可观。在新加坡的劳动市场中，国际化人才占有主要地位，外国员工将近百万人。新加坡大学的培养目标是为学生提供全方位的通识教育和培养学生的全球化视野，此外，通过课程设置模块化、灵活多样的培养方式扩展学生视野，提升其分析问题、解决问题的能力。由于历史、地理、政治、经济等各种因素的不同，新加坡人才培养模式与其他国家相比较，都呈现出自己的特色。

一　新加坡会计人才培养的特点

（一）全方位国际化培养目标引导下的课程体系设置

1. 提供全方位的通识教育

新加坡总理李显龙曾指出，大学的教育就是要把专业知识、技能以及价值观传授给学生，而学生应当学会的就是独立思考以及分析来应付将来未知可能发生的问题。张会议（2006）认为，新加坡国立大学最具特色的办学理念体现为其独树一帜的"通识教育"体系。韦耀莹（2008）

认为，新加坡本科会计教育就是要培养学生的通识教育，使学生不仅掌握专业知识和技能，了解会计职业道德，而且要培养他们能够有效地与不同背景的人沟通，学会在群体中如何高效地工作，更好利用科技资讯为会计工作服务，也提倡展现和发挥个人才华，独立经营的意识和能力。邬国强等（2011）认为，21世纪科技发展迅猛之际，毕业生在毕业后的人才竞争中若不能适应全球化的要求会很快被淘汰，所以，本科教育目标应旨在培养学生成为全面人才，不只是学会专业领域的知识，还要培养出胜任工作发展的能力。

2. 课程设置模块化

在人才培养目标和培养模式要求的指导下，新加坡大学的课程体系设置也具有自身的显著特点——课程分为通识教育模块和会计专业模块。一方面响应通识教育的要求，另一方面体现会计这一专业对相关技能的要求。在通识教育模块中，课程中包括经济领域的基本知识，如金融学、宏观与国际经济学、管理经济学等以及经济发展所需要的其他知识，如亚洲商业环境、商业分析、科技资讯知识、区域经济等。在会计专业模块中，新加坡本科课程中会有实际会计师工作中所需要的会计专业知识和相关知识，如财务会计、成本与管理会计、税收、审计和经济学等。另外，以实践为导向的课程设置反映出新加坡高校对会计专业人才的实务操作能力的培养要求。

从新加坡大学对于课程的设置上可以看出，其会计课程设置已从课程的单一性走向综合性，认为单纯掌握会计技术的会计人员是不可能从容应对复杂的经济和商业问题的。因此，新加坡大学课程的设置上兼顾通识课程，课程设置灵活多样，对市场需求的适应能力很强。

3. 培养学生的全球化视野

新加坡地理位置优越，思想十分开放，与世界各国均有来往。新加坡的会计教育十分注重培养学生的全球视野。黄一颗（2013）认为，新加坡高校提倡教育的全球化，引进了众多国外优秀资源，与此同时，也很重视本国学生到国外去学习，为学生到发达国家留学提供很多机会。新加坡南洋理工大学则通过高水平的教学质量、融贯中西的课程设置、多元文化的教学资源，让其具备独特的办学优势。此外，南洋理工大学还与全球重点学府与机构加强合作，积极推动会计学术与文化交流，足迹遍布美国、中国、日本、印度和欧洲等国家和地区。新加坡国立大学还积极参与研究型大学区际联盟以及环太平洋大学联盟等国际会计研究网络的活动。这些联盟活动增强了新加坡国立大学与国际知名大学的合作伙伴关系。

将新加坡高校本科教育同中国高校本科教育相比较，就人才培养模式而言，新加坡高校重视学生能力的培养，而中国高校人才培养则强调学生知识的掌握；新加坡高校在课程体系设置上除了本专业的课程框架，还有其他相关学科的跨学科学习，中国课程设置上更多强调专业课程的单一学习。相比之下，新加坡的通才教育，可以使学生更全面地掌握商业知识，培养出具备全方位能力的人才。

（二）培养方式更加灵活

1. 采用真实案例进行教学

在新加坡的大学教育中，案例教学法是经常采用的教学方法。为增强学生的批判性思维能力，在教学中一般会以真实案例为授课内容，这些案例通常是从实际工作资料中选出代表性事例，经过综合整理而成的。在具体的教学过程中，通过教师提问、启发引导、小组讨论等方式，让学生充分表达自己对案例的想法，可以深化理论教学，巩固学生已学的知识。

2. 注重社会实践教学

会计作为一门注重实务操作的应用学科，更加注重所学知识的实践。学生在高校学习了专业知识后，终将走上职业岗位。书本上通常是固化的，但是工作中遇到的问题却是千变万化的，如何解决问题，就要求学生具备举一反三的创新能力。

新加坡会计教育就很重视将校内教学与校外实践有机结合起来。新加坡的大学会让学生根据自己的职业规划来选择相关课程，比如，四大会计师事务所向学生提供的实习计划中包括让学习相关课程的学生在会计年度结束后的年度财务报告审计时参与项目，那么会计学生可选择主修法律，以在事务所的实习中更得心应手。新加坡高校还鼓励学生参加各种社会活动，提高人际交往能力，如社区志愿者、做义工，以及参加各种兴趣小组等。

3. 注重讲堂课、辅导课的运用

罗剑宏（2006）认为，新加坡大学的主要教学特点是合作教学，即由一个教师主讲，接着为学生准备辅导课的问题，通过与学生讨论交流的方式解答问题，辅导通常采用小组的形式，这样将教师的职能"传道、授业、解惑"结合起来，教学效果更好。新加坡的大学讲堂课上有几百人。在讲堂课上学生不需要带教材，只需要带上教师为学生准备的教学资料。在讲堂课上教师依据专题进行知识讲授，目的是能够让学生提高学习效率，在较短的时间内获得大量的、系统的知识。学生在讲堂课后即可准备辅导课的问题答案，然后在上辅导课时，约二十位学生分为几组，每组派一位代表发表观点。

（三）采取双教材模式的教材体系

教材在新加坡会计教育中仅仅是学生能够理解上课内容的辅导性、基础性的用书，在教师的讲堂课上，学生不需要带教材上课，学生只需带上教师为其准备的教学资料作为上课教材。这种"双教材"的运用，大大提高了学习效率。在教材体系的构建中，首先，学校会对整体课程体系进行全面规划，以防知识重复讲授，而且新加坡的会计教材版本并不是很多，注重精品教材的编写，这在一定程度上可以使教师和学生节约筛选时间，有利于学生提高学习效率。其次，任课老师会根据实际情况制作当下的重大案例来辅助分析教材，这可以让学生接触和关注最新的行业动态。最后，教材内容虽然理论知识占主体，但也有很多实务性内容，课后习题多以案例讨论为主。

延伸阅读

新加坡的教学工厂

教学工厂是新加坡南洋理工学院借鉴德国"双元制"提出的新的教学模式，是一种将先进的教学设备、真实的企业环境引入学校，与教学有效融合，形成学校、实训基地、企业三位一体的综合性教学模式。这种教学模式融合了优秀的教师队伍、先进的教学设备与课程，取得了职业教育的成功。

（一）"教学工厂"的特点

"教学工厂"将企业实习、企业项目与学校教学有机结合，以学校为本位，在现有教学系统（包括理论课、辅导课、实验课和项目安排）的基础上全方位营造工厂实践环境的新的办学理念。这种"教学工厂"的经验可以归纳为以下几点：

1. 教学设施设备与企业接轨

新加坡南洋理工学院秉承"用明天的科技,培训今天的学员,为未来服务"的办学思想,把工厂目前使用的先进的机器设备装进实验室,让学生去看、去操作、去理解,不惜投入巨额资金保证教学所用的教学设备实用、超前,为学生创造了一个真实的教学环境。

2. 师资队伍素质与企业接轨

新加坡南洋理工学院院长林靖东认为:"教材、师资和工业项目是'教学工厂'的关键要素。"南洋理工学院招聘的教师不仅要有大学以上学历,而且要具备5年以上的企业工作经验。这些教师不仅带来了他们的学识,带来了他们的工作经验,而且带来了企业的人事关系,带来了企业项目。正是有了这些既有较高的理论水平,又有企业实际工作经验的教师,才保证了"教学工厂"企业项目教学的实施。除此之外,学院领导非常重视教师的培训,坚持"六超越"的培训原则,即超越现有工作经验,超越现今的职位,超越现在所处的部门,超越现今状况,超越理工学院之外,超越国土。除此之外,新加坡南洋理工学院还真正贯彻了终身学习理念,还建立了一整套教师专能开发系统,以保证教师"活到老,学到老"。

3. 课程体系和教学模式与企业接轨

没有与市场相衔接的课程,"教学工厂"将无法运转。南洋理工学院的课程开发,一是满足新加坡经济发展的需要,紧紧围绕国家经济发展需求,依据经济发展及对未来经济发展的规划开发专业、设置课程;二是满足企业用人单位的需要,在开发课程时第一件事就是市场调研,了解企业对人才的需求情况,然后成立有企业人员参与的课程开发小组,实施课程开发;三是课程开发工作完成后,要提请有企业资深人士参与的教学指导委员会和校董事会论证、批准。这些措施保证了课程内容能够满足企业岗位需求,保证了课程内容的先进性与前瞻性。在课程实施之后,还要定期研讨,随时根据技术发展情况进行修正。

4. 与企业合作开展项目开发与研究

与企业进行项目的合作与开发也是"教学工厂"的一个重要环节。通过项目研究,为教师提供与企业沟通的机会,为学生提供参与企业项目开发的机会,一方面有利于教师及时了解企业前沿技术,积极超前地进行专业开发准备,在最短时间内迅速进行新专业与新课程的开发,同时使教师的专业能力得以提高，提升教师自身的科研能力；另一方面可使学生体验项目开发的全过程，使学生得到真实工作环境的锻炼，从而培养学生的实践能力、工作意识与创业精神。

5. 课程安排坚持循序渐进的原则

在课程安排上，"教学工厂"吸取了德国"双元制"的经验，第一年学习基础课，让学生掌握宽广的从业理论和基本知识；第二年学习专业课；第三年半年学习应用性课程，半年搞工业项目设计，使学生毕业后就能胜任工作岗位的要求。

(二) 新加坡南洋理工学院"教学工厂"的经验

"他山之石，可以攻玉"，积极借鉴新加坡南洋理工学院"教学工厂"的办学理念，紧跟社会需求，积极探索"校企合作""以项目带动实训"的会计专业技能型人才培养模式，强化技能训练，引入项目运作，试行企业化管理，把实训基地建设成为学生既能进行技能实训，又能开展项目制作的"实训工厂"。

(1) 实训基地的设备配置，适当与行业企业的生产实际需求吻合。"工欲善其事，必先利其器。"在实训基地的建设过程中，要保证用于生产经营的实训设备要适当超前。因为人才培养对于现实的人才需求有一定的滞后期，现在培养的学生往往要等到两三年以后才能就业，只有在学校学习先进的技术，才能保证学生毕业后走上工作岗位时所运用的技术、知识不会落后于时代，使培养出的毕业生满足用人单位的需求。

(2) 实训基地要大胆发现人才，引进高端专业人才，构建"双师型"教学团队高素质、高水平、高质量的教师队伍是提高办学水平的关键，这也是南洋理工学院获得成功的关键。

(3) 实训基地广泛开展校企合作，共同研发实训课程体系与内容。因此，在新课程开发中，教师要深入行业企业进行大量的市场调查，了解企业各岗位的能力要求，收集与学生就业工作岗位相关的资料用于开发课程。也可以聘请企业具有较高文化理论水平和操作技能的技术人员或管理者牵头进行课程开发，确保开发的教材更加适应能力标准的需要。在课程实施教学过程中，实行"教学实训一体化"，像南洋理工学院那样，在学生入学的第一学期就安排学生进行项目开发，直至三年级开发综合性项目、企业项目，将项目教学贯穿始终，真正培养学生的职业能力。

（4）实训基地借鉴企业管理模式，培养学生的适应能力，经营管理实训要有经营业务，生产、科研实训要有企业项目或研发项目，为学生提供一个更加完善和有效的学习环境，使学生在学习过程中真正体验到企业的经营、生产和项目研发，将所学到的知识和技能应用于多元化的、多层次的工作环境中，确保有关培训课程与企业需求挂钩，与时俱进并适当超前，这样才能为企业提供最适用的人才和最好的服务，保证学生在未来日趋严峻的就业形势中站稳脚跟。

二 经验借鉴

通过对新加坡本科高校会计专业人才培养的目标、课程体系设置、培养方式与方法、教材建设这些方面的了解，我们从中获得启示和经验如下：

1. 注重通识教育

随着时代的进步，越来越多的领域相互交叉、相互融合。这些都使通识教育越来越重要，越来越成为高校首选的培养目标。广西的高校教育人才培养模式中，过去更多的是重视教材理论知识的讲述，对学生的能力培养有所欠缺，使学生走上工作岗位后难以适应工作的要求，从而引发出各种各样的问题。因此，广西高校应该积极借鉴新加坡高校的人才培养模式，更应注重对学生全方位能力的培养，比如，批判能力、独立思考能力、实务操作能力以及人际交流沟通能力等，并且在会计专业学习中，融入其他相关学科知识，拓宽会计知识结构。

2. 采用互动式教学手段

过去，广西高校人才培养中的教学手段往往比较单调，很多学生抱怨教师上课照本宣科，缺乏趣味性，学生旷课、上课睡觉等行为屡见不鲜。借鉴新加坡高校的人才培养模式中的教学方式，广西高校教学方式也可灵活多样，如采用广西当地的真实案例进行教学，学生认为这些案例贴近生活，对以后工作有帮助，自然听得认真。同时也可以采用小组讨论的方式，让学生积极参与，既可以锻炼学生的语言表达能力，还能在讨论中有新的理解，让学生体会到成就感。当然，还有很多种形式，如角色扮演、课堂报告或演讲等多种形式，生动有趣，可以大大提高教学效果。

3. 构建"双教材"式教材建设

新加坡大学会计教育所采用的"双教材"无论是对学生还是对老师来说都是十分有好处的。对于学生而言，学生可以充分利用其进行课堂和课后的学习，在短时间内扩充大量知识；对于教师而言，教师可以根据自己的授课风格和方式有选择性地添加当前实时的相关案例，并将其作为个人的宝贵财富积累起来，在一定程度上提高了授课质量。因此，广西高校会计教育可以借鉴这种"双教材"模式开发会计教材。

4. 邀请成功人士为学生授课

新加坡高校会计专业培养加强与四大会计师事务所沟通与合作，将事务所合伙人经验授课引入课程体系设置中，通过这些课程的学习，学生能吸收到这些精英人士的经验及其最新最前沿的相关领域知识，为学生在今后的实习中打好基础。对此，广西高校会计专业人才培养在教学方式上应多聘请有经验的实务专家、成功人士进行授课或是讲座，与企业、事务所等进行合作，设立实习项目，让学生参与实习，多重视知识在实践中的运用。

第三章 广西会计人才培养的现状和发展前景

一切从实际出发是我们工作的出发点和落脚点。本章重在分析改革开放后我国会计教育取得的成就并结合问卷调查分析了广西会计教育存在的问题，以及CAFTA建成后广西会计人才培养所面临的重大机遇。广西会计人才培养模式的构建离不开广西人才培养的实际情况，建立广西会计人才培养模式必须一切从实际出发，认真分析广西会计人才的发展机遇，同时，分析广西会计人才培养存在的问题，及时抓住机遇，迎接挑战，促进广西会计人才培养质的飞跃。

第一节 高校会计教育取得的成就

改革开放初期，为满足十一届三中全会以后国家经济建设对各种专门人才的需求，1977年教育部召开了全国高等学校招生工作会议，决定从1977年起开始实行高等教育招生制度的改革，会计专业教育也迎来了新的发展机遇期，全国会计教育取得突破性进展，广西自然也不例外。改革开放40多年来，伴随我国经济体制改革的不断深入和国民经济的迅速发展，我国的会计教育改革成效显著。目前已形成了以学历教育为主线，以终身教育、创新教育为辅，学术性与实务性的会计教育体系，这一体系包括会计专业的博士研究生、硕士研究生、本科和高职高专会计教育等多个层次。

一 教育规模快速扩展

改革开放后，在较短的时间内，财经院校会计专业得到恢复，一些高等院校也适时地办起了会计专业。会计教育的办学主体打破了原来仅由财经院校兴办会计专业的固定模式，各类综合性大学，文理、工各类院校，甚至农、林、水、医、地质、石油、煤炭和师范等专业性较强的院校，也陆续开办了会计类专业。与此相适应，各层次及各种形式的成人会计教育也如雨后春笋般不断涌现出来，会计专业教育呈现出前所未有的繁荣景象。

据有关资料统计，1977年，全国各财经院校的会计专业只招收了400多名新生。但在1978年，全国设立财会专业的院校就达到了21所，当年招生数为1314人，在校人数达到2024人。到1984年时，设有财会专业的高等院校激增至104所，到1985年就达到121所，在校学生人数增加到18000余人；与此同时，设有财会专业的中等学校也发展到450多所，在校生达到65000多人。到了2005年，在全国普通高等院校中，设有会计类专业的院校就有1006所，20所院校在校的会计学博士生为915人，111所院校在校的会计学硕士生为8745人，475所院校的在校会计专业本科生为208145人，1006所院校的在校会计专业专科生为353744人，在校生总数为566273人，占当年我国高校在校生总数1450万人的3.9%。

二　会计专业教育体系基本形成

改革开放以来，我国会计教育规模不断扩大，形成了层次分明的会计专业教育体系。我国会计专业教育已经构成了从博士研究生、硕士研究生、本科生、专科生、高职高专生、中职中专生、技校生、职高生、专业证书班学员到岗位培训班学员的10级纵向教育系统；同时也形成了一个由博士研究生班、硕士研究生班、全日制普通本（专）科班、函授班电大班、职大班、夜大班、社会助学自修班、企事业单位短训班、注册会计师考试考前辅导班、职称考试考前辅导班及其他继续教育形式所组成的横向社会办学网络。

三　会计教育的人才培养目标更加明确

由于社会对会计专业人才的需求是有差异和层次的，因此，会计教育目标也必须体现出一定的层次性。我国高等会计教育主要包含专科、本科、硕士研究生和博士研究生四个层次，不同层次的培养目标各不相同。同时，会计教育目标离不开一定时期的经济社会发展状况，因此，会计人才培养目标随着经济发展阶段的变化发展也应不同。

目前，我国的高等教育已经从精英教育阶段进入大众教育阶段。大众化高等教育的培养目标是培养实用型、职业型的专门技术人才，因此，会计本科教育目标的定位应以应用型人才的培养为主，重点在于培养学生的实际技能。这里所说的实际技能，包括专业技能和综合技能。专业技能是指要有较强的会计业务操作能力，包括对会计知识的理解和运用能力、企业会计信息分析和管理能力、会计核算能力、职业道德等。综合技能则包括创造性思维及其运作能力、表达与交流能力、独立思考的能力、信息处理与决策能力、职业判断能力、领导才能应变能力、人际协作与管理组织能力、企业家精神、外语能力、终身学习能力等各项综合能力。而研究型、学术型人才的培养，在大众化教育阶段应是研究生教育的重心。

延伸阅读

会计人才培养目标定位大讨论

早在1981年与1982年，财政部就曾分别委托上海财经学院与湖北财经学院各自制定一套会计本科教育改革方案，经过近五年的实践与逐步完善，对会计学专业培养目标形成了各自的看法。国家教育委员会及财政部高教管理部门在综合两校提法的基础上，将其统一规范为"培养能在企事业单位会计师事务所、经济管理部门、学校科研机构从事会计学的实际工作和本专业教学，研究工作的德才兼备的高级专门人才"。

进入20世纪90年代以后，随着我国社会主义市场经济体制的建立，社会经济发展对高级会计专门人才的实际需要以及会计处理程式逐步与国际通行惯例接轨，并呈现新的发展趋势，会计理论学术界及教育界的专家学者纷纷呼吁对原定专业培养目标适时予以修订，主张"会计专业的本科毕业生应该是财经学科的专门人才，会计学科的通用人才"，"在业务上，他们应该是应用型、通用型人才"，因此，"其培养目标应侧重于应用型、专门型，教学过程中应重视专门性知识的传授和基本技能的训练"。

有学者则认为培养目标不能一概而论。有的层次应当以培养"专才"为主，有的层次则应以培养"通才"为主，不能人为地予以拔高。具体来说，大专以下的教育属于职业教育的范畴，所培养的学生应以满足实务界所需要的会计专业人才为主，因而，应当注重其会计操作实务知识的培养，加大"专才"方面技能训练的力度。本科教育主要是培养中、高级层次的会计管理专门人才，因而应充分注重在拓宽基础的前提下，对其进行全面素质和会计综合管理能力的训练，实施"通才"教育。硕士研究生主要是培养高级会计专门人才，因而应当具有坚实的会计基础理论和系统的专业知识，有一定的科研能力、教学能力和实际工作能力，能够胜任较高职位的会计管理工作，即应当是既专又通的人才。博士研究生则主要是培养会计方面的高级教学与科研人才，因而，其培养的基本目标应充分体现在"博"与"专"上。"博"要求不仅能全面地掌握本学科的基本知识，而且对与本学科发展相关的其他学科领域的知识也应当有一个比较全面的了解；"专"则要求不仅要对会计学科某方向应当全面地把握其发展脉络，而且要有自己的独到见解，并能够对其发展做出贡献。

1993年8月，在兰州召开的第三次会计教育改革研讨会上，葛家澍教授在开幕词中指出"高等会计教育应该培养适应市场经济需要，立足中国、面向国际惯例的会计人才，他们的知识面要广，适应性要强。不论是高等或中等财经院校，培养的会计人才都应当以应用型外向型为主"，对当时经济背景下高等会计学专业的培养目标作了基本概括。

四 会计教育课程体系设置全面形成

改革开放后，我国会计教育课程体系的设置大致经历了恢复—探索—重建三个阶段。

第一阶段是恢复阶段，时间是20世纪70年代末至80年代初，由于缺乏会计专业教师，会计专业教学计划只能按照新中国成立之初的课程模式设置，这一阶段会计专业教育的课程体系主要包括会计核算原理、行业会计（工、农商等）、行业财务管理和经济活动分析等主干课，还停留在"老四门"的框框里"无法自拔"。

第二阶段是探索阶段，时间是20世纪80年代末到90年代初，由于经济发展对会计人才素质要求上的变化，这一时期传统的会计课程教学体系已经无法满足用人单位对会计专业毕业生知识与能力的需要，会计专业教育的课程设置不得不进行新的探索和研究，面临新的课题。在这一时期，在著名会计学家娄尔行教授的主持下，上海财经学院会计系锐意改革，改进旧的课程体系，建立了由核心专业课（基础会计、管理会计和审计、财务会计、成本会计）、一般专业课（建设单位会计、会计制度设计、比较会计和会计理论）与选修专业课（会计史、农商会计和会计专题讲座等）三个部分所组成的会计专业课程体系。通过这些改革措施进一步满足了高层次会计教学的需要。

第三阶段是重建阶段，时间是20世纪90年代初期。随着我国社会主义市场经济体制的建立，经济社会得到了进一步发展，财会领域陆续出台了一系列重大改革措施，比如，1993年7月1日开始实施的《企业会计准则》和《企业财务通则》，标志着我国的会计改革进入了一个新的发展时期。为了培养与国际通行惯例相接轨的适应经济发展需求的高级会计专门人才，会计教育的课程体系也随之发生重大变化。虽然各高校纷纷提出了各具特色的会计专业教育课程体系，但在会计主干课程的设置上基本一致，即形成了以初级会计（会计学原理）、财务会计（中级财务会计）、成本会计、管理会计、财务管理、会计电算化、高级会计（高级财务会计）为主干课的课程体系。

进入21世纪，随着中国加入WTO，经济全球化的进程不断深入，我国的会计课程体系在原有的基础上不断完善，在基础课、专业课的基础上适时加入了相关的课程体系，更加重视外语能力和计算机能力。

五 会计教育精品课程建设成效显著

高等学校教育教学质量一直是全社会共同关心的问题。2003年4月，教育部启动了"高等学校教学质量与教学改革工程"。精品课程建设是"高等学校教学质量与教学改革工程"中的一项重要内容，对从根本上提高教学质量进而提高人才培养质量具有奠基性的作用。自2003年以来，教育部先后批准了本科、高职高专、网络教育三个层次的会计专业国家精品课程共计34门。

20门本科层次的国家精品课程，分别是2003年批准的基础会计（东北财经大学）；2004年批准的会计学（中国人民大学）、中级财务会计（东北大学）、财务分析（东北财经大学）、财务管理（西南财经大学）、会计学（厦门大学）、企业会计学（合肥工业大学）；2005年批准的基础会计学（中山大学）、会计学原理（福州大学）、会计学（上海财经大学）、审计学（复旦大学）；2006年批准的财务管理学（中国人民大学）、中级会计学（中南财经政法大学）、财务管理（东北财经大学）；2007年批准的管理会计（中央财经大学）、管理会计（东北财经大学）、审计学（中南财经政法大学）、中级财务会计（北京工商大学）、审计学（江西财经大学）、基础会计（暨南大学）。

13门高职高专层次的国家精品课程，分别是2003年批准的中级财务会计（北京工商大学）；2004年批准的基础会计（东北财经大学）、会计学基础（山西财政税务专科学校）；2005年批准的会计岗位综合实训（北京财贸职业学院）、基础会计学（上海电机技术高等专科学校）、财务管理（顺德职业技术学院）、基础会计（辽东学院）；2006年批准的财务会计（上海立信会计学院）、基础会计（湖北职业技术学院）；2007年批准的财务会计（淄博职业学院）、会计学原理（河北工业职业技术学院）、企业会计实务（浙江舟山职业技术学院）、会计学原理与技能（江苏经贸职业技术学院）。

1门网络教育层次的国家精品课程，是2007年批准的基础会计（东北财经大学）。

六 会计教育的教材建设推陈出新

教材建设是教育的基础，教材质量的好坏关系到教学质量的高低。改革开放后，以1983年上海财经学院会计系在教学改革中所形成的会计专业核心课程体系为起点，我国的会计专业教材建设从此进入了一个新的发展轨道。随着会计教学改革的逐步深入，我国会计专业教育所使用的教材出现了三次出版与发行高峰：第一次出现在20世纪80年代中期，出现了统编教材与合编、协编教材三驾齐驱的兴旺景象，带来了会计教材与专著出版方面的市场繁荣，不仅数量增加而且门类也更加全面；第二次是1993年"两则""两制"颁发前后所出现的新一轮的会计教材出版热潮，仅普通高校所使用的"新编系列会计教材"就有近百种；第三次是在2006年新企业会计准则发布之后，会计教材出版出现了前所未有的繁荣，各国家重点学科院校纷纷对新准则之前的会计教材进行了全面的修订。

总而言之，经过修订的会计教材具有以下几个特点：第一，教材的内容更加注重层次性和通用性，出版了适应不同层次人才培养需求的会计教材。第二，教材结构更加完善，不同层次与不同对象的会计专业教材，都已经逐步形成了自身的专门教材。第三，为了适应会计教育国际化的需要，大量引入和翻译西方原版会计教材，为我国培养适应国际型高级会计专门人才提供了重要的基础保障。第四，出版了一系列具有代表性意义的会计精品教材，如1978年葛家澍教授主编的《会计基础知识》；1979年贺南轩和阎金锷教授主编的《工业会计学》；1983年余绪缨教授主编的《管理会计》；1984年郭道扬教授编著的《会计发展史纲》；1984年娄尔行教授主编的《资本主义企业财务会计》；1986年由厦门大学、上海财经大学、中南财经大学和中国人民大学等校会计院系编写出版的会计系列教材以及中国注册会计师协会组织编写的CPA专门化系列教材等。

七 会计实验教学全面推广

会计作为一门理论与实践并重的专业，在加强理论教育的同时，必须通过实验教学来锻炼学生的能力，提高学生的兴趣，在这方面，会计教育界进行了一系列探索，取得的成果得到了学界的普遍认可。1983年，天津财经学院会计系在全国率先开始了会计模拟教学的尝试，经过几年的实践，不仅建立了一个规范化的会计模拟实验室，还收集整理资料摄制了一个会计教学专题片，并编写了有指导意义的会计实验讲义。1994年7月，在天津财经学院举行了"全国首届会计实验教学研讨会"，经过广泛研讨，会后即组织编写了一套颇具针对性和应用性的会计实验系列教材。1996年7月和1998年7月，第二次和第三次"会计实验教学研讨会"分别在河南财经学院和湘潭工学院召开，会后正式编辑出版了《会计实验教学研究论文选》。现在，各个高校都非常重视会计实验教学，凡是设有会计专业的院校，基本上都设有专门的会计教学实验场所；相当一部分学校在会计学本科专业教育阶段就开设了一门"会计实训课"。学生的动手能力在这些课程和场所中得到了很好的锻炼。

第二节　广西会计人才培养的现状

实施改革开放政策后，广西会计教育也同样得到长足发展，但和经济发展相比，会计人才培养仍然显得陈旧和落后。根据欧阳昌永等进行的一项调查研究结果显示，截至2008年年底，广西有会计人员达29.89万人，其中具有中级会计职称的2.9万人，占9.7%；具有高级会计师职称的981人，仅占0.33%。从学历层次结构来看，具有中专及以下学历的人员超过50%，具有大专学历的人员占42.04%，大学本科以上学历的占4.42%，研究生及以上学历的人数不到300人。这些数据说明从事会计职业的大多属于低层次的会计员，有些根本没有接受过系统的会计理论知识学习，高素质、高层次会计人才的缺乏将成为制约广西经济社会发展的重要因素之一。虽然自2007年以来，广西积极开展"十百千"拔尖会计人才培养工程，但数量依然不可观。随着中国—东盟自由贸易区和北部湾经济建设的进一步发展，互联网、大数据、人工智能的广泛应用，企业发生的经济业务也日趋复杂，部分会计人员的能力素质依然不能满足新形势的需要。

一　广西高校会计人才培养存在的问题

总体而言，广西会计人才培养出现的问题主要表现为两个方面：一是理论研究较多，务实性研究较少。综观近年来的研究成果，更多的是一些理论性研究，即讨论的问题都是"应该如何"，而"具体如何去做"这样的问题回答得少。二是付诸实践的研究成果少。加入WTO后，尤其是自贸区建成后，广西会计教育改革的研究也有了不少。但想要真正发挥作用，还必须将其付诸实践。当然，这不仅需要教育主管部门的支持，更需要会计教育工作者（自治区高校教师）的积极参与。这是整个大的教育环境会计教育存在的问题。具体到高校内部而言，会计教育也存在一系列的问题。具体而言：

（一）培养模式缺乏针对性

人才培养计划是高校培养人才的指导性文件，人才培养计划的优劣对高校培养人才的质量有直接的影响。根据调查发现，目前各高校的人才培养计划大多沿用普通高等教育的人才培养计划，缺乏独特的、专用的会计类人才培养计划。据调查，有近半的学生认为学校的培养计划不能适应或者不太适应社会需求。对此原因，大部分学生认为培养计划出现问题的首要原因是培养目标没有细化成具体课程，排在第二位的是培养目标不准确（见图3-1）。

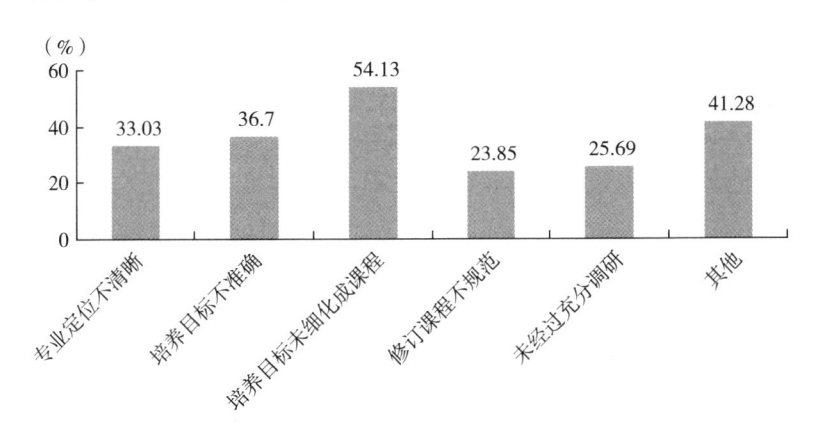

图3-1　原因分析

（数据：专业定位不清晰33.03%；培养目标不准确36.7%；培养目标未细化成课程54.13%；修订课程不规范23.85%；未经过充分调研25.69%；其他41.28%）

1. 培养目标不够明确

现在高校会计人才教育存在的一个突出问题就是培养目标不够明确，如对会计职业能力（如专业知识能力、学习能力、协调能力等综合能力）没有进行突出凸显。过去，学校给会计专业学生的定位通常只是"会计""做账"，而忽视了能力、技能及综合素质方面的培养。这种只注重基本会计核算而忽视素质教育的教学模式是不科学的，其课程的设置也必定具有明显的单一性、理论性和片面性。这种做法只是将专业局限于某种工作岗位而不重视学生的可持续发展，会导致学生在踏上工作岗位后难以胜任不断变化的工作，无法紧跟时代的发展，而社会需要的是多样化会计人才。因此，广西高校会计教育的类型与层次必须多样化。

在我国，根据《普通高等学校本科专业介绍》中的规定，会计教育的目标是知识传输和能力培养的双主导型。但各个高校可以根据自己的实际情况，制定本校会计培养的目标。尽管上述较为理想的教育目标在会计教育实践中并未很好地得以贯彻与实行，但近几年来我国高校的会计教育基本上摆脱了"满堂灌"的知识传输型，开始在能力训练方面进行积极的探索。有些高校已经在课程设置、教材建设、教学手段与方法、考试评价制度等方面实施了一系列的改革措施，也取得了一定的成效。高校会计教育要培养应用型还是研究型会计人才，如何实现二者的有效结合，是需要思考的问题。广西高校会计教育要想顺应时代的发展，满足市场的需求，就应从广西当地企业的实际需求出发，重点提升会计职业能力、会计实践能力，加强会计职业道德与责任感，培养高技能、高实践性的会计专业人才。

2. 教学方法过于单调

根据调查发现，学生对于教学方法的满意度尚可，但仍有 1/3 以上的学生认为会计教学方法稍显落后，需要继续加强。就现实情况而言，目前，仍有相当部分高校采用"粉笔 + 黑板"为主的教学方法，即采用教师写、学生记或教师讲、学生听的传统方式进行会计教学，严重影响了学生动手特别是上机操作能力的培养，与会计电算化的普及不相适应。

我国传统教学模式以教科书为主，老师负责讲解，学生负责听记，以学生为主体的教学理念并没有在高等院校会计专业的教学活动中得到体现。这种教学模式说白了就是为通过考试而不断地学习，学生只是简单地死记硬背，考完就扔掉，基本不会再巩固学习，更不用提运用知识的能力了。当前广西部分会计专业的教学模式仍是使用这种传统的方法进行教学。在会计教学过程中，部分高校仍然停留在强调教师的知识传授，老师讲什么，学生就学什么。这种教学模式忽视学生的主观能动意识，师生间缺少互动，长此以往，学生习惯于被动接受知识和重视对知识的熟记，严重地打压了学生学习的积极性，无法最大限度地开发学生的主动性、积极性与思维能动性，在一定程度上阻碍了学生自主学习和独立思考问题、解决问题的能力。

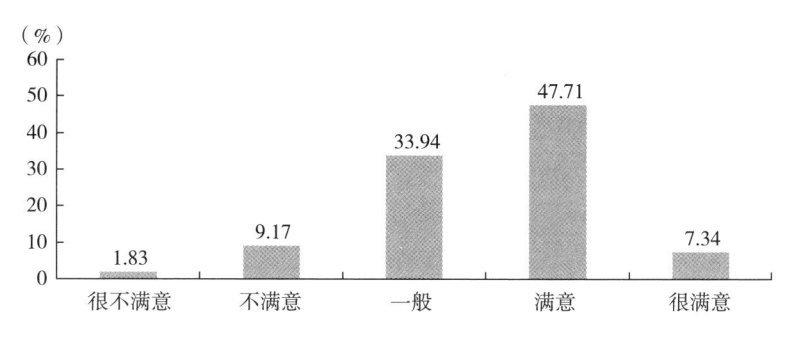

图 3-2　教学方法满意度调查

很不满意	不满意	一般	满意	很满意
1.83	9.17	33.94	47.71	7.34

随着现代科技的逐步发展，各种核算方式和会计软件逐步更新，这就对教师和学生提出了新的要求。因此，广西各高校必须创新教学模式，采用讲练结合的教学方法，加强案例教学与学生的会计实训，以此来满足日益变化的社会需求。

3. 教学内容仍显陈旧

高校会计人才教育存在的另一个突出问题就是，太过注重理论的普遍性和指导意义。开设的理论课程偏多，一定意义上忽略了对实践的操作应用。经过调查，我们发现，据图3-3我们可以看出，对于课程表示满意或者基本满意的同学占48.63%。其中仅有4.59%的同学表示很满意，这就说明有50%以上的同学表示一般或者不满意。此外，对于双语课程的开设情况还是比较乐观的，但仍有25.69%的调查对象没有接受双语教学（见图3-4）。

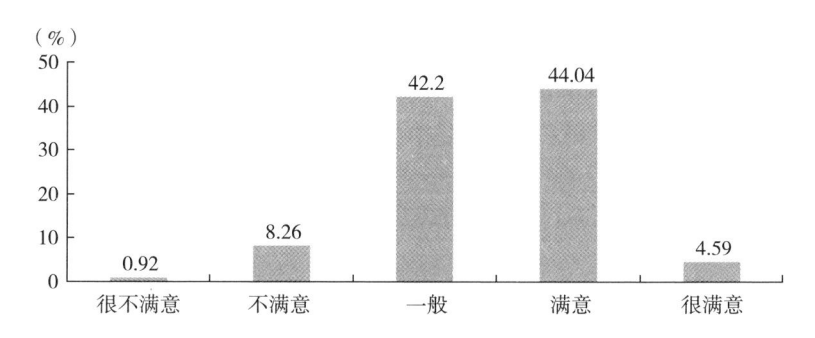

图 3-3　对本专业所涵盖的课程满意度

很不满意	不满意	一般	满意	很满意
0.92	8.26	42.2	44.04	4.59

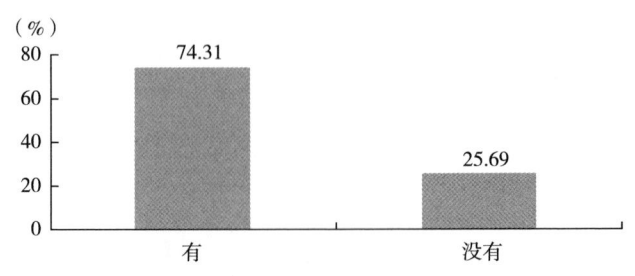

图 3-4 是否开设双语教学

目前，广西大部分会计专业学生在考入高校后，每个学生都根据相同培养计划，运用相同方式进行教学，教学的内容、课程的设置都是按照以往的模式延续下来，遵循着固有的体系，没有真正地做到因地制宜、因材施教。目前，就广西各高校而言，必修课是课程主体，选修课也只能在限定的范围内予以选择。学生学习的知识过于局限，有的时候不能紧跟社会形势的进步和发展，这就在一定程度上限制了学生能力的提升和进步。

4. 教材体系比较死板

目前，各高校的会计教材存在一个普遍现象就是教材比较死板。通过学生对于教材体系的满意度调查，我们可以看出，约有44%的同学表示一般或者不满意。对于专业教材的评价，71%的同学表示基本可以，但仍有24%的同学表示教材比较枯燥。在很多时候，学生使用的会计教材只是对国家制定的会计法规作一般性的解释，理论性强、规范、抽象，缺少应用案例，因而影响了教学效果。会计教学内容过于理论化导致会计实务教学受到一定程度的冲击。很多高校课堂上，会计课堂教学在内容的组织上同样是以会计法规、会计理论的讲授为主，以实务操作为辅，结合案例讲解较少；或者集中进行会计理论的讲解，等理论讲完后再集中进行会计的实践教学，人为地割裂了会计理论与实践的统一性。

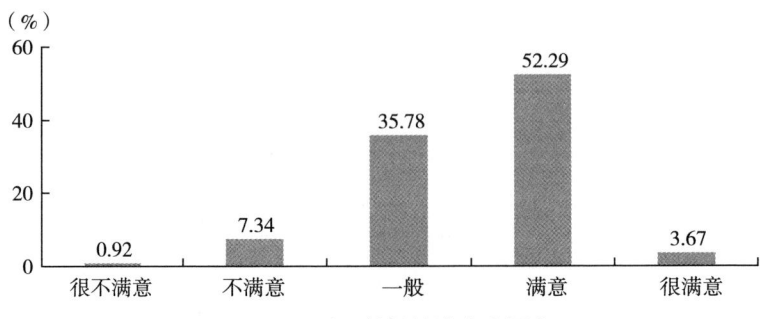

图 3-5 对于教材的满意度调查

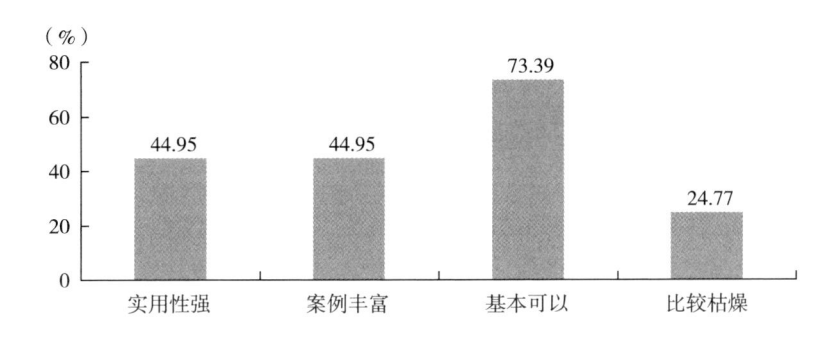

```
(%)
80
                        73.39
60
    44.95   44.95
40
                                24.77
20
0
  实用性强  案例丰富  基本可以  比较枯燥
```

图3-6　您认为本专业的教材

5. 考核方式比较传统

在考核方式上，传统教学注重从理论上考查学生对课本知识的掌握程度，轻视学生的应用能力考核。传统教学模式下学生倾向于对知识的死记硬背，不能将所学知识灵活运用到实际工作，这不仅不利于学生创新能力和职业判断能力的培养，更忽略了会计职业岗位对学生职业能力的需求，偏离了市场的需要。据调查显示，广西高校的会计考核方式还是比较多样化的，但从整体而言，仍然侧重于闭卷考试和撰写论文，对于实训等考核方式的运用仍欠缺。

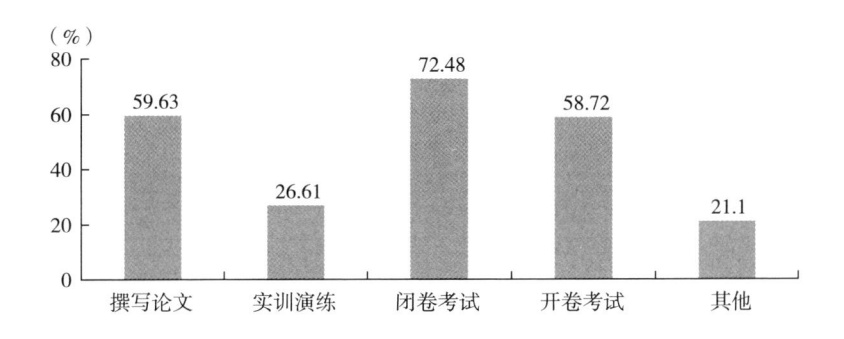

```
(%)
80
                    72.48
60  59.63                   58.72
40
            26.61
20                                  21.1
0
  撰写论文  实训演练  闭卷考试  开卷考试  其他
```

图3-7　考核方式调查统计

(二) 师资队伍建设有待加强

会计人才的培养质量很大程度上取决于师资质量。师资水平往往决定了学校教学效果。在我国人事管理体制下，学校的教师普遍都缺乏企业工作经验，绝大部分教师直接从高校留校任教或聘任到其他高校。根据调查数据显示，会计专业教师有 73.3% 无企业工作经验。由于缺乏实际的会计工作的实践，动手能力的匮乏使教师在实习或实训过程中无法传授亲身实践经验，从而导致教授空洞，学生的信服度也较差。

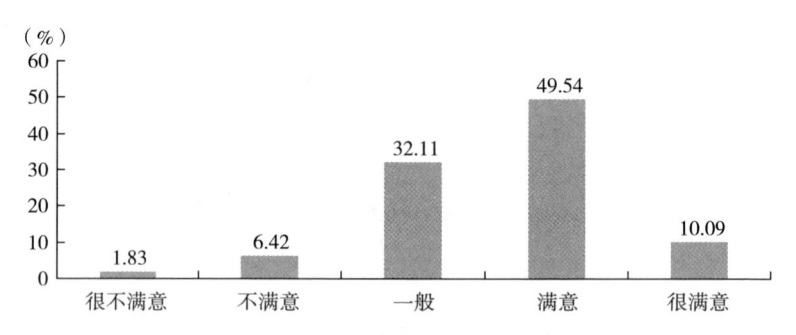

图 3-8 对学院师资力量的满意度

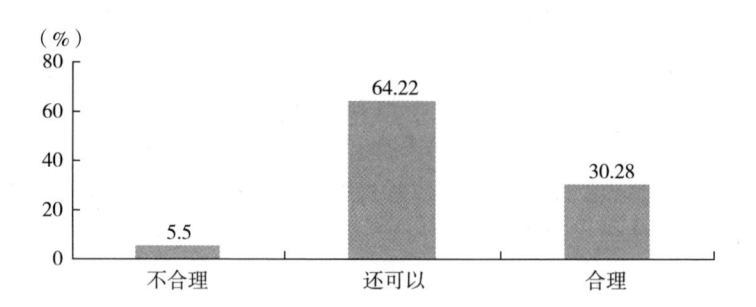

图 3-9 学校的师资队伍结构是否合理

目前，我国高校在一定程度上进行了规模化的学生"扩招"，使授课者"缺位"的现象也常有出现，尽管很多高校也采取了很多方法来解决这类应急问题，如直接扩招一批应届毕业生或外聘一些其他学校的教师到本校兼职。这些措施只能解一时之需，其实从长远的人才的培育来看是没有利益的。会计专业有着极高的实践性及动手能力，应届毕业生缺乏实践经历，对工作需求也不了解，这种老师通常在教学中理论过重，操作能力不够高，这样出来的授课对象也将会缺乏实践动手能力。外聘教师由于不具有固定性和强制性，随时可能出现师资断裂的现象，也是一个隐患问题。

另外，由于诸多原因，学校不管是在时间上、组织上还是经费上没有将教师的社会实践纳入教学管理规划之中，也没有形成制度进行相应的安排和保证，使教师与实践严重脱节。倘若一个教师自己都不具备实际操作能力，又怎么能够在教学当中发挥其举一反三、灵活运用及进行实力列举的能力呢？会计的发展离不开新型教师队伍，随着现代信息技术的快速更新，学校对教师的业务素质和能力提出了更高要求。培养适合社会需要的双师型教师成为当前高校工作的当务之急。

（三）会计专业实训场所有限

调查显示，有近半的学生认为学校没有实训场所，对于有实训场所的学校，其利用程度也有待考证。造成这种现象的一个重要原因就是学校经费有限，部分学校在建立自己的实习、实训基地上受限制的阻碍因素太多，影响了实践性教学环节的有效开展和应用。另外就是部分教育工作者对实践性教学的重视程度还不够深。有些院校的实践性教学设施设备、模拟实验室利用率低，仅是将实践性教学作为一项"教学评估"的任务来看待，将模拟实验室当作摆设，没有高度重视实践性教学的重要性。在教学过程中仍然采用传统的"粉笔加黑板"模式，只是辅之以少量的实物，示范简单枯燥，欠缺实际效果；教学实习基地短缺，许多学校是由学生自己联系实习单位实习，这就导致学生的实习环境各不相同，实习效果欠佳。

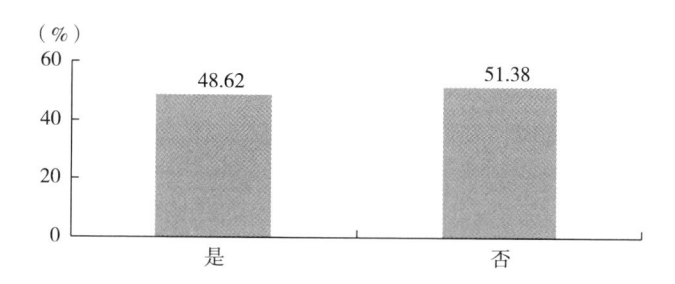

图 3-10 是否有会计专业实训场所

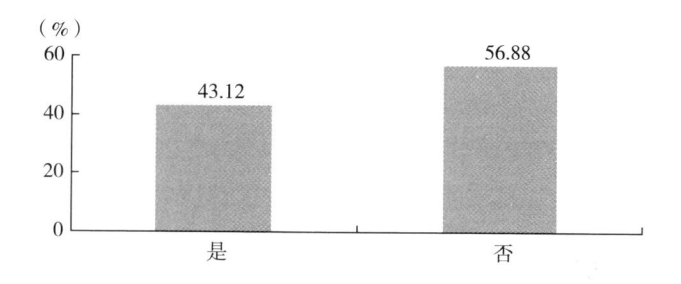

图 3-11 实训场所是否得到充分利用

此外，仍有部分高校缺失切实可行的实训教材。学校按照传统模式组织教材，讲授知识。其结果只能是学生毕业后出现所学知识"无用武之地"的现象。另外，由于会计行业的特殊性，许多企业有权对本企业的会计资料实行保密制度，以至于学校在专业实训时，缺乏企业的实训资料，无法完成模拟实训，导致教学效果不佳。

总的来说，现在大部分的高校对于会计专业的实训场所仍然只是固守着传统的"笔+纸+计算器"的简单状态，实训课还是死死地被局限在教师里面。学校实行的"2+1"或"3+1"模式根本就是空话，进行校企合作，说得好听点是顶岗实习，但是实质上，这些学生就是合作企业提供的廉价劳动力而已，更令人不解的是，有的学生还被安排到非本专业的生产岗位上，进行流水线的生产，从这些做法来看，根本就不能够提升学生的专业技能，而且对学生来说是一种时间的浪费，同样也是学校不负责任的一种表现。

会计学作为一门应用性较强的学科，具备很强的实用技术性，对于会计教学，其主要的目的应针对"实用"二字，重点培养具有"实用型"的会计人才，会计教学中必须充分考虑动手能力的培养。会计专业课程的设置应当和当地企业及用人单位的实际需求、市场的变化及相关制度的调整紧密联系结合起来。

（四）教育理念仍显落后

据调查显示，学生认为本专业对于综合能力的培养满意度不足50%，对于培养方案适应社会需求的满足程度仅有40%，造成这些问题的重要原因就是教学理念的落后，部分高校仍然停留在过去的思维，固守传统。具体表现在以下几个方面：

1. 专业素养和职业技能缺失，供需矛盾日益突出

伴随教育改革的大潮流，各地方院校较长时间内都在不断探索人才培养模式改革，但改革的效果并不乐观。会计是一门专业和实践并重的工作，各地方院校都在努力寻找一种模式，试图培养既具有较高专业素养又具有熟练职业技能的综合型人才。但是，经过四年的学习，大多数毕业生没有达到预期培养目标，专业知识一知半解，职业技能只懂皮毛，与培养目标相去甚远。在实际操作过程中，理论与实践时间上如何安排、实践教学如何实施、相关管理能否配套到位等都是需要解决的问题。现实运行过程中理论与实践不同步，使实践教学流于形式。很多院校都是

先安排理论讲授，把实践教学集中在最后的第四学年。这样安排的好处就是实践教学与学生参加实际工作衔接协调，但是却会导致理论与实践脱节。学生在三年的理论学习中，所学的会计专业及其相关知识达十几门甚至更多，在学习理论知识过程中，对实践内容不了解，理解理论知识困难；等到实践教学时，所学的理论知识又会遗忘一部分，再加上知识的更新，致使学生在有限的时间里很难具备应有的动手能力，最终培养的毕业生难以适应社会需求，出现了企业"招工难"、毕业生"就业难"的双重问题。

2. 忽视对学生自主学习能力的培养

大学教育在传授学生专业知识和职业技能的同时，更重要的是培养学生自主学习的能力，使学生树立终身学习的意识。会计是为经济服务的，随着经济的不断发展，会计及其相关知识也随时发生变革。而学校教育不可能完全与其变革同步，这就要求培养学生自主的学习能力，使学生紧跟会计变革步伐，在实际工作中不断学习新知识和新能力，提高自己的职业经验和执业能力。然而，现行的会计人才培养模式仍侧重于知识和技能的传授，忽视能力素质的培养，不利于会计人才的可持续发展。

3. 不能以学生为本，教学过程缺乏针对性

经过严酷的高考选拔，学生好不容易闯关夺隘获得了进入高校大门的机会，但大多数学生填报专业时盲目性强，对所学专业并不了解，甚至有的学生还是被随意调剂到相关专业。由于兴趣导向不同，学生们对知识的领悟力和接受度也会因人而异。感兴趣的同学，课堂的"大锅饭"教学不能满足其需要，而兴趣不足或对本专业不喜欢的同学学习专业知识更是显得力不从心，更别提实践动手能力了。目前大多数院校在课程设置、时间安排和师资配备上由于受各种条件限制，并不能有针对性的小班或小组授课，教学内容不灵活，教学方法比较单一，学生的个体差异不能得到应有的重视，导致最终的"产品"——毕业生很难适应不同企业不同层次的需求。

二　会计工作面临的挑战

随着社会主义市场经济的发展，会计工作出现了许多新情况、新问题，对会计工作提出了许多新的更高要求，这也给广西的会计教育提出了新要求。

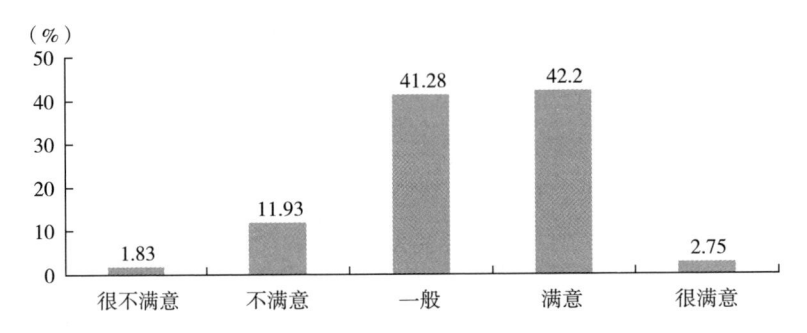

图 3-12　对综合能力的培养评价

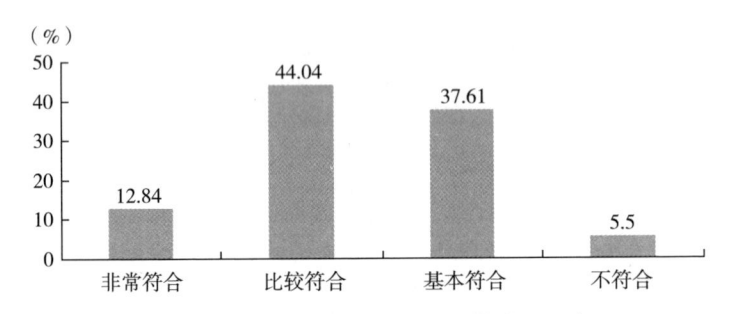

图 3-13　培养方案对社会需求的满足程度

1. 走新型工业化道路需要提高会计人才的本领

工业化是现代化的基础和前提，我国要走的工业化道路要充分运用最新科技成果，依靠科技进步的工业化，是提高经济效益和市场竞争力的工业化，是走可持续发展道路的工业化，是能够发挥我国人力资源优势的工业化。走新型工业化道路即要求企业更注重内部会计管理和成本核算，同时也给会计改革提出了新问题。要提高经济效益，要使产品更具有竞争力，必须更加注重企业的内部管理，加强成本核算。当前，不少企业还存在内部会计管理混乱的现象，成本费用开支随意性大，在市场竞争中往往处于不利地位。此外，走新型工业化道路，要求企业增加科技开发投入，以信息化作为主导。这给会计核算和披露规定提出了新要求，如何才能更加充分、完整地反映企业的这些信息，是会计工作面临的一个新课题；与此同时，在以信息化为主导的工业化模式下，企业将更多地通过网络来进行管理和采集数据，这也给会计监管和审计工作提出了新的挑战。

2. 健全现代市场体系要求加强会计人员的工作

资源的供给与需求始终存在矛盾。合理地配置资源，就是要有效地将经济中的各种资源配置于不同地区、行业和具体的企业，以便通过生产来最大限度地满足社会的需求。要在更大程度上发挥市场在资源配置中的决定性作用就必须健全统一、开放、竞争、有序的现代市场体系。健全现代市场体系要求在资源配置中的决定性作用进一步发挥会计的作用。从我国现阶段各类生产要素的稀缺程度看，资本在大多数领域仍是最稀缺的资源，要使资源真正得到合理配置，必须进一步推动资本市场的改革开放和稳步发展。而会计信息是资本市场的"血液"。企业通过对外提供真实和完整的会计信息，通过提高会计信息的透明度，可以吸引投资者，从资本市场"输入血液"，获得生产经营所需要的资金。因此，要健全现代市场体系，更好地发挥市场在资源配置中的基础性作用，需要进一步加强会计工作。

此外，要实现资源的合理配置还需要加强和完善政府的宏观调控。这就要求继续深化财税体制改革，完善预算改革和管理制度，加强对财政收支的监管，建立公共财政框架。财税体制的深化改革同样要求加强会计工作，促进会计人员能力的提升。

3. 健全现代市场经济信用体系要求提高会计人员的素质

形成以道德为支撑、法律为保障的社会信用制度，是规范市场秩序的治本之策。切实加强社会信用建设，需要大力建立健全社会信用体系，尤其要加快建立信用监督和失信惩戒制度。健全现代社会信用体系要求提高会计从业人员职业道德水平。信用既是一个道德范畴，又是一个经济范畴。整顿和规范市场经济秩序，最根本的一点就是要在社会形成诚信为本、操守为重的良好风尚。作为维护市场经济秩序的重要力量，会计从业人员和会计机构中介机构在整顿和维护市场经济秩序中应有所作为。

4. 全面提升的开放型经济水平对会计人员的新要求

经济全球化不仅使传统的国际会计三大问题（合并会计报表、外币报表折算、物价变动会计）更加突出，还带来了一些新问题，出现了一些新领域。比如电子商务的发展，对传统的收入确认带来了巨大冲击；再如环境会计问题，如何通过会计工作实现环境控制的目的，都将成为我国会计工作研究的一个重要问题。

随着经济全球化的不断深入，我国的开放型经济水平不断提升。适应经济全球化和加入世界贸易组织的新形势，我国将在更大范围、更广领域和更高层次上参与国际经济技术合作和竞争，并充分利用国际国内两个市场，拓宽发展空间，以开放促改革促发展。可以预见，国外资本进入国内市场的规模将会扩大，国内企业对外投资的金额也将会增加。无论是为了改善国内投资环境，还是减少国内企业对外投融资成本，都要求我国在会计工作上作进一步的调整和改革。总之，全面提高对外开放水平要求我国会计、审计标准进一步与国际惯例协调，要求我国会计服务市场更加开放。

第三节　广西会计人才培养的多重机遇

当今世界正处于大发展、大变革、大调整时期，世界多极化和经济全球化不断深入发展。随着CAFTA如期建立，广西的经济社会得到了进一步发展，社会各个方面对会计人才的需求不断增加，加之教育改革，广西会计教育面临多重机遇。广西高校必须抓住这个重要战略机遇期，全面把握机遇，沉着应对挑战，促进广西会计教育稳步发展，以此为社会提供更多有能力、有责任的新时代会计人才。

一　21世纪广西会计教育的新环境

（一）经济环境更加开放——CAFTA如期建立

经过了10年的艰苦的双边和多边的谈判，中国—东盟自由贸易区（CAFTA）终于在2010年1月1日如期建成。由于广西拥有对东南亚开放得天独厚的地理优势、趋同的文化语言和深厚的合作基础，因此广西被中央确定为中国与东盟合作的门户、前沿、桥头堡。经济越发展，会计越重要。会计工作日渐成为经济工作的重点，会计人员的地位越来越高，在经济管理中的作用也越来越大。会计人才能力及其发展主要决定于社会经济环境的变化。飞速发展的社会经济环境，不断对会计人才的能力提出新的要求，以致会计人才的成长必须以适应社会经济环境变化为基本前提。随着CAFTA的如期建立，广西与东盟十国[①]的合作越来越密切，各类企业扎根广西，广西的许多企业也逐渐"走出去"，成为跨国

[①] 东盟十国包括中南半岛上的老挝、柬埔寨、缅甸、泰国、越南、马来西亚6国及太平洋上的新加坡、文莱、菲律宾、印度尼西亚4国。

企业或集团,这就对会计人才的能力提出了更高的需求。

中国—东盟自由贸易区建成后,企业面临的外部环境发生了很大变化,市场的约束力越来越明显,知识范围不断扩展,信息流动逐渐增强,消费者需求不断增长,由此构成了更大的竞争压力,在这种背景下会计工作不再局限于某种传统定位,而是变得越来越综合化,广西会计人员亟须更新知识,以应对飞速变化的商业挑战。总之,未来经济的发展对广西会计人才的需求将在质和量两个方面提出更高的要求。会计作为公认的国际通用商业语言,对会计人员的要求日趋高标准和国际化,CAFTA建成后对高质量人才的需求是多层次、全方位的,而不仅局限于少量熟悉掌握相应谈判规则的人才,高素质人才资源的竞争压力将进一步增大,如何更有效地开发和培养会计人员的创新能力和综合运用信息的能力、如何扩大知识资本,已经成为对广西会计教育的重大挑战。

2010年4月2日,财政部发布了《中国企业会计准则与国际财务报告准则持续趋同路线图》,积极推动我国企业会计准则与国际财务报告准则持续趋同,这是我国积极参与国际金融监管体制改革、主动承担国际责任,切实维护全球经济金融体系稳定的具体表现,是我国紧紧把握当前经济社会发展的重要契机。会计准则国际趋同对我国会计人员的知识结构、职业素质、工作技能提出了更高的要求,未来的国际会计准则通常提供较少指南,这就对会计人员的职业判断提出了更高要求。未来劳动力资源将在国内外市场上重新配置,国内外劳动力市场需要的是复合型人才,是有国际交往能力和能够熟练运用国际准则的人才。因此,广西高校会计教学应该及时抓住这一机遇,顺应时代潮流,以社会需求作为导向,培养更多应用型复合人才,更多面向国际的高素质会计人才。

(二)知识经济对会计环境的影响

21世纪是知识经济时代,"知识经济"是通过对知识进行生产、分配和使用的一种经济,它以知识为基础、以脑力劳动为主体,是与农业经济、工业经济相对应的一个经济概念。通俗地说就是"以知识为基础的经济"。其特征为:知识经济是信息经济,是智能经济,是人才经济,是无形经济,是创新经济。教育和研究开发是知识经济的主要部门,高素质的人力资源是知识经济的重要资源。

知识经济的兴起将对投资模式、产业结构和教育的职能与形式产生深刻的影响。在投资模式方面,信息、教育、通信等知识密集型产业呈现出良好的就业前景，将会促使人们大规模投资这些无形资产。在产业结构方面，产业结构的变化和调整将以知识的学习积累和创新为前提，在变化的速度和跨度上将显现出跳跃式发展的特征。一方面，新型产业，如电子贸易、网络经济、在线经济等将大规模兴起；另一方面，农业等传统产业将越来越知识化。在教育方面，知识经济将会使经济活动的所有过程都伴随着学习，教育融于经济活动的所有环节；同时，知识更新的加快使终身学习成为必要。

有调查显示，影响会计的主要因素较集中地涉及知识经济、信息技术、经济体制改革等，而知识经济是第一位的。随着知识经济时代的到来，建立在信息技术基础上的服务型经济将逐渐居于主导地位，从而更加显现并强调会计与会计教育的重要性。

知识经济给会计环境带来的主要影响包括：一是知识的过时和报废率的升高。知识更新速度的加快使"一劳永逸"的时代一去不复返。二是会计人员所处的工作环境越来越复杂。计算机网络和会计手段的现代化，要求会计人员具备高素质、综合能力；而且风险不断加大，会计数据的安全性值得重视，同时还面临着人力资源会计的构建，无形资产的确认和计量，收益的界定和分配，准确的会计信息等，工作重点从核算转移到参与预测、决策和经营分析等方面，这就要求会计人员不仅要有广博的知识，而且还应具有创新知识的能力，以适应知识经济时代发展的要求。

(三) 西方会计制度文化的影响

文化作为一个国家的软实力，其影响力体现在方方面面，不仅反作用于经济、政治，还会对人的思维方式、价值观念产生深远影响。会计的文化环境包括思想观念、价值取向、行为准则以及语言文字、风俗习惯等，它们影响着会计人员的价值观、道德规范、思维方式，对会计模式系统的形成和发展有重要的影响。一个国家的文化取向影响着该国会计理论与实务的发展过程和方向，影响着一个国家会计教育模式的选择。

近年来，我国社会文化环境正在逐渐变化，随着社会主义核心价值观的提出以及外来文化的不断传播引入，自由、民主、平等和法制的观念得到较大提升，竞争文化和信用制度的建立等，这些都将对我国会计制度的建设产生深远的影响。反映在教育上，从传统的强调教师的主导作用转变为以学生为主体，更强调学生主观能动性的发挥。著名物理学家杨振宁教授以其亲身体会讲道:"西南联大教会了我严谨,西方教会了我创新。"作为现代教育的会计教育,应该"教给学生比知识更重要的东西"。

二 经济社会发展对会计人才的需求增加

随着国家鼓励创业政策的实施,中小企业不断增多,社会对于会计的需求不断增加。2017年的统计数据显示,目前中小企业的数量已经占全部企业数目的99%以上,在我国国民经济发展中起到十分重要的作用。2019年7月30日,广西印发了《关于促进广西中小企业健康发展的若干措施》,将通过放宽市场准入、加大融资支持力度、支持小微企业示范园建设以及中小企业数字化改造、实施万人培训计划、鼓励"个转企""小升规"、培育创新创业孵化平台等措施,进一步营造有利于中小企业发展的良好环境。

企业数量不断增多给会计从业人员带来了重要机遇。据中国财会网显示,财会人才的市场需求量仅次于营销人才的需求,屈居第二位。而中国新闻网公布的国家工商总局最新发布的一项统计表明,截至2008年上半年,全国私营企业已达到300万户,同比增长20%,增加近35万户。按此增长速度分析,全国私营企业每年至少增加了30万户,按每个企业配置1—2名会计人员计算,会计行业每年需要增加40多万会计从业人员。

此外,随着中国—东盟自由贸易区成立,广西与东盟各国之间的经济往来逐渐增多,对具备东盟会计知识背景的会计人才的需求量也迅猛增加。

三 信息技术助推会计专业新发展

近年来,网络信息技术在经济社会中的运用越来越广泛,如ERP、自动办公系统、远程沟通工具等。这些技术的应用,使信息在组织中的传递更加快捷、高效,对传统的工作方式带来了巨大的冲击,加速了工作性质的变化,这些变化,对会计行业和会计人员提出了挑战。

美国会计学会(The American Accounting Association)早在1936年在《基本会计理论》一书中就指出,"随着管理技术、信息处理能力的发展,各种信息职能之间的统一,使信息职能与决策职能之间的界限趋于模糊。"随着当前计算机网络技术的发展及其在企业中的深入应用,这种模糊化局面已在大量企业中出现。《基本会计理论》还指出:"重要的是应该认识到，会计人员不参与处理组织体内的全部信息而只对一组财务信息负责的做法将会遇到困难。"

信息新技术在提出挑战的同时也为会计人员带来了机遇。会计电算化使会计人员得以从烦琐的账务工作中摆脱出来，从而把更多的精力投入信息分析和利用、预测决策等创造性的工作中来，既扩展了其工作内涵，也扩大了其工作范围，作为专业信息分析员，会计人员不仅要利用会计知识来分析提供和利用各种财务信息，还要扩展会计工作的范围，使可利用的信息更为丰富。总的来说，在信息新技术环境下，从知识层面来说，会计人员除了要具备会计知识，还要掌握计算机操作知识和技能网络系统的使用与管理知识以及预测决策知识；从能力方面来说，不仅需要系统掌握本专业知识具备从事本专业工作的能力，要具备数据分析能力和较强的信息沟通能力，更重要的是要有适应未来复杂多变的会计环境的能力。只有这样，会计人员才能面对新技术的挑战。

四　国家对会计事业发展的高度重视

（一）财政部要求高度重视会计人才队伍建设工作

根据《国家中长期人才发展规划纲要（2010—2020年）》在认真总结会计人才建设取得的成就和经验，深入分析当前和今后一个时期会计人才发展面临的新形势、新任务和新挑战的基础上，财政部制定了《会计行业中长期人才发展规划（2010—2020年）》。该规划指出，会计人才是我国人才队伍的重要组成部分，是维护市场经济秩序、推动科学发展、促进社会和谐的重要力量。加强会计人才队伍建设，着力培养高层次会计人才，并以此引导和带动我国会计人才队伍发展，不仅关系到提高会计行业核心竞争力、确保会计工作促进经济社会发展的职能作用有效发挥，而且关系到全国实施人才战略、建设创新型国家的大局的重要举措。

会计是现代服务业的重要行业，与经济的发展、安全息息相关。我国会计行业在发展过程中，市场需求的两极化趋势逐步显现：会计基层工作人才数量日趋饱和，但会计高层工作人才数量明显不足，短缺人才须从他国引进。一方面，普通会计人员由于各种因素无法良好地适应市场需要，加之人数庞大，导致薪酬普遍不高；另一方面，引进的国外人才往往出现不能适应本土实际，针对企业各类会计窘境并不能够提出有效措施。有的国有企业甚至出现因外国人才的引进而泄露国家机密的现象，造成的损失不可估量。因此，建立符合国情需要的会计队伍迫在眉睫。

(二) 政府加快发展现代会计教育的相关政策

会计教育的改革得到教育与会计主管部门的大力支持。会计教育的改革与发展仅靠从事会计教育的工作者来完成是不现实的，关键在于教育主管部门和会计主管部门对会计教育的重视程度和支持力度。近年来，对会计教育改革的研究，国家给予了充分的支持。例如：

1995年12月，原国家教委高教司发出了关于组织实施《高等人文社会科学教育面向21世纪教学内容和课程体系改革计划》的通知，要求有关高校向教委申报研究项目。

1999年，财政部委托中国会计学会下达两项会计教育方面的课题，即"面向21世纪的会计学历教育改革研究"和"面向21世纪会计后续教育问题研究"，分别就会计学历教育和会计后续教育进行了专题研究，于2002年形成研究报告并予以出版。

2003年，中国会计学会第六届理事会的会计科研课题招标中，仍有会计教育方面的选题。

这一系列的举措说明，我国会计教育改革研究的问题不仅在会计理论界达成共识，而且在教育主管部门和会计主管部门也得到重视，这对我国会计教育的改革与发展应该说是一个特大好消息。

第四章　会计人才能力框架的构成

　　能力是使活动顺利完成的个性心理特征，是完成一项目标或者任务所体现出来的综合素质。能力总是和一定的实践活动相联系，离开了具体实践既不能表现人的能力，也不能发展人的能力。能力，开始属于心理学的研究范畴，但现在却成为心理学家、哲学家、教育学家、管理学家共同关注研究的话题。对于能力，不同的领域关注的要点也各不相同。本书中所涉及的能力，是基于管理学领域对能力的研究为理论基础，探讨会计人员能力框架构建问题。

第一节　会计社会需求分析

　　我们对于会计人才能力的分析是建立在当前社会需求的基础之上的，所以在分析广西会计人才能力框架之前，我们首先需要了解当前社会对会计人才的新需求，以此作为依据来更好地推进广西会计人才能力框架的构建。

一　当前社会对会计的新要求

（一）《会计人才规划》对会计人才的新规定

根据《国家中长期人才发展规划纲要（2010—2020年）》的总体要求，财政部制定了《会计行业中长期人才发展规划（2010—2020年）》（以下简称《会计人才规划》）。《会计人才规划》的制定实施，是推动会计行业科学发展的必然要求，是会计行业在激烈的国际竞争中赢得主动的战略选择。《会计人才规划》明确强调"当前和今后一个时期，我国会计人才发展的指导方针是：服务发展，以用为本；健全制度，创新机制；高端引领，整体开发"。其中"把用好用活人才作为会计人才队伍建设的重要任务""最大限度地激发会计人才的创造力""培养造就一批具有国际视野、知识结构优化、实践经验丰富、创新能力突出、职业道德高尚的高层次会计人才"等内容说明会计人才的需求发生了质的变化，广西高校应以此为契机着力开展会计人才培养模式的创新和改革，逐步转变会计人才培养模式，更注重学生的综合能力及应用技能的培养。

（二）会计及其相关法律法规不断调整的要求

随着经济不断发展，经济活动越来越复杂，新的会计事项不断涌现出来，我国会计准则也经历了从简单到复杂、从自成一体到与国际会计准则日趋接近的发展历程。1993年《会计基本准则》的颁布实施，开启了我国会计制度和会计准则的变革历程。历经二十多年的发展与完善，现行会计准则包括一项基本准则和几十项具体准则，内容涵盖经济活动的方方面面。相应地，为适应经济环境的变革，与会计相关的经济、税收法律规范、内部控制等相关法律规范也在不断地调整。从2007年到2019年，所得税、增值税、消费税、营业税改增值税等，各个税种都发生了不同程度的变革，这一系列税制的改革与调整涉及的会计及其相关处理都要按新的规范实行。而随着经济事项的发展，相关法律规范还会不断调整修正。这就要求在会计人才培养模式改革过程中，必须与时俱进，具备前瞻性和国际视角，重点教会学生学习的能力和方法。

（三）提升会计人员知识、能力和素养的要求

目前，经济主体对会计人才的能力要求由专业化转向综合能力的提高上。会计人员不但要有过硬的专业知识，还要具备良好的职业道德素养、足够宽泛的知识储备量、职业分析判断能力及终身学习的意识。企业的可持续发展要求会计工作不仅局限于确认、计量和报告，会计人员应该作为企业管理的参与者，在战略目标的制定、财务管理、内部控制等诸方面发挥自身的作用。相关法规繁杂多变，因调整范围和目的不同，既相互协调又各具特色，会计人员应在各项法规之间进行权衡，在力求使用会计语言尽可能正确反映复杂的经济现象的同时，还必须加强法制意识，以免所反映的经济主体的合法权益由于其他经济主体的非正当竞争而受到侵害。《企业会计准则》在对某个会计事项的处理做出规范时，考虑各个行业及经济主体的特点，有很多具体的处理方法可供选择。各个单位、各个不同的时期以及各种不同的环境条件，会计事项的性质、会计处理的方式、方法都不尽相同。这不仅需要会计人员将所学的知识融会贯通，还需要对实践进行总结提高。

二 专业招聘网站对会计人才的需求趋势

会计人员能力框架的搭建，主要决定于用人单位对人才的需求。招聘信息对人才能力的要求一般来说反映了用人单位的真实需要。1998年，荆新、王建英曾经就用人单位对会计人才能力需求和现状进行调查，其调查结果表明：用人单位在招聘中最看中的会计毕业生的能力是会计人员的日常会计操作能力（21.79%）和工作经历（20.51%），其次分别为所学专业（16.67%）、判断应变（12.82%）、电脑操作（10.26%）、组织管理（8.97%）、语言文字表达（5.13%）、外语（3.85%）、人际沟通（2.56%）等。

之后，许萍再一次从国内外人才招聘网站上收集招聘信息对各招聘职位的能力及其他要求情况进行了统计分析，从国内网站上搜集的信息调查结果显示，各项能力依次排列如下：工作经验（87%）、学历要求（85%）、计算机能力（35%）、工作态度及责任心（27%）、业务能力（19%）、沟通能力（16%）、团队精神（11%）、熟悉法规（11%）、职业资格（10%）、职业道德（9%）、外语能力（9%）、领导能力（7%）、专业知识（4%）、写作能力（2%）。从国外网站上搜集的信息调查结果显示，各项能力依次排列如下：工作经验（75%）、学历要求（58%）、计算机能力（32%）、专业知识（24%）、职业资格（18%）、交际能力（17%）、沟通能力（15%）、分析解决问题能力（12%）、领导能力（9%）、写作能力（8%）、熟悉团队精神（11%）、表达能力（10%）、法规（5%）、关注细节（6%）、职业道德（4%）、业务能力（4%）。

前后两次调查结果相比可以看出，我国实务部门对会计人员应具备的能力项目要求明显增多，而且对会计操作层面的能力需求有所下降，职业技能和职业价值观的需求呈上升趋势。

结合调查来看，我们认为会计人才需求的趋势总结概括为以下几点：

1. 学历不是评判应聘者的唯一标准，更加看重工作经验

据许萍（2006）的调查，国内外分别有平均87%和75%的用人单位要求会计人员具备一定的工作经验，可以说，丰富的工作经验已成为用人单位衡量会计人才能力的一个关键标准。会计工作主要分为两个方面，一个是实务工作，另一个是理论工作，一般企业更加重视的是应聘者的实务操作能力，也就是说，企业更愿意聘用具有工作经验的会计人员，因为这样可以更快上岗，一旦受聘即可投入工作，既节约了培训成本，

又提高了工作效率。当然，这也不是绝对的，在一些关键行业和重要领域，他们对于会计素质的要求较高，学历就成了必需的筛选条件。

很多的研究表明，现在的会计行业市场需求呈现的局面就是低端人才过剩而高端人才紧缺的局面，想要找一个普通会计非常简单，但是找一个具有受过专业高等教育以及拥有国际认可的会计职业资格证书，同时具有工作经验的专业高级人才则是难上加难。在一项调查中显示，随着东盟自由贸易区和北部湾经济区的建立，企业对高级会计人才的需求也日趋旺盛，高级会计人才的短缺排在区内急缺人才的第三位。广西属于我国西部地区，经济发展相对较慢，随着中国—东盟自由贸易区的建立和广西北部湾经济区的批准实施等一系列优惠措施的推动，广西经济也得到快速增长，对高层次会计人次的需求也更为旺盛。截至2010年6月，广西区共有从业会计人员32万，其中会计师比例不足8万，高级会计师仅占0.3%，超过一半的会计从业人员没有任何职称，可见广西中高级会计人才匮乏。相比之下，低层次的会计人员却是供大于求。每年会计毕业生人数众多，但由于广西区内企业数量和规模小且以中小企业为主，对一般会计人员岗位需求有限，在会计人才需求市场上，形成低层次的会计人才供大于求。

市场对于高级会计人才的要求究竟是什么？是不是本科及以上学历就可以算是高级会计人才呢？通常，我们所说的能够达到市场要求的高级会计人才大多都是具有本科及以上学历的，然后还要有相关工作经验，并具有比较高级别的职业资格证书。据调查，国内外用人单位一般都要求应聘高级会计人才者应有10年左右的工作经验及一定的财务领导工作经验。从调查数据来看，几乎所有的企业事业单位的招聘要求都是有工作经验者优先，因此，我们可以看出，丰富的工作经验才是起关键作用的成功法宝，工作经验的重要性不可小觑。

2. 会计人才的受教育程度仍是重要关注点

据许萍（2006）的调查，国内外分别有平均85%和58%的用人单位要求应聘者具有一定的学历或学位，分别有64%和62%的用人单位要求高级会计人才必须具备本科以上学历。会计专业知识是从事会计工作的基础，扎实的专业知识直接影响会计人员的业务胜任能力。接受高等教育是会计人员获得专业知识的重要途径，而我国大部分企业要求拟聘会计人才必须接受过财经类本、专科的专业教育。另外，会计人员某些先天素质缺陷也可以通过后天学习得到不同程度的补偿。我国实务界已领悟到大学会计教育对会计职业的重要性。在我国的招聘信息中，大部分用人单位都注明本科学历必须是全日制财经类专业。国内外分别有平均85%和58%的用人单位要求应聘者应具有一定的学历或学位，分别有64%和62%的用人单位要求高级会计人才必须具备本科以上学历。

3. 更加关注会计人员的计算机能力、外语能力

据许萍（2006）的调查，当时社会就对计算机和外语能力提出了一定要求，但并不是必需的。但随着市场经济的高速发展，信息技术的不断更新，对会计人才的计算机能力要求越来越高，已经成为会计人员的必备能力。计算机能力指的是应具备网络知识，熟悉数据库管理、电子商务、ERP系统的运用，熟练应用Word/Excel等各类办公软件等计算机能力。精通外语是会计人员国际化的必要条件。随着我国参与世界经济的程度日益加深，国内企业与外国企业、跨国集团的业务往来增多，需要会计人员具备一定的外语水平。会计人员必须具备外语听、说、读、写能力，以适应会计国际化的要求。

4. 具备一定的职业技能

职业技能指的是会计人才必须具备一定的沟通能力、表达能力、团队精神，中、高级会计人才还应具备一定的领导能力。与此同时，分析解决问题的能力、交际能力也是不可或缺的。社会发展迅速，会计人员应能及时发现问题，并提出解决关键问题的措施、方法，具备较强的解决问题的能力。交际能力作为为人处世的基本，会计人员通常需要与企业外部和内部不同的人打交道，他们需要具备人际交往能力与合作能力，才能完成自己的相关工作。

三 社会调研：现阶段会计专业人才在社会上的需求

（一）调查背景

会计专业是各高等院校开设非常普遍的专业之一。目前，整个社会每年对会计类人才的需求总量是非常大的，而且呈现不断增长趋势。而且各行各业对会计人员的需求也是不一样的。总的来说，随着我国高等院校会计专业人才培养人数的不断增多和企事业单位对会计人员学历要求的逐步提高，整个社会对各高校会计专业毕业生的需求量和提供的会计岗位也开始了变化。因此，我们对于现阶段会计专业人才在社会上的需求进行了一项小调查。

（二）调查对象：对 5 家会计师事务所，10 家用人单位，100 名会计专业就读生，进行实地典型性抽样调查。

（三）调查结果——企业对会计专业人才业务素质、能力要求情况

1. 业务素质

（1）牢固的财务基础知识和专业知识。企业普遍认为财务人员要有牢固的财务基础知识和专业知识，并能从理论联系实际，从实践中摸索，从实践中不断提高，要熟悉企业的具体实际，了解财务管理的规章制度和企业有关规定，并从严要求自己，做到记账、算账、报账手续完备，内容真实，账目清楚，这是最基本的财务工作基础，也是最重要的，是做好财务工作的关键。

（2）广泛的知识面。企业认为光有财务、会计专业知识已经远远不够了，只有涉及广泛才可能从账本里解放出来，成为企业所需要的人才。会计毕竟只是经济科学的一个分支，所以，一名合格的会计人员，对于财务会计工作相关的知识、技能和相关的学科如经济学、税收、营销、管理、法律等也应相当熟悉。调查中企业一致认为"如果一个人只懂会计，他实际上不懂会计"，改革开放的中国是一个信息的社会，会计工作是实践知识的应用，因此，会计人员应是综合性的人才，他需要掌握会计信息系统的特性，及时地吸收反馈，如金融、证券等知识。

（3）掌握会计电算化，不断提高英语水平。计算机现已广泛地运用到财务系统的账务处理等方面，它将使广大会计人员从单调、繁杂的记、算、报账等工作中解脱出来，提高了经济效率，从而使会计人员腾出更多的时间开展分析预算、统筹等工作，同时，也避免了许多差错，其优越性不言而喻。因此，财务人员必须具备掌握计算机应用这一能力。

另外，企业认为财会人才掌握外语知识是我国财会工作与国际财会制度接轨的基础性条件，它可以帮助我国不断吸取国外先进管理经验，探讨一些可行性方法，尽早参与国际经济事务。

2. 能力要求

（1）较强的实践能力。财务人员经过实践检验，动手能力差不行。当前，我们财务人员越来越感到对于会计这样一个实用性经济学科，把理论转化为实践，再从实践中提高理论的学习，是非常重要的。尤其是在当前社会需求量比较大，市场竞争大的情况下，相应地，应注重对理论的思考，提高分析和解决问题的能力。

（2）更新知识的能力。现代社会的特点之一便在于知识更新换代的速度快，在市场经济条件下各种经济情况千差万别，自然不可能有一统天下的具体方法，会计工作，与计划经济条件下完全不同，会计的服务对象、核算原则、会计信息内涵都发生了很大的变化。要适应这一特点，财务会计人员必须不断地学习和掌握现代经济学科分析方法和思维方式，改进自己的知识结构，丰富自己的头脑，更新自身思想观念。光靠"输血"是不够的，还应该具备"造血"的功能。

（3）较强的社会活动能力。一个企业的财会部门掌握着它的经济命脉，财会人员的一个重要任务是在经济工作的重要关口当好领导的参谋，因此，财会人员必须具备较强的社交能力，不仅要同本单位人员交往，而且要与银行、税务、审计等部门进行广泛的联系。这些十分明确地显示出社会衡量人才的标准已经发生变化，它将社会活动能力纳入了一个重要的位置。作为一名合格的从事财务会计或审计工作的人员，企业认为还需要具备很强的平衡协调能力，这是由其职业在现代社会或企业中的重要地位和其与社会、企业其他有机组成部分之间的微妙关系所决定的。这种能力直接关系其工作成果的好坏，直接影响其生存发展的机会和可能。

（四）调查结论

综上所述，我们了解到企业在招聘财会人员时学历不再是唯一的准绳，各企业更为看重应聘者的工作经验。应届毕业生尽管在开始时在应聘会计、审计等岗位时有一些弱势，但发展的机会客观存在，只要自己踏踏实实从基本的核算工作干起，摆正心态，准确定位，在工作几年后就可以成为人才市场中最具竞争力的群体。

第二节　能力及其相关概念和理论

能力不是单方面的，要成功地完成一项活动仅靠某一方面的能力是不够的，必须具有多种综合能力方能获得成功。能力是在先天素质的基础上，经过后天的培养和锻炼而形成的，是达成一个目的所具备的条件和水平。能力总是和人完成一定的实践联系在一起的。离开了具体实践既不能表现人的能力，也不能发展人的能力。人的能力在实践中会不断形成和发展。

一 能力的概念和分类

1. 能力概念

能力是指顺利完成某一活动所必需的主观条件，是完成一项目标或者任务所体现出来的素质。受主客观条件的影响，人们在完成活动中表现出来的能力是不一样的。能力直接影响活动效率。

在当前研究能力的理论中，不同学者根据自己的研究需要从不同的角度来定义能力，从哲学角度有人这样定义能力：能力是某个社会主体（组织或个人）对客观世界可发挥的作用力。从经济学角度，能力可以理解为个人或组织所具有的可将一种资源变成另一种资源，或将资源转化为社会财富的作用力。亚当·斯密在《国民财富的性质和原因的研究》中把工人技能的增强视为经济进步和经济福利增长的源泉，一个工人技能的提高，可以节约劳动时间，提高劳动效率。虽然提高工人技能要投入一定费用，但却能够创造更多的利润。

我们从共性的角度认为，能力是使活动顺利完成的个性心理特征，是完成一项目标或者任务所体现出来的综合素质。当然，本书所要探索的会计人才能力，更多是指会计人才的胜任能力。胜任能力顾名思义就是胜任某份工作所应具备的能力。

2. 能力分类

能力的分类与其所表现的活动领域相关。能力主要包括一般能力与特殊能力。一般能力（general ability）是指从事任何活动所必需的能力。在心理学中，一般能力又称基本能力，通常是指那些在各种活动中都必须具备的能力。特殊能力又称专门能力，是指在完成某种专业活动所必须具备的能力。除此之外，还包括再造能力和创造能力、认识能力和元认识能力等。

二 职业能力

本书所讲的能力，特指职业能力，或叫会计职业胜任能力。任何一个职业岗位都有相应的岗位职责要求，一定的职业能力则是胜任某种职业岗位的必要条件。"职业能力"这一概念是德国职业教育学家梅腾斯在20世纪70年代提出来的，一直是职业教育界备受关注与广泛研究的理论。

表 4-1 能力的分类

名称	含义
一般能力	指那些在各种活动中都必须具备的能力,如观察能力、记忆能力、抽象概括能力、想象能力、创造能力、注意能力等
特殊能力	又称专门能力,是指在完成某种专业活动所必须具备的能力
再造能力	是指在活动中顺利地掌握前人所积累的知识、技能,并按现成的模式进行活动的能力
创造能力	是指在活动中创造出独特的、新颖的、有社会价值的产品的能力
认知能力	是指个体接受信息、加工信息和运用信息的能力
元认知能力	是个体对自己的认知加工过程自我反省、自我评价与自我调节的能力

通常我们所理解的职业能力就是可以胜任工作岗位的能力。当然,有些观点对于职业能力的定义是这样的,职业能力是和该职业相关的个人能力的综合,主要包括专业知识、工作态度、社会实践经验以及个人的动手能力等。澳大利亚的职业教育界是这样定义职业能力的:"职业能力是个体通过专业的技能培训获得的,可以展示给他人的能够胜任该职业的专业知识、专业技能化及工作态度。"国际会计师联合会与美国注册会计师协会对职业能力的定义是:"能够在一个真实的工作环境中按照特定的标准承担工作角色所应具备的能力"与"一种能干的、有效率的和恰当的态度履行高标准工作的才能"。2003 年 4 月,国际会计师联合会(IFAC)发布了《成为胜任的职业会计师》,该报告倡导基于胜任能力的方法来定义职业能力。基于胜任能力的会计师职业能力框架将能力划分为职业知识、职业技能以及职业价值观。职业知识包括会计与相关知识、组织与经营知识、信息技术知识及其他一般知识等。职业技能通常是通过教育与工作经验获得的,包括人际关系技能、交流技能等。职业价值观更多考虑的是维护会计行业与整个社会的利益,包括承诺保持公正、客观、独立,遵守职业准则,关注公众利益和承担社会责任,终身学习等。

综上所述,结合各种对于职业能力的定义,我们将会计人才职业能力定义为:会计人才通过学校的教育而获得的能够胜任该职业的专业知识、专业技能及工作态度,这种能力不仅要求满足特定的职业标准,还要有利于个人的可持续发展。

以本书的理论依据为基础,本书将会计专业人才应具备的职业能力归纳总结为3个方面13项细分指标(见表4-2)。

表4-2　　　　　　　　会计专业人才应具备的职业能力

职业价值观方面	政治思想素质	学校培养的人才必须坚定不移地走社会主义道路,作为社会主义事业建设者,要了解国情、爱国家、爱人民
	个人道德素质	审慎、正直诚信、客观公正、有责任感等
	职业价值观	在此引用美国管理会计师协会(IMA)的个人职业道德行为准则:"基本原则——诚实、正直、客观、责任;具体准则——专业胜任能力、保密、诚实、可信"
	终身学习的态度	职业会计人员应敢于接受职业挑战,永不落伍,有敬业和奉献精神,对自身职业发展负责;时刻关注经济发展与职业环境的变化,保持学习新知,掌握新技能的终身学习态度
专业能力方面	一般知识及基础知识	历史、人文地理等知识的了解;各国文化背景、国际视野的理解;对人类思想、行为、心理等基本知识的掌握;对经济、政治、社会差别的感知;对文学、艺术和科学的欣赏;具备抽象和批判思维的能为;个人价值与社会价值的判断;进行书面和口头交流能力等
	会计类专业相关知识	掌握会计核算、财务管理、审计监督的一些基本理论和方法;对会计核算、财务控制和审计查证业务等技能熟练操作;熟悉计算机数据库语言和计算机系统维护技术;熟练应用计算机处理会计业务等
	职业判断力	会计人员能够遵照国家法律、法规和规章制度,并结合企业经营环境和经营特点,运用自己的专业知识和经验,对企业日常发生的经济交易与事项所采用的会计处理原则、方法、程序等进行的判断和选择的能力。会计职业判断力是当前形势下会计人员应具备的基本素质
	组织管理知识	作为当今时代的会计人才,还应储备管理学、组织行为学、经济学、统计方法、风险管理、市场营销等知识,以便能够更好地参与到公司的管理决策和管理实践中
	法律政策知识	作为会计人员自始至终都要受到国家法律、法规和制度制约。要求会计人员在履行职能时必须熟悉法律,遵照法律法规要求披露真实可靠的会计信息,依法维护企业及自身的合法权益

续表

关键能力方面		
关键能力方面	人际交往能力	会计人员能在企业与外界发生联系时发挥作用，如办理工商年检、税务登记及纳税申报、配合外部审计工作需要等，这类工作不仅要求会计人员具备专业知识，还要求会计人员有较强的人际交往、公关能力等
	应对能力	包括对来自外界变化的适应和调整力、自我发展能力（如职业发展计划、个人持续学习和业绩提升、自我反省）、自我管理能力（时间管理、调节压力、约束自我）等
	决策能力	个人的决策能力大致包括战略洞察力、分析能力、职业判断能力、批判性思维等
	战略管理能力	作为职业会计人员要具有商业眼光，对经济发展趋势及市场环境的变化能够准确分析判断，利用财务机会，规避财务风险，为管理决策提供有效依据

这些能力的培养绝不是一朝一夕形成的，也不可能通过独立的某课程去传授，它的获得必须与专业知识、技能学习同步进行，渗透于学生日常教学生活中，结合教学管理实践，对培养对象综合实施、多管齐下。当然，这个过程本身对院校、实习就业单位、教师、学生的要求就是非常高的。除此之外，政府政策引导、经济发展水平、社会普遍观念、市场需求等也将产生一定作用。

三　能力框架的理论基础

在智力的各种定义中，心理学家都把智力看作能力，这意味着智力是人的一种稳固的心理特征。但是，智力是怎样组织和构成的，它是反映在各种智力作业中的单一完整的能力，还是为数不多的、主要的、相对独立的能力，或是由大量特殊的、互不相同的能力所组成的。关于能力结构（能力框架）理论，各国心理学家有不同的见解，主要有二因素理论、多因素理论、智力三维结构模式理论和智力层次结构理论。

1. 斯皮尔曼的二因素理论

二因素理论是关于智力结构的一种学说。1904年英国心理学家斯皮尔曼运用因素分析的方法，提出智力（也可理解为能力）结构的二因素理论。他认为智力是由这两个因素构成的。按二因素理论，人类智力包括两种因素：一般因素（简称G因素）和特殊因素（简称S因素）。一般因素是每种心智活动所共同具有的，特殊因素则是因心智活动不同而各异，它指专门领域的知识。完成任何一项作业都是以上两种因素决定的。按斯皮尔曼的解释，人的普通能力来自先天遗传，主要表现在一般生活活动上，从而显示个人能力的高低。特殊因素代表的特殊能力，只与少数生活活动有关，是个人在某方面表现的异于他人的能力。

斯皮尔曼的二因素理论对我们理解能力的结构有重要的启发。由于能力包含着一般因素和特殊因素，两者并不相同，这就为研究一般能力与特殊能力的实质及其相互关系，奠定了理论和实验基础。当然，这也为会计教育带来更多的方法的改进和原则的探索。

2. 弗农的智力层次结构理论

智力层次结构理论是美国心理学家、加利福尼亚查普曼大学法学院和商学院教授弗农·洛马克斯·史密斯提出的，弗农以一般因素为基础，设想出因素间的层次结构。他认为，智力的最高层次是一般因素（G）；在一般能力因素层次之下的层次包含两大因素群，即言语和教育方面的能力因素、机械和操作方面的能力因素；第三层是小因素群，包括言语、数量、机械信息、空间信息、用手操作等；第四层是特殊因素，即各种各样的特殊能力。

弗农的智力层次结构理论比智力二因论和智力群因素论前进了一步，即在G因素和S因素之间增加了大因素群和小因素群，明显地改变了把一般能力和特殊能力对立的局面。所以，弗农的智力层次结构理论实际上是斯皮尔曼的二因素理论的深化。

3. 吉尔福特的智力三维结构模式理论

美国心理学家吉尔福特在多年因素分析研究的基础上于1959年提出了智力三维结构模型理论。吉尔福特的智力三维结构模式理论，否认有普遍因素G的存在，认为智力结构应从操作、内容、产物三个维度去考虑。在吉尔福德看来，智力活动就是人在头脑里加工（操作过程）客观对象（内容），产生知识（产物）的过程。认为能力的第一个变项是操作包括认知、记忆、分析思维、综合思维和评价五种能力类型。第二个变项是材料内容包括图形（具体事物的形象）、符号（由字母、数字和其他记号组成的事物）、语义（词、句的意义及概念）、行为（社会能力），共4个因素。第三个变项是产物，包括6个因素，即单元、类别、关系、系统、转换、蕴含。

吉尔福特的智力结构理论虽然否定了 G 因素的存在，但他的理论却提出创造能力的研究和创造性测验，这为研究智力提供了新的线索。吉尔福特的智力结构论中引人注目的内容之一就是对创造性的分析。他把以前曾被从智力概念中忽略的创造性与发散性思维联系起来；还将发散性思维与聚合性思维相对应。他认为发散性思维具有流畅性、变通性和独创性三个维度，是创造性的核心。

4. 瑟斯顿的多因素理论

美国心理学家瑟斯顿对芝加哥大学学生实施了 56 个能力测验。他发现，某些能力测验之间具有较高的相关度，而与其他测验相关度较低。他认为，斯皮尔曼的二因素论不能很好地解释这种结果，而且过分强调了 G 因素也达不到区分个体差异的目的。于是，他提出智力由以上 7 种基本心理能力（primary mental abilities）构成，并且各基本能力之间彼此独立，这便是我们这里所说的多因素论。他认为，智力由以上 7 种基本心理能力构成，这 7 种能力分别是计算能力、言语理解能力、字词的流畅性、记忆能力、演绎推理能力、空间知觉能力和速度知觉能力。瑟斯顿还编制了基本心理能力测验。研究结果发现，7 种基本能力之间具有不同程度的正相关。近年来多因素理论得到了发展。如美国心理学家史端宝指出，人的能力大致可以分为三大类 31 种。

已有的研究表明，在不同文化环境、不同行业、不同职业中，能力结构是不同的。多因素理论符合复杂多变的经济社会环境对会计人员的能力要求，会计活动需要各种能力要素协调配合。因此，本书更多的是基于多因素理论来研究会计人员的能力框架。

第三节　会计人员能力框架的构成要素

一个会计人员要想成为有能力的会计师，必须要拥有一定数量的执业所需的知识、一定的技能运用知识、解决实际问题的能力以及职业工作方法。1999 年 2 月，联合国国际会计和报告标准政府间专家工作组（ISAR）第 16 次会议，以职业会计师资格的国际标准为主题，讨论通过了《职业会计师资格评价国际指南》和《职业会计师职业教育的国际教学大纲》两个重要文件。《指南》要求职业会计师应具备组织和管理企业、信息技术、会计三类专业知识。同时该《指南》还明确，期望成为职业会计师的人员应当经过规定课程的学习，获得坚实的理论基础和全面的知识，同时要具备必要的实践经验，并要通过职业会计师资格考试，证明其职业胜任能力。结合前文对会计能力的论述，会计人员能力框架的构成要素应该由职业知识、职业技能和职业价值观这三部分组成。

一 职业知识

培根说，"知识就是力量"。一个知识渊博的人，往往见解深刻，思考问题比较周密，处理问题的能力比一个没有知识或知识面狭窄的人更强，成功的把握更大。可以说，知识是胜任能力的基础。现代会计业务的重要特征之一就是综合性。这一特征要求会计人员的知识结构不能只限于本专业，而是既要有一定的深度，又要有一定的广度，需要做到深广结合。专业是分工的结果，分工越细，专业越精；专精是需要的，但专精不能孤立，专业越精，发生关系的方面也越多。如同建宝塔，塔越高则塔的基础应越宽，专精需要广博的知识，专精的结果扩大了知识，也提高了专精的水平。因此，会计人员的知识结构好比一座"宝塔"，塔尖部分是专业学科知识，塔的中间部分是专业学科的基础知识，塔的下半部是应用专业性知识所需要的其他知识，如数学、外语、逻辑学、心理学等会计人员必须具备的基础文化素质和修养。会计人员比较理想的知识结构应是专与博相结合。21世纪市场运作也更加系统化、概括化，各行业相互渗透、相互交叉，这也需要会计人员具备多元化的知识结构。总体来说，会计人员需要具备的知识包括基础知识和专业知识两部分。

（一）基础知识

俗话说："万丈高楼平地起。"意思就是说万丈高楼都是从最下层的地基开始建起的，一座大厦的高度不是由它中间或者高层决定的，而是由它的最底层决定的。这就突出了地基的决定作用。回到知识这个正题上来说，基础知识就显得尤为重要。基础知识是最基本的知识技能。随着科技日新月异的发展，人们所接受的各种知识也在不断变化，但这里面变化的并不是基础知识，因为基础知识是根源，是知识更新的原动力。知识的更新依赖于扎实的基础知识，有了扎实的基础知识，才能有较强的应变能力和自学能力，只有知识面宽广才能触类旁通，很快地吸收新知识，获得创造力。会计工作与整个社会的政治、经济、文化活动密切相关。文化历史、政治经济知识在帮助会计人员了解其与其他专业之间相互关系，并与各种不同背景的人交往有巨大的作用。会计人员应具备的基础知识主要包括人文知识、自然科学知识、外语等。

（1）人文科学知识。人文科学知识对会计人员开阔眼界、开启智力、陶冶情操起着重大的作用，对确立和改造人生观、价值观起巨大的影响作用。人文教育的核心就是要培养学生完善的人格、独立的个性、健康的心理和强烈的社会责任感，当今世界，学科之间渗透和交叉不可避免，在知识经济时代，会计人员的专业素质与文化素质是相辅相成的。会计职业在走向市场的过程中，需要有文化底蕴的积淀作为配套才能使专业知识技能得以更有效地发挥。

（2）外语知识。随着经济全球化和区域经济一体化的逐步形成，国际交易中充斥着大量英语的商业信函、合同文本、支付手段等，使外语的重要性日益凸显。另外，金融国际化的快速发展，会计国际化趋势的逐步加强，会计正在逐步成为"国际通用的商业语言"，也使掌握外语的重要性不断提高。这就迫切要求会计人员精通或至少掌握一门以上的外国语言，这样才能真正参与企业的经营与决策。

（3）自然科学知识。在竞争不断加剧的社会经济环境中，社会科学和自然科学知识的学习可以加深对会计专业知识内涵的认识和了解，使会计人员的知识结构更加合理。

根据调查研究表明，很多人认为只有高级会计人员应具备人文知识、自然科学知识和外语能力，认为中级及初级会计人员并不需要这些较高的知识和能力。我们认为，人文、自然科学、外语等知识虽然是高素质会计人员的必备条件，但中级会计人员作为会计队伍的主力军、高级会计的后备人才，也不能自甘落后，也应具有多元的知识。

（二）专业知识

会计人员是从事较强专业性工作的人才，因此，会计人员需要有精深的专业知识。专业知识是会计人员知识结构的最主要部分，会计人员素质的特质，也是会计人员应具备的最起码的从业知识。会计人员的专业知识主要包括会计基础、财务管理、相关行业的会计理论以及行业财务制度、管理会计和会计电算化等。根据《职业会计师职业教育的国际教学大纲》对于会计教学内容的规定，我们可以认为会计人员需要掌握的专业知识主要包括：组织行为和经营管理知识，会计、财务及相关知识和信息技术知识三个大的方面。

表 4-3　　　　　　　《职业会计师职业教育的国际教学大纲》

类别	具体内容
组织行为和经营管理知识	经济学
	数量方法和统计
	一般经营政策和基本组织结构
	管理功能和实务、组织行为、营销功能、国际商业原则
	经营管理和战略
信息技术知识	经营系统中信息技术概念
	以计算机为基础的商务系统的内部控制
	商务系统的开发标准与实务
	信息技术采用、实施与运用的管理
	信息安全管理
	人工智能
	专家系统与模糊逻辑及电子商务
会计、财务及相关知识	基础会计、财务报表的编制、会计职业和国际会计准则
	高级财务会计实务
	高级财务报告原则
	管理会计——基本概念
	管理会计——进行计划、决策和控制的信息
	税务
	企业法和商法
	审计基础
	审计——高级概念
	企业财务和财务管理

（1）组织行为和经营管理知识。组织行为和经营管理知识是高中级会计人才应具备的专业知识。随着全球化程度不断深入，高中级会计人员需要用一种更广泛的全球视野来了解国际商业和其他组织经营的情况。组织行为和经营管理知识为会计人员职业操作提供了背景知识，提供了有关企业经营运转的环境背景知识，对加强会计人员对经济法律、商业及组织运作环境的理解提供了帮助。具体而言，组织行为和经营管理知

识应包括：经济学、金融市场组织行为学、数量方法和统计学、管理学、企业与环境风险管理、战略管理营销学等。

（2）信息技术知识。信息技术的发展使会计人员的工作任务和角色发生了变化，会计人员不仅要使用和评价信息系统，还要在信息系统的设计和管理中发挥重要作用。网络的发展使经济交易及支付方式发生了重大变化，新技术新观念将贯穿于新的商品交易和商品结算过程中，这使会计人员的知识面临严重冲击。会计人员必须懂得信息技术网络技术软件开发与设计、软件操作等一系列新的技能和知识，越高层次的会计人员对信息技术知识的要求越高，初级会计人员可能只要掌握基本的会计财务软件应用知识，而高级会计人员则要提出会计信息系统设计的思路、组织会计信息生产。

（3）会计、财务及相关知识。根据《会计法》，会计核算、会计监督是会计人员的主要职责。会计人员要想做好本职工作，就必须掌握必要的会计、财务及相关知识。但会计、财务及相关知识也不是一成不变的，也会随着会计环境的变化而变化，需要会计人员不断与时俱进，更新知识。财务会计与报告、成本管理会计、税收审计与财务管理，这些都是会计人员工作必备的知识。除此之外，法律知识也是会计人员必须熟悉掌握的。只有熟悉并掌握一定程度的法律知识才能在商业诉讼中从容应付。

提到专业知识，我们就不能仅满足于本国的、本企业的一些会计理论和实践，在新经济形势下还应该对其他国家的财务制度、具体会计准则进行学习和探讨，对中外的会计理论和实践进行比较，取其精华，去其糟粕，结合我国的会计特征加以消化吸收，以更好地促进我国会计人员专业知识的提升。

二　职业技能

知识或许会随着环境的变化和时间的推移而不断变化，但技能却是支持会计人员在越来越复杂的环境中履行工作职责的必备技能。职业技能并非都从学校教育中获取，不是通过学习一门具体的课程而学到的，也并非所有的技能都能在进入职业时就拥有，很多技能是在后续教育中在不断积累的经验中得以发展的，既是通过终身学习得来的，也是会计课程和会计实践综合作用的结果。

国际会计师联合会（IFAC）曾提出，会计职业技能包括：智力技能、技术与功能性技能、个人技能、人际交往与沟通技能、组织和企业管

技能6项。在本书中,我们认为高层次的会计人员应掌握的职业技能包括专业技术能力和综合素质能力。概括如下:

(一) 专业技术能力

会计专业技术能力是会计人才从事会计职业必须具备的基本职业能力,具体来说包括以下方面。

1. 财务分析能力

分析能力是会计人员所应具备的基本能力。在工作中,会计人员通常需要对企业的生产经营流程进行全面的了解,利用财务报告等信息资料,给企业的管理经营提出合理有效的措施与建议。会计人员的分析能力指的是通过财务报告对企业进行全面透彻分析的能力。

在市场经济条件下,资本市场发展迅速。公司面临的各种环境,如经济环境、法律环境等逐渐完善。会计人员要实现由原先单纯的记账员角色向能为企业创造更多价值的角色转变,会计人员不仅是要完成对企业的经营结果的汇总与解析报告,还应帮助提升企业实质竞争力的服务。这就要求会计人员具备一定的财务分析能力,具体而言,包括以下几个方面:分析企业资产的结构,估量所有者权益对债务资金的利用程度,制定企业筹资策略;评价企业资产的营运能力,分析企业资产的分布情况和周转使用情况;评价企业的盈利能力,预测企业盈利前景。最后还要从总体上评价企业的资金实力,分析各项财务活动的相互联系和协调情况,揭示企业财务活动方面的优势和薄弱环节,找出改进财务管理工作的主要矛盾。

2. 职业判断能力

国家发布的新会计准则,于2007年1月1日开始实行,新会计准则中的会计标准愈加准确、简练,会计职业判断空间不断加大,会计职业判断存在于会计确认、计量、记录、报告的全过程。这就对会计人员提出了更高要求,不仅要求会计人员更新会计专业知识,而且要改变原有会计制度下的思维方式,提高对会计准则运用的职业判断能力。会计职业判断能力是会计人员按照国家法律、法规和规章,结合企业自身的经营环境和经营特点,运用其掌握的会计专业知识和工作经验,对会计主体发生的经济事项和交易采用准确的会计处理原则、方法等进行合理且合法的判断和选择的能力。

例如,在会计的确认阶段,会计人员首先确认经济业务或事项的原始凭证的真实性、合法性、完整性，在此基础上判断其性质，确定会计要素，以便做出正确的会计处理；在计量阶段，会计职业判断体现在要根据会计要素类别，确定其合适的计量属性，按规定的计量单位和计量手段，准确地计量会计要素的价值；在会计的记录阶段，会计职业判断是对各项会计要素按其性质进行正确的分类，准确地登记在与其相应的账户体系中；在报告阶段，会计职业判断是要确定会计报告的内容和形式，选择说明或披露的信息，使会计报告相关使用者正确理解和掌握准确可靠的会计信息。

又如，会计报表附注中披露的会计政策的选择、重大或非常交易进行会计核算的方法和标准、存在争议的领域对会计估计的计量及判断的依据等都存在会计职业判断的情形。

不同的判断和选择对财务成果有很大的影响，合理的会计职业判断能够优化经济后果，反映经济业务的实质。

延伸阅读

管理会计人才必备的三大能力

管理会计人才需具备的能力具有多面且综合的特点。就我国现时的情况而言，分析能力、战略管理能力和风险管理能力三项重点能力尤其值得关注。

其一，注重财务与非财务信息分析能力。财务会计系统的主要功能在于生成供投资者、债权人及其他相关各方使用的财务信息；单位内部如何分析利用这些信息，则主要由管理会计系统来完成。此外，鉴于单位所面临的经营环境的复杂性、所从事业务的多样性、监管部门要求披露信息的精细性，单位在按会计标准提供财务信息的同时，通常还需要提供足够详细、完备的非财务信息。事实上，也只有将财务和非财务信息综合起来进行分析，才有可能发现单位经营管理中存在的问题、风险以及未来的发展潜力。

有时，这些分析判断还须扩展到将本单位信息与相关单位信息进行比较分析等方面。

在单位管理系统越发高度集成和信息技术快速发展的今天，财务会计核算和报告方面的工作更多地由系统承担，不断被解放出来的会计人员迫切需要转向信息分析职能，这也呼唤管理会计人才涌现。

其二，注重参与战略决策能力。如果说财务与非财务信息分析能力是会计人员从核算和报表迈向管理会计的起点，那参与战略决策的能力则是会计人员成为高层次财会人才必备的能力。它不仅要求灵活地运用信息分析结果提供决策参考建议，同时还要求从财务的视角提出充分、高效利用单位内外部资源实现既定战略目标的建议。建立我国管理会计人才能力框架，有必要在较高层级水平上，体现参与战略决策的能力要求。

其三，注重风险管控能力。近年来国内外政府部门、企业的诸多教训警示人们，单位的风险管控工作越来越重要。作为单位财务条线上的人才不能仅是财务专家，还应积极参与到全面风险管理工作当中，发挥专家优势。事实上，对于服务于现代企业的管理会计人才，想避开内部控制和风险管理事务都是不可能的。这就要求建立管理会计人才能力框架时，强化这方面的能力要求。

(二) 综合素质能力

会计人才作为企事业单位的一员，其身份首先是一名员工，作为一名员工就必须具备一些与人交往、为人处世的综合能力。

1. 解决问题能力

解决问题能力是指人们运用观念、规则、一定的程序方法等对客观问题进行分析并提出解决方案的能力。良好地解决问题的能力是当问题不断出现而且复杂度不断攀升时能够及时地找出问题的成因，以最有效率的方式予以解决。解决问题的能力在初级阶段表现为发现一般的显性问题，能够初步判断并进行简单处理；中级阶段表现为能够发现熟悉领域的隐藏的问题并根据现象找出解决问题的途径；高级阶段则表现为可以准确预测事情发展过程中的各种问题，对于萌芽状态的一些隐患问题，进行及时的发现，并将它及时解决。

人才已经成为企业取得竞争优势的关键，而人才的价值又体现于解决问题的能力上，人才的竞争力必须表现为卓越地解决问题的能力。面对瞬息万变的经济社会，会计人员必须能够在不熟悉的环境下发现存在的问题并解决问题，解决问题能力包括：对信息进行有效可靠的评价，应用经验和比较形成各种意见，征求不同意见并在适当时候予以统一恰当估计所需的时间和资源,考虑各种问题的非常规的解决方案等,解决问题不仅是高层会计人员的事,即使最初级的会计人员也应能解决日常的会计处理问题。

2. 沟通协调能力

从事会计工作,不仅要掌握广泛的会计、经济、法律知识,还要具备一定的沟通协调的能力。有效地沟通能够使职业会计师快速接收、传达信息,并由此形成合理的判断和进行有效的决策。沟通与协调能力包括:通过正式的、非正式的、书面的和口头的交流,企业所有的会计人员都必须具备该项能力,高级会计人员则更要具备该项能力。

会计人员的沟通对象无非内外部两种,首先是关于内部工作的沟通协调和合作交流能力,作为信息掌握者和提供者的会计人员,必须要与企业内部人员进行恰当的沟通。良好的沟通为会计人员参与经营决策提供了良好的契机。其次是关于外部工作的合作交流能力,就比如说合理恰当地管理和工商以及税务等单位机构的联系。会计部门一般是企业的一个综合性管理部门,对外通常要与股东、银行、工商、税务等部门进行沟通,比如,与政府主管部门、银行中介机构等及时沟通,为公司争取良好的外部环境,甚至代表企业走向国外资本市场,成为资本市场沟通的桥梁和纽带。

3. 团队协作能力

在高速运转的工作环境下,团队成为现代企业主要的工作方式。团队作为一个整体,需要的是整体的综合能力。不管一个人的能力有多强,如果个人能力没有充分融入团队中,到了一定阶段必定会给整个团队带来致命打击。团队协作能力对于一个团队至关重要。团队协作能力,是指建立在团队的基础之上,发挥团队精神、互补互助以达到团队最大工作效率的能力。团队协作模式对个人的素质有较高的要求,除应具备优秀的专业知识以外,还应该有优秀的团队协作能力。

团队协作能力是现代高素质人才必备的能力。会计工作岗位分工明确,每一岗位都有其明确的职责。有分工就有合作。会计人员常常要通过团队协作来解决具体财务问题,这可能包括在本部门内合作和与其他部门的财务专家的合作。高级会计人员还应是一个团队的创建者和整合者,应团结并鼓励组织内所有人员互相配合,在团队协作中还要起到监督作用,监督各成员认真完成好本职工作,还要对团队内各成员具体负责的工作进行有机整合，以实现整体财务目标。

4. 人际交往能力

美国著名的人际关系专家戴尔·卡耐基曾说过，如果人的能力和成功以100%来衡量的话，约有15%取决于知识和技能，85%取决于沟通发表自己意见的能力和激发他人热忱的能力。人际交往能力是衡量一个人能否适应现代社会需求的标准之一。

人际交往能力实际上就是与他人相处的能力，人际交往技能使职业会计师为了组织的共同利益而与其他人一起工作，人际交往能力包括：与他人在协商过程中工作，以抵挡和解决冲突；在专业知识的背景下洽谈并寻找解决方案；在一个文化碰撞的环境中有效地开展工作等。

现代社会分工越来越复杂，职务越来越细化，人际交往能力已成为现代人必备的一种素质和能力。会计人员之所以要具备坚实的人际交往能力，是因为他得与企业的每一个人打交道，与企业外部打交道，会计人员需要具备人际交往力与合作能力，才能完成自己的专业工作和与之相关的其他工作。

5. 管理和监督能力

会计职能的转换，使会计人员在每日的管理中起到越来越重要的作用。对会计人员来说，管理和监督能力已经越来越重要。管理与监督能力包括：人力资源管理和决策制定、项目管理、战略计划；组织和委派任务、激励和发展人员的能力；专业判断和识别能力；领导能力等。以前会计人员的角色主要是为其他信息使用者提供信息，而现在，高级与中级会计人员应对企业财务活动进行管理和监控，他们除了要履行传统的职能，还要对各项财务计划或战略计划实施事前、事中和事后监督。高级会计人员通常还是决策制定小组中的成员参与公司的决策过程、资源管理、业绩管理的监督等。

6. 决策能力

决策能力是决策者所具有的参与决策活动、进行方案选择的技能和本领，是管理者的素质、知识结构对困难的承受力、思维方式、判断能力和创新精神等在决策方面的综合表现。决策能力是一个多层面的能力体系，它不是人的某一方面能力的表现，从某种程度上说它是人的各种能力的综合体现，它是建立在人们观察，注意分析的基础上，运用判断思考、逻辑推理做出的决断。

具体而言，决策能力是基本能力、专业能力和特殊能力三种能力的综合体现。这三类能力分别是：基本能力，如人的体力、学习能力、思维能力、认识能力、语言表达能力等；专业能力，如决断能力、分析能力、判断能力、指挥能力、控制能力等；特殊能力，如逻辑判断能力、创新能力等。企业价值的增加离不开会计决策，现代财务主管在企业中作为企业的高层管理者要参与企业的经营决策、投资决策、融资决策和股利分配决策等工作，高级会计人才决策能力主要体现为其进行财务决策及参与其他战略决策的能力。

7. 心理承受能力

心理承受能力即抗压能力，是个体对逆境引起的心理压力和负性情绪的承受与调节的能力。一定的心理承受能力是个体良好的心理素质的重要组成部分。心理承受力可以理解为个体对挫折、对苦难等非自我性环境信息处理的理性程度。人在一定意义上是我向性的，即人总有自我肯定的倾向，总是偏向于以自己的标准来衡量事物。如果事物不符合自己的标准，就会产生排斥、否定的看法。从这个角度来说，如果一个人以绝对的我向性来支配自己，他们不能操纵不同于自己的事情，就会出现严重的社会或工作不适应；相反，如果一个人以可变的、接纳的方式处理非我向性事物，他就能够很快适应社会，适应工作。

随着经济的迅速发展、社会的不断变化，各层次会计人员都面对越来越大的压力。对于高层会计人员来说，他们的压力主要源于个人责任、社会责任、角色冲突人际关系和日常烦扰等，个人责任是其首要的压力来源。对于高级会计人员而言，他们需要应对来自投资者、管理层及其他利益相关者的压力。而对于中级及初级会计人员来说，他们的压力主要来源于职业发展，会计改革的深化也使会计人员面对不断变化的制度准则及层出不穷的新事物和新业务等压力源，面对重压力，会计人员要有效地运用时间，提高工作效率，力争在相同的时间里做更多的事而且做得更好，成为一名出色的会计人员。

8. 国际竞争能力

经济全球化浪潮不可逆转，我国经济与世界经济已深度融合，贯彻"走出去"战略，我国建立并实施了与国际趋同的企业会计准则体系。这既为我国企业广泛参与国际经济活动提供了舞台与机遇，也对我们培育具有国际业务能力的高级会计人才提出了极大挑战。《会计人才规划》依据会计人才建设的指导方针和发展目标提出了未来我国会计人才工作的"四大"主要任务：着力培养造就具有国际业务能力的高级会计人才；着力培养造就大型企事业单位具有国际业务能力的高级会计人才；着力培养造就具有国际水准的会计学术带头人；着力培养造就具有国际认可度的注册会计师；着力统筹开发其他各类各级会计人才。四大主要任务，有三大与"国际"有关。

经济全球化后，企业面临的不只是国内竞争，同时还面临着更激烈的国际竞争，个人的国际竞争力主要体现在个人的创新能力上。创新能力是人们改造自身与客体的能力，是人们的智慧能力、心理的最集中的反映。会计创新主要是会计管理思想的创新，即会计人员在项目决策、内部控制、筹资理财等方面为企业提供建设性建议的能力。高级会计人员需要经常参与企业的决策，这就要求高级会计人员应具备创新性思维，在会计实践中不断创新以增强自身及企业的国际竞争力。

总的来说，国际竞争背景下的企业会计人才既需要熟练运用会计准则，具有国际视野掌握境外的会计规则和法律制度，又需要具有跨文化交流能力，熟悉国际商务谈判规则和相关宗教、文化背景。

此外，高级会计人员不仅是企业的财务人员，还是企业的领导者，为了给企业的战略创造最大的增值，即使企业招聘的是最好的人才，也要尽量开发他们的潜能，高级会计人员作为领导者，要善于培养发掘人才，因此，高级会计人员还应具备人力资源开发与管理能力。

三 职业价值观

价值观是一个人最基本、最深层次的能力，它直接决定了其他能力的形成。职业价值观是会计人员职业能力的前提和基础，职业价值观是指人生目标和人生态度在职业选择方面的具体表现，主要包括职业价值道德和态度，即遵循法律与法规、客观正直、关注社会责任、终身学习等方面。

会计人员工作的环境是不断变化的，良好的公司治理在很大程度上取决于对职业价值道德与态度的坚持。会计作为国家经济发展中非常重要的一个行业，其工作取得了可喜的成就，但不断出现的财务丑闻，也使人们意识到会计是一个高风险的职业。为了确保市场经济有序运行，维护会计行业利益和声誉，会计人员必须遵循法律法规，必须正直、客观，这是对所有会计人员的基本要求。我国在从业资格考试中增加职业道德科目实际上正体现了社会对会计人员职业道德的需求。职业价值观的建立，使会计人员了解职业道德能恰当进行职业判断具有充分的准备以探讨与诚实、客观性、适度性和公共利益有关的问题。对会计人员来说，良好的职业价值观是会计人员从社会利益和职业利益角度出发进行职业判断的可靠保证履行。可以毫不夸张地说，恰当的职业道德与职业技能同样重要。

美国会计教育改进委员会在其公布的第一号公告《会计教育的目标》中曾强调，"会计教育最重要的目标是教导学生独立学习的素质，大学教育应是提供学生终身学习的基础，使他们在毕业后能够以独立自主的精神持续地学习新的知识，因此，终身独立自学能力就成为会计专业人员生存与成功的必备条件"。强烈的求知欲，加上极强的学习能力，这是保证不落后于时代始终能够把握行业发展动向，并站在行业发展前端的重要本领，21 世纪真正的成功者不在于他们知道什么而是他们能以多快的速度学习，终身学习的能力是会计人员自下而上与成功的必备条件。要在迅速变化的经济环境生存和发展，会计人员就必须成为终身的学习者。

第四节 会计人才的考核与评估

社会经济的发展与进步使会计的地位越发重要。这就要求配备合格的会计人员完成相应的会计工作，尤其是需要一批高素质、高质量的会计专业人才来满足经济环境日新月异的变化。因此，广西会计人才培养必须高度重视和加速高级会计人才的评价考核和相应的认定评估工作，建立必要的人才评估体系。

一 会计人才评价与考核的目的

1. 促进企业经营管理和经济效益的提高

毫无疑问，无论是企业还是其他经济组织，它们经营管理的目标都是追求企业利润的最大化，所以，企业的生产经营活动离不开提升效益、创造价值这个中心。因此，对会计人员进行评价与考核，也必须与企业的经营目标相吻合。通过对会计人员进行考核有利于对会计人员加强财务分析，加强管理措施，查找价值链增值点和漏失点，推动经济高质量发展，实现企业利润的最大化。

2. 促进企业会计队伍整体素质的提高

未来的竞争是人才的竞争。企业也是如此，通过对会计人员的评价与考核，可以建立完善的评价机制，调动财会人员的工作积极性和创造性，促使会计人员加强学习，不断向更深、更广阔的领域拓展，提升价值管理能力。同时，有利于会计人员提高职业操守，从而促进会计队伍整体素质的提高。

二 会计人才的评价与考核

会计是记录反映企业经济业务和促进企业生存发展的重要工作，而会计工作的成效在很大程度上是由会计人员决定的。因此，对会计人员的评价与考核作为一种衡量和影响会计人员工作表现的有效方法，可以揭示会计人员工作的有效性以及未来工作的潜能，使其在企业中发挥更大的作用。一般而言，企业会从思想道德（职业道德）、业务能力、出勤、工作绩效以及领导测评等方面对会计人员进行综合评价（具体可见表4-4）。

表4-4　　　　　　　　会计人员考核评分表

序号	考核内容	分值	得分
1	思想品德、职业道德		
1.1	爱岗敬业、廉洁奉公、坚持原则	5	
1.2	坚持原则、秉公办事	5	
2	业务能力		
2.1	认真学习业务知识，熟悉相关法规	5	
2.2	胜任岗位工作，高效办事	5	
3	出勤出工		
3.1	坚守岗位、不串岗、不缺岗	5	
3.2	工作勤奋、办事认真、积极参与管理	5	
4	工作绩效		
4.1	依法设置账簿，正确使用科目和登记账簿。启用表内容齐全，目录及标识清晰	8	
4.2	认真审核原始凭证，规范填制及复凭证，结账规范、往来清晰	12	
4.3	报表及时、准确，内容完整	12	

续表

序号	考核内容	分值	得分
4.4	账簿凭证等会计资料规范存档、整洁美观。保管好财务专用章	10	
4.5	做好合同及结算资料的收集管理工作	8	
5	领导测评		
5.1	受派单位书面评价	5	
5.2	总公司领导及相关部门综合评定	15	
	合计	100	

三 会计人才的评估

会计人才的评估是对其素质和专业能力进行识别、确认的过程。通过科学、公平的评估机制可以充分培养、挖掘会计人才，发挥人才的应有价值。具体而言，可以通过以下途径和方式来完善评估机制，实现人才的评估与利用。

（1）采取会计师资格考试与评审制度相结合的方式。自实施《会计专业职务试行条例》以来，初、中级会计专业技术资格均是通过全国统一考试来获得，而高级会计师的确认一直是通过评审来取得。这种单一的评审制度在一段时期以来确认和选拔了一批高级会计专业人才，但也存在一定弊端，如在评审中走"关系"，论资排辈的现象比较严重。随着我国社会经济的发展和改革开放的进一步深化，如何评估和确认高级会计专业技术资格，改革迫在眉睫。2003年，财政部联合人事部开始在浙江、湖北两省进行高级会计师资格考评结合试点工作，取得了成功。具体方式是先进行高级会计师资格考试，然后对于考试合格者，再参加当地高级会计师评委会评审。这种考评结合的方式，能够更好地体现竞争原则，将人为因素控制在一定的范围内，有利于形成客观、公平、择优为导向的高级会计人才评价机制，能够选拔一批高素质、高质量的高级会计人才。

（2）适当引进国外权威会计职业考试。随着我国加入WTO，会计作为一种"国际通用商业语言"，对于国际化会计人才的需求不断增加。掌握国际会计准则，了解各国金融、税收、贸易、法律等方面的知识，成为国际化会计人才的必备知识。如何培养和测评高级会计人才在此方面的业务水平，可以引进西方发达经济国家权威性会计职业考试，如美国的注册会计师、英国的特许会计师、注册管理会计师、加拿大的注册会计师等。这些考试已经实施多年、内容比较科学，对于我国考核评估高级会计人才是一种思路借鉴。这不仅可以为评估高级会计人才水平提供有益补充，而且也有利于会计人员在国际化浪潮中磨炼自己，成为"内外兼修"的国际化会计人才。

总之，会计工作在企业中的独特地位决定了会计人员评价和考核的重要性。会计人员评价和考核的目的在于促进企业经营管理和效益的提高和会计人员整体素质的提高。会计人员评价与考核的内容应当多元化。在具体操作上，应以会计人员的职业能力为主要指标，结合企业的经营战略、会计人员的岗位层次及工作量等因素，采取定量和定性相结合的综合评价与考核办法。在会计人才的评估方面也应该发扬本土风格，同时对于国外特色加以吸收借鉴，做到"以我为主，为我所用"。

第五节　国外著名会计师事务所对会计人才的要求

改革开放以来，我国注册会计师行业逐渐形成了大、中、小型会计师事务所共存的正金字塔式结构，这对促进我国市场经济的健康发展发挥了重要作用。但相对于国际知名会计师事务所来说，我国会计师事务所发展年限较短，整体管理水平也存在一定差距。国际四大会计师事务所作为全球注册会计师行业的翘楚，在国际市场中有着无可比拟的竞争优势。因此，了解国际四大会计师事务所对于会计人才的要求，对于打造广西品牌事务所，加快会计人才培养具有重要的借鉴意义。

一　国际四大会计师事务所简介

提起国际四大著名会计师事务所（以下简称为"四大"），圈内人士无人不知，无人不晓。"四大"无论在收入还是在规模等各个方面都远远超过其他会计师事务所。这里说的四大会计师事务所分别是普华永道（PWC）、毕马威（KPMG）、德勤（DTT）和安永（EY）这四家事务所。

1. 普华永道会计师事务所

普华永道会计师事务所（Price Waterhouse Coopers）是一家国际会计

审计专业服务机构，由原来的普华国际会计公司和永道国际会计公司于1998年7月1日合并而成。普华永道总部位于英国伦敦。在中国大陆的经营实体名字为普华永道中天会计师事务所。普华永道中天会计师事务所是北京2008年奥运会会计服务供应商，为北京2008年奥运会和残奥会、北京奥组委、中国奥委会以及参加中国体育代表团提供预算与财务规划咨询、内部控制咨询服务以及其他相关方面的专业服务。

普华永道的主要国际客户有：埃克森、IBM、日本电报电话公司、强生公司、高盛集团、美国电报电话公司、英国电信、戴尔电脑、福特汽车、雪佛莱、康柏电脑和诺基亚等。主要中国客户有中国建设银行、中国银行、中国石化、中国石油、中钢集团、中国铝业、中煤集团、中国联通、中国国家开发银行、华能国际、大唐电力、Chevron、民生银行、中国人寿、东方资产管理公司、中国邮政、中国交通建设集团、新浪网、网易、搜狐、东方航空、京东网上商城等。

2. 德勤会计师事务所

德勤会计师事务所（Deloitte）是一家涉及审计、税务、企业管理咨询等领域业务的事务所，创立于1917年，总部位于美国。它的优势在于国际商务，也是全球最大的会计师事务所。

德勤在中国的业务主要是为企业和投资者提供全面的会计、审计、税务和商业咨询服务。早在1917年德勤即在上海开设了首家办事处。德勤目前已成长为中国最大的专业服务机构之一，面向大型国有企业、跨国公司及成长迅速的新兴企业提供服务。1997年，德勤与具备长期中国业务经验的香港著名的关黄陈方会计师事务所合并，使其中国业务的实力得到了极大加强。合并后的公司成为中国规模最大的专业服务事务所之一。

德勤中国的目标是成为中国专业服务机构之首，为客户架起一个双向桥梁，即将外国投资者与中国的机遇连接起来，向希望成为国际化的中国公司提供专业资源和服务。为了加强这种桥梁作用，专业人员共同分离并吸收了丰富的专业人员，共同分离并吸收了丰富的专业知识和经验，以支持在北京、香港、上海及其他新兴商业中心的专业服务。

3. 毕马威会计师事务所

毕马威会计师事务所（KPMG）是一家集审计、税务和咨询等服务于一体的服务机构，专门提供审计、税务和咨询等服务，成立于1897年，总部位于荷兰阿姆斯特丹。毕马威中国在北京、上海、沈阳、南京、杭州、福州、厦门、青岛、广州、深圳、成都、重庆、天津、佛山、香港特别行政区和澳门特别行政区共设有十六家机构[包括毕马威企业咨询（中国）有限公司]。毕马威强调"以身作则、为人表率、上下一心、团队精神"，要求员工有认真的工作态度、吃苦耐劳的勇气和团队合作的精神。

4. 安永会计师事务所

安永会计师事务所（Ernst & Young）是全球领先的专业服务公司，提供审计、税务及财务交易咨询等服务，至今已有一百多年的历史。安永总部位于英国伦敦。安永是首批获准在中国内地开展业务的国际专业服务机构之一，安永早于1973年在香港设立办事处，1981年成为最早获中国政府批准在北京设立办事处的国际专业服务公司。在北京、上海、香港、深圳等城市设有办事处。安永倡导以人为本，积极为员工营造良好的工作环境和同事关系，并提供成长性的培训计划。

二 "四大"对会计人才的招聘要求

"四大"一直以来给予高校毕业生较高的薪资水平和较好的职业发展。据统计，"四大"的起薪在应届生中处于较高水平。另外，"四大"高强度、高规范性的工作方式，可以使职场新人夯实职业技能，拓展业务能力。因此，"四大"一直以来受到众多中国高校毕业生的青睐。"四大"对于用人的要求，去他们的网站都能找到相关信息，现在我们主要是概括一下这些知名会计师事务所在用人方面的共性要求及特殊偏好。

（一）"四大"共性要求

一般来说，四大在招聘的时候也是广撒网，对于第一轮简历的筛选不会太严格，这样便于他们能够寻找到适合自己的人才，主要体现在以下几个方面：

院校要求：优先考虑"985""211"院校学生，但是也会重点考虑财经相关专业的学生；学历要求：没有明确限制和要求，本科生、研究生均可；专业要求：没有明确专业限制，注重能力；个人能力要求：①沟通能力，②社团活动，③领导能力，④团队活动，⑤英文表达能力，⑥逻辑思维，等等。

另外，大学本科期间有条件的可以学习一下ACCA，研究生期间考CPA，具备这两个证书，进入"四大"的工资待遇比单纯拥有注册会计师证书的工资要高，而且也是一个"敲门砖"。

（二）"四大"特殊偏好

根据历年获得四大 Offer 的同学总结的经验，我们可以看出，四大会计师事务所在用人方面也有自己的偏好：

（1）德勤：比较偏好学习好的同学，成绩很重要，这可以从德勤招聘的工作人员基本都是学校成绩名列前茅的毕业生看出。

（2）毕马威：比较看重社会活动经历，毕马威招的人才大多有较好的社会活动经历，如学生会之类。这充分说明他们比较看重沟通能力、组织领导能力。

（3）安永：最重视英语，其综合考试中，英语占很大比重。对于英语没过六级的毕业生，安永的大门可以说是关闭的，这也强调了语言能力的重要性。

（4）普华永道：比较看重学校，对名校有明显的倾向。

（三）信息化时代新要求

随着互联网的广泛应用，"四大"也越来越重视数字化技能。2017年，安永率先推出了 EY Badges 新计划，对员工新技能实行数字化认证。之后，普华永道宣布将启动一项名为"New World, New Skills"的重点项目，用于员工培训、技术开发以及技术分享。毕马威也全面推进"毕马威智动审计"项目。毕马威明确表示，会计及大数据分析方面的人才，将是他们未来重点寻找和培养的对象。毕马威中国曾发表声明，他们不仅希望自己员工精通数据分析，还希望他们能具备批判性的逻辑思维能力。企业的数字化转型，也对员工的能力提出了新的要求。德勤曾经总结了数字化人才必备的能力（见图 4-1）。

三 "四大"对于会计人才的使用

同其他企业一样，四大也会根据自己的业务设置不同的职能部门或工作小组，"四大"业务线主要包括审计业务、税务业务、交易并购服务、风险控制咨询、管理咨询业务等。"四大"的咨询业务线会比较倾向于研究生学历。一般新招聘的会计人才也会根据其应聘岗位及专业特长进行恰当的工作安排，进入不同的部门。

税务组：多为税务和法律专业，工作内容一般为代理保税，转移定价，或者过两年配合审计进行税务审计，或选拔参与税收筹划。审计组：主要负责审计工作。金融组：金融专业较多，从事金融相关工作。制造

数字化领导力

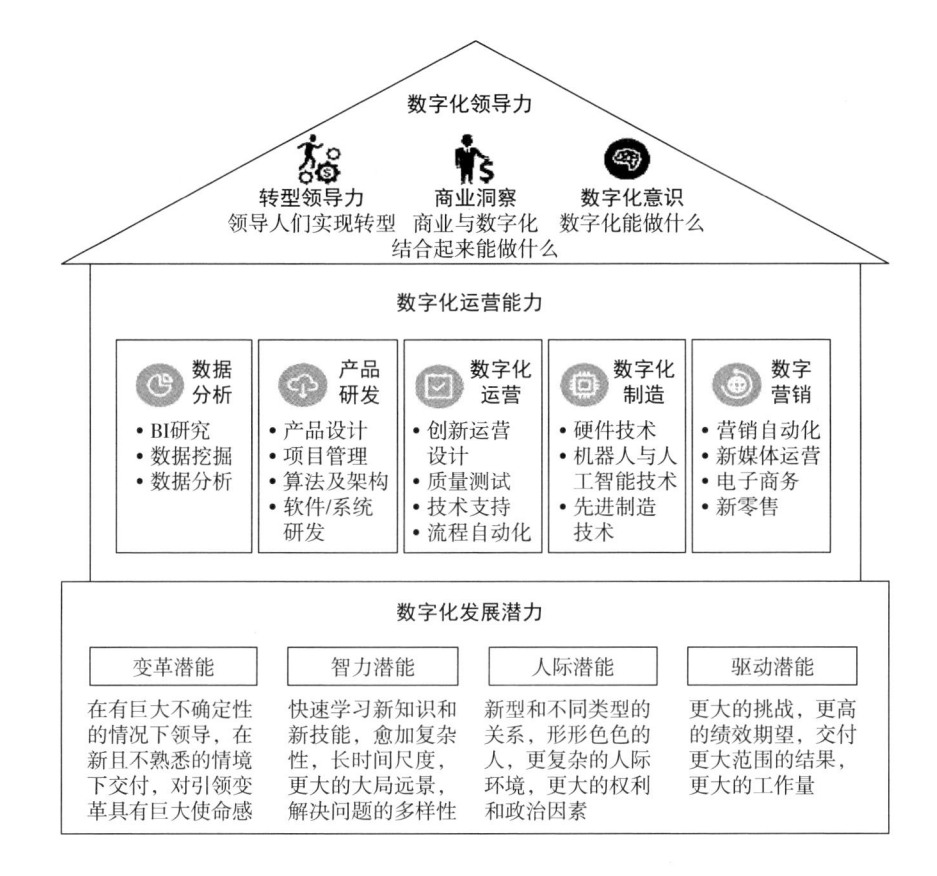

- **转型领导力**：领导人们实现转型
- **商业洞察**：商业与数字化结合起来能做什么
- **数字化意识**：数字化能做什么

数字化运营能力

数据分析	产品研发	数字化运营	数字化制造	数字营销
• BI研究 • 数据挖掘 • 数据分析	• 产品设计 • 项目管理 • 算法及架构 • 软件/系统研发	• 创新运营设计 • 质量测试 • 技术支持 • 流程自动化	• 硬件技术 • 机器人与人工智能技术 • 先进制造技术	• 营销自动化 • 新媒体运营 • 电子商务 • 新零售

数字化发展潜力

变革潜能	智力潜能	人际潜能	驱动潜能
在有巨大不确定性的情况下领导，在新且不熟悉的情境下交付，对引领变革具有巨大使命感	快速学习新知识和新技能，愈加复杂性，长时间尺度，更大的大局远景，解决问题的多样性	新型和不同类型的关系，形形色色的人，更复杂的人际环境，更大的权利和政治因素	更大的挑战，更高的绩效期望，交付更大范围的结果，更大的工作量

图 4-1 数字化人才所需能力组合

业组或零售业组：会计专业较多，从事相关行业的工作。高科技组、电信组和传媒组：一般有海外留学经验，比较注重国外会计准则。风险管理组：主要是做内控和计算机审计，一般是计算机和信息专业的人员。

总之，学校、成绩、实习、证书、英语，这是以往"四大"网申的通关标配，似乎也是世界500强的默认标准。不过除了这些硬性指标，也有很多软实力选项，是广大毕业生的"敲门砖"，如办公技能：财务的ERP软件、办公必备的Office软件……未来是数字化新时代，掌握数字化技能的人才，才是时代所需之才！

第五章　构建广西会计人才能力框架

会计人员作为人力资源的重要组成部分，不仅关系着会计工作的质量，而且影响着企业经济的效益。会计人员能力框架体系的构建有利于完善会计人才培养模式，健全会计人员后续教育体系，还有利于会计人员职业价值观的培养。可以说，能力框架研究是培养会计专业人员的基础。随着社会经济环境的变化以及会计国际化程度的不断提高，各项工作对会计人员能力框架提出了更高的要求。本章旨在分析会计人才能力框架的构建原则和主要内容，以期对广西会计人才培养模式的创建提供积极有益的支撑。

第一节　构建会计人才能力框架的现实支撑

研究会计人才能力框架有着极为重要的意义。高校是会计人才培养的主要场所，然而，很多高校在会计人才培养方面出现了严重的跑偏，采用"灌输式"的教学模式，过分强调理论的重要性，通识教育课程设置不足，忽视了对学生的沟通能力、合作能力、创新能力的培养，使学生缺乏独立思考能力，实际操作能力也有所欠缺。这必将影响学生会计职业发展。通过构建会计人员能力评价指标体系可以更好地为会计人才能力框架的构建提供现实依据。

一　构建会计人才能力评价指标体系的现实意义

1. 有利于完善会计人才培养模式

大部分高校都十分注重培养学生的专业知识。但是，对于必要的人际交往能力、沟通能力、团队协作能力以及风险控制能力、创新能力等却不够重视，这必将影响学生的长远发展。因此，通过构建会计人才能力评价指标体系，有利于完善会计人才培养模式，使学校在会计教育中，不断通过规范会计学教学体系、创新会计学考核方式等措施，重视通识教育，注重培养学生独立思考、判断与沟通能力，真正做到根据用人单位的真正需要和社会经济发展的要求来培养和训练学生，让学生将理论与实践相结合，将知识转化为能力。

2. 有利于改善会计人员的考核方式

现行的高校考核方式往往还是将考核理论知识作为重点，这虽然能够让学生了解会计工作的基本要求，但却是有缺陷的，考试的形式能够考察学生的会计理论知识的掌握情况，却不能准确反映出其真实的业务操作水平。另外，在注册会计师考试中，虽然考试难度逐步加大，通过率也很低，但是仍然存在即便通过考试实际操作能力却可能存在不足。引入新的会计人员能力的评价指标体系后，将增加新的考核方式，在一定程度上能够引导考核方式注重操作能力的评价。

3. 有利于培养良好的职业价值观

良好的职业价值观对于提高企业竞争力，促进会计行业的发展具有十分重要的作用。构建会计人才能力评价指标体系，通过校企合作对学生实施职业道德、社会责任相关方面的教育，通过企业会计人员能力的评价，对在职业道德方面表现优秀的员工进行嘉奖，能够形成培养良好职业价值观的社会氛围。

4. 有利于健全会计人员后续教育体系

随着经济社会的不断发展，会计也在不断变革，新的会计准则、会计制度的颁布、实施，要求会计人员不断进行理论学习。从现行的会计人员继续教育情况来看，其考核方式多数流于形式，并未真正起到提高会计人员能力的作用，这势必会影响企业的会计工作，乃至整个企业的发展。通过构建会计人才能力评价指标体系，能够尽快促进继续教育和培训方式的改革，促使会计人员不断加强学习，提升自身素质，从而深化会计人员的能力建设。

二 构建会计人才能力评价指标体系的四项原则

（1）重要性原则。在进行会计人才能力评价指标体系构建时，不可能将所有的影响因素全部涵盖进来，也不可能做到面面俱到，并且有些因素对会计人员能力的评价并不重要，甚至是微不足道的，此时，我们可以忽略这些影响因素。根据重要性原则，应该选取那些与会计人员能力相关性比较高的指标，只有这样，才能保证整个能力框架突出重点，一目了然。

（2）综合性原则。会计人才能力评价指标体系的构建是一项系统性、综合性的工作，而会计人员的能力也是多因素综合影响的结果，因此，在构建会计人才能力评价指标体系时，要考虑不同方面、不同层次的影响因素，统筹兼顾，通过多种参数、多种标准，从整体出发，注重多因素理论的应用，才能得到一个具有可行性和说服力的结果。

（3）有效性原则。建立评价指标体系的构想源于实践，但是建立以后要运用于实践，并接受实践的检验。构建评价指标的目的是促进会计人员能力的提升，在建立这一评价指标体系时，应该保证这一体系对会计人员来说是有效的、切实可行的。所以，应该选取那些能够驱动个体能力发展的内在潜力，尽可能地促使会计人员自觉提升自身的能力。

（4）个性化原则。传统的会计人员能力评价体系往往比较注重知识和技能的评价，而忽视了个人的内在特质。个性特征中的主动意识、责任心、批判性思维、自控能力、适应力、应变能力、自我激励和进取精神等是激发会计人员能力提升的重要因素。因此，在评价指标中必须加入个性特征，即促进个人能力发展和提升的主导因素。这样做可以使会计人员能力的评价更加科学合理。

三　构建会计人才能力框架的三点要求

（1）以提升企业价值为导向。随着实践的深入和人们认识的深化，会计的内涵有了较大的改变。美国注册会计师协会在研究总结全球现行会计实践的基础上认为，会计要为企业管理层做出正确决策提供支撑，由此创造价值并确保其持续成功。

基于这样的认识，会计人员既要基于传统财务会计提供必需的财务信息，又要注重财务和非财务信息的综合分析，注重分析结果的充分运用，从而助力企业管理层战略决策不致偏离正确的方向，从而直接或间接地为单位创造价值，确保其可持续健康发展。

（2）以提升会计人员能力为目标。目前，在我国有近千万名会计人员，但是能够称为"高级会计人才"的会计人员却相对欠缺。为适应全面深化改革、实现企业转型的现实需要，广西会计人才能力框架建设应着力提高传统财会能力，并促进会计人员的能力向参与战略决策、参与管理方面转变。

（3）以国际权威会计能力框架为借鉴。不容否认的是，由于经济起步早，发达国家在会计理论研究和实践创新方面具有独特优势，积累了不少优秀的经验。在这些经验形成的过程中，也摸索出不少有参考价值、能够切实引导会计能力提升的框架。在我国经济更加开放、企业融入国际竞争形势的今天，国际权威会计能力框架对于广西会计人才能力框架的构建是具有普遍适用性的，对于其有价值的部分，我们必须参考借鉴。

四 中西结合助推会计人才能力框架构建

我们应当意识到，没有一成不变的会计人才能力框架，也没有"放之四海而皆准"的能力框架。走建立广西特色会计人才能力框架建设之路，必须以"我"为主，但也要积极借鉴外来优秀经验，只有内外结合，取长补短，才能更好地促进广西会计人才能力构建。

其一，系统总结本地会计实践。我们不缺乏智慧，广西企事业单位也不乏经验。问题在于如何找到一个突破口、一条主线，如何总结实践经验，并从会计人才能力要求的视角，构建适合广西情况的会计人才能力框架。

其二，加强国际权威会计师能力框架的比较研究。注重总结自身的经验并不是排除外来优秀经验，我们要以包容的态度接纳境外会计人才能力框架的有益内容。我们必须以开放的精神加强与境外相关会计职业组织的深度合作，选择其中影响力相对较大的若干会计师资格对应的能力框架进行比较研究，以实现广西会计人才能力框架与国际权威框架的较好衔接。

站在新的历史起点上，面对新形势、新挑战，建立健全广西会计人才能力框架，必须从顶层设计、各层知识内容和能力具体要求等方面全面着手，以促进高质量的会计人才不断涌现，满足广西对高层次会计人才的需求。

第二节 会计人员能力框架的建设

解决会计人才建设难题的关键，在于系统地建立既适合中国国情，又具有国际化特征的会计人才能力框架。能力框架的建立一方面要求能够为建立中国会计人才培养标准提供依据，并促进其培养培训模式与内容创新；另一方面还能为逐步建立会计人才培训、考试认证以及测评体系等提供支持，并有利于会计人才职业化与国际化进程。

一 国外会计人员能力框架方面的研究

（一）研究综述

对于能力有不同的表达方法，如技能、潜质等，在英文文献中也有诸多表达法，如 cpability、competence、competency、capacity、ability、skill 等。各国专业团体的研究主要涉及 capability（能力）、competence（胜任能力）。IFAC 的 IEP2《成为胜任的会计师》（2003）对能力的理解具有代表性。在这份文告中，IFAC 将能力定义为：能力是为了证明胜任职务所需具备的职业知识、技能和职业价值观。目前，国外对于会计人员能力框架问题的研究比较全面，涉及多个主体，如国外政府、学者、会计职业团体、学术团体、会计公司等。

1. 国外政府的研究

美国是最早对会计人员的能力进行研究的国家，它认为会计人员能力的表现形式是注重能力要素在体系中的运用，将会计人员的能力以知识、技能和职业价值作为评价指标，并且引入人的发展、沟通能力、写作能力和分析技能等高机会能力。特别是 1999 年发布的《进入会计职业的核心胜任能力框架》，指出会计人员应当具有三种能力：职能性胜任能力、个人胜任能力和广泛的经营视野。

英国政府的国家职业标准要求建立与工作业绩相关联的能力框架。1986 年，英国政府成立了国家职业资格委员会（以下简称 NCVQ）。NCVQ 在产业与就业部指导下进行工作，代表政府具体负责推动全国职业资格证书制度的建设。

加拿大以实际任务的职责和工作为标准，运用功能分析法指出会计人员应当具备的能力，包括创新、自我管理、保护公共利益、适应性、公平性和完整性、保密性和独立性，交流、生成计划和信息、解决问题的测试计划和信息的能力。

欧盟早在 1978 年的欧洲经济共同体时代，就发布了 349 号指令，规定某些类型的企业决算审计必须由具有审计资格的人员来进行，并成立了审计相关联络委员会。

意大利尽管没有专门的注册会计师胜任能力框架文件，但在法律中就职业准入的要求做出了具体规定。从这些规定看，充分考虑了 IFAC 的相关职业教育文件，以及欧盟委员会等国际组织对会计师职业胜任能力的一般要求。

法国未专门发布注册会计师胜任能力框架文件，但存在以欧盟指令为指导、通过法律和管理规章形成的会计职业教育和后续教育的制度体系。

南非政府的"国家资格框架"要求所有资格标准必须以业绩结果为基础，所有以能力为基础的标准必须在相关部门制定推动下开展能力框架研究。

2. 国外学者的研究

各国学者主要以各职业团体有关会计人员能力框架的研究报告为会计教育框架、研究教学内容及方法的改革。美国 20 世纪 80 年代开启了会计教育改革的新时期，旨在培养会计专业毕业生进入会计职业所需的一系列能力。Bloom 和 Debessay（1984）认为，会计教育应该主要围绕基本原则进行，而不是试图传授所有技术领域的知识。Bloom 和 Debessay 认为，会计教育方法应从程序性向问题式转变，这种新的教学方法应包括批判式的思维、人际关系以及书面和口头的交流技巧。

Carnevale、Gainer 和 Meltzer（1990）以及 Porter 和 Mckibbin（1988）的研究表明，学生缺乏雇主所要求的智力、人际交往能力和沟通能力。

Fleishman（1990）指出能力即为胜任力，胜任力包括知识、技能、动机、兴趣、价值观等，并与工作条件、工作环境及岗位特征密切相关，而这些指标除专业知识和技能以外，更多地与个人的特征或性格有关。

Whitney（1992）认为学校教给学生的知识过于陈旧，教育界应重新审视课程的设置以使学生能适应现在和未来的企业环境。

AIbrecht 和 Sack（2000）出版的《会计教育：设计课程以渡过危机重重的未来》对会计教育界和职业界影响较大，他们认为传统的会计教育模式存在较大问题。Albrecht 和 Sack 指出，会计教育要强调基本原理、基础原则的教育和技能的培养；强调高水准、宽口径的课程；应教会学生如何寻找答案及如何学习。

Spencer（2008）等对印度的部分优秀企业 CEO 的能力进行了细致的研究，其结论是掌控环境、激活团队、对社会负责的卓越商业能力和内在能力是会计人员胜任能力评价四个主要评价指标。

从国外学者的研究现状来看，众多学者对会计人员能力评价指标体系的研究已经有重大的突破。

3. 国外职业团体的研究

国际会计师联合会（IFAC）作为一个全球会计师的职业组织，一直致力于推动会计职业教育的发展。国际会计师联合会则将能力要素法与功能分析法相结合,以对会计人员的能力进行研究,尤其是 2003 年发布了《成为胜任的会计师》,将行为技能、价值观、职业行为、智力能力、职业的企业愿景、技术知识和功能性技能作为衡量会计人员能力的标准。在总结其他团体研究经验的基础上,IFAC 在 2003 年发布《国际教育白皮书》《成为胜任的会计师》,之后又发布了《国际教育公告框架》,明确了专业能力与胜任能力之间的关系。在 2010 年版的《框架》中,IFAC 不再区分专业能力和胜任能力,而只是明确了胜任能力的概念。

美国注册会计师协会(AICPA)在 1967 年曾发布了《职业知识框架》,该框架规定了注册会计师必备的知识范围。之后,又发布了《会计职业的院校教育准备》。1999 年,AICPA 又发布了《进入会计职业的核心胜任能力框架》,这一框架列出了 3 种核心胜任能力,包括功能性胜任能力、个人胜任能力和广泛的经营视野。其中,个人胜任能力包括职业行为、解决问题、人际交往、领导能力、沟通、项目管库、技术等。

英国特许会计师协会(ACCA)于 1998 年发布了 5 职能图。英国资格和课程委员会(QCA)认为对所有职业都适用的 7 项核心能力是:算术、IT 技术、个人技能、协同工作、沟通能力、解决问题的能力、提高学习能力及提高业绩的能力。

加拿大注册会计师协会(CGA)于 1986 年开始运用基于职业胜任能力研究的注册会计师技能框架。除职业会计师和高级财务经理必须掌握的专业知识、专业技巧和技能外,加拿大注册会计师协会把信息技术、专业价值(职业道德与诚信等)也整合到其资格认证项目中,并按照职业胜任能力框架的要求,从教育、考试和工作经验三方面对会计师进行全方位的培养和评价。

4. 国外学术团体的研究

1986 年,美国会计学会(AAA)形成了贝德福德报告——《未来会计教育:为日益拓展的职业做准备》。报告指出,会计功能已超越传统领域,传统的教育方式已不适应目前的新环境,强调大学会计教育应重视各种能力的培养。教学的过程不仅应该确保学生可以学到会计专业技术知识,而且要培养学生具备能够应用知识进行分析的能力,这种分析必须是创新性的,而且应与较高的职业道德标准相适应。其下属机构美国会计教育改革委员会(AECC)鼓励教师要摒弃课程式的、被动式的教学，而转向更加积极活跃式的教学，让学生成为主动的参与者，合作式的教学互动是这个新方法的关键。

5. 国外会计公司的研究

普华、德勤、安永等国际会计公司也都直接或间接进行会计人员能力框架的研究。1989年出版的《教育的展望：会计职业成功的能力》白皮书，提出了成功的会计师应具备的能力包括技能和知识，技能指沟通技能、智力技能以及人际关系技能，应具备的知识包括一般知识、企业与组织相关知识以及会计与审计知识。

（二）国外会计人员能力框架的研究方法

较早对能力框架的研究方法进行研究的是Hager、Gonczi和Oliver（1990），他们认为主要有三种方法：①按照工作角色、任务分析职业工作；②分析个体职业人员需要的知识、技能和态度（品质）；③在实际工作任务环境中分析知识、技能和态度，这种方法将品质和业绩放在一个框架中。

目前，对会计人员能力的研究采用得比较多的就是功能分析法和能力要素法。

功能分析法是以工作表现描述能力时所使用的典型方法，着眼于会计师的工作结果，它的研究起点是观察会计人员在实际工作中履行的职责和完成的任务。功能分析法认为"能力"是候选人在进入会计职业时在既定的标准下完成这些职责和任务的才能和技巧。因此，这种方法强调的是教育和培训过程的业绩结果——会计人员能够在既定的标准下履行工作职责，完成任务。澳大利亚、新西兰、英国、加拿大等国的职业会计师能力框架以该方法为主。

能力要素法着眼于会计人员的投入，从投入的角度列出会计人员应具备的知识、技能、职业价值等。能力要素法强调的是教育和培训过程为形成胜任能力而培养的能力，这些能力也可以以学习成果的形式来表达。能力要素法在美国进行的一些能力研究中有所应用，这种方法通常没有功能分析法详细，但是更倾向于关注职业会计人员在不同的职业角色的卓越表现所具有的特点，并着眼于未来的需要来确定那些对长期的职业发展有价值的技能，而不是那些在特定的工作领域应具备的、容易迅速发生变化的工作要求。

IFAC认为两种方法均可采用，应视组织所处的环境而定，两种方法也可融合使用。我们对会计人员能力框架的搭建准备融合采用两种方法，但主要采用能力要素法。

二 国内会计人才能力框架研究

概括来说，我国对会计人员能力及能力框架的研究主要表现为会计学术界对高等会计教育的研究、政府及职业团体的有关法规规定和财政部主持的我国会计人员能力建设问题研究。

1. 学术界的研究

国内学者对会计人员能力评价指标体系的构建及影响因素的研究也取得了很大的进展。

邓传洲、赵春光、郑德渊（2004）认为，会计人员能力评价指标体系应分别注册会计师和学位会计人员进行研究，并采用功能分析法和能力法相结合的模式，以期监管机构或职业团体能够制定自己的资格标准。

许萍（2006）采用层次分析法，通过设计调查问卷，借助问卷数据，构建了包括职业知识、职业技能和职业价值观在内的会计人员能力评价体系。

吴兆旋（2009）指出，"能力"既是会计职业应具备的素质，也是其执行各项工作的技能和技巧。他认为我国会计教育存在一些问题：培养目标偏离、课程体系设置不科学、教学手段和教育模式陈旧、对会计职业道德重视不够。

张淑惠（2009）认为，我国现行会计人才评价体系存在一些弊端，如只能体现会计人员的现有水平，而很难反映他们的发展潜力，缺乏考核的综合性和全面性。她提出要建立一个以契约为视角的动态的、全面的、客观的、能反映会计人员综合能力的评价指标体系，该体系包括信息、工作绩效、职业道德三个子指标。其中，信息指标由知识、能力和观念构成，工作绩效指标由资产管理绩效、融资绩效、投资绩效、企业社会责任、会计核算绩效构成，职业道德包括公正性、爱岗敬业和保密性，二级指标下还有大量的三级指标，通过各指标分值，计算出会计人员的总得分，以此作为评价会计人员能力的参考。

张瞳光（2010）则认为，会计人员的能力可分为专业能力和关键能力两种。其中，专业能力包括职业知识和职业技能，这是会计人员的生存能力；关键能力包括职业品质、职业规划能力、人际交往能力、团队合作能力、经济现象分析能力等，这是会计人员的发展能力。所以，在建立会计人员能力的评价指标体系时，要以这些维度进行考核。

王怡（2013）根据能力特性理论，将能力分为显性能力和隐性能力，并把个人品质、专业知识和综合技能设为一级指标，其下设有职业道德、工作主动性、执业资格证书、法律法规的应用、计算机应用、团队合作、口头表达、人际交往、领导能力、创新能力等二级指标，并通过调查问卷的形式，计算出各指标的权重，以有效地评价会计人员的能力。

曹越、黄灿（2013）借鉴了国际会计教育理事会关于高端职业会计师能力框架的最新研究成果，从技术能力、职业技能、职业价值观和实践经验四个方面提出对不同层次会计人员培养所需要的素质，为会计人员能力评价指标体系的构建提供参考。

董淑兰、杨延华（2013）根据"冰山"模型，从个性特征、团队合作、专业技能与专业知识、职业相关知识、信息与电子商务技术、风险控制、理论能力、职业价值观、纳税处理、适应力与洞察力及创造力、社会责任11个指标构建了会计人员能力评价指标体系，并对其进行分析，得出个性特征是反映会计人员能力的关键因素，因此，要完善会计人员继续教育，提高会计人员的能力。

总的来说，2002年之前，我国关于会计人员能力框架的研究主要散见于会计学术对会计教育的研究以及对会计人才社会需求的研究中。2002年之后，陆续有学者展开对会计人才能力培养问题的研究。2007年随着《中国注册会计师胜任能力指南》的颁布，学术界对职业能力的研究转向介绍或是分析并为指南执行提供建议，或者进行《指南》与高校教育、职业继续教育资格前实务经历的相关研究。

2. 财政部组织的研究

为培养有中国特色的会计专业人才，财政部于2002年7月成立了会计人员能力框架项目研究小组，根据我国实际情况并借鉴国际成功经验，将会计人员能力框架分为会计岗位资格、会计专业技术资格和会计从业资格的能力框架。上海国家会计学院负责会计岗位资格的能力框架研究，已于2004年4月形成《成为胜任的CFO——中国CFO能力框架》（征求意见稿），该研究从公司目标出发，确定CFO的核心职能和完成这些职能所需的核心能力，分析了构成能力的三要素：知识、技能和职业态度。

3. 政府及职业团体的相关规定

早在1986年，我国中央职称改革工作领导小组就发布了《会计专业职务试行条例》。该条例对高、中、初级会计人员的任职条件做出规定。

2000年，财政部颁布了《会计从业资格管理办法》，对会计人员的从业条件及从业资格考试做出规定。

2004年5月，财政部发布了《会计从业资格管理办法（征求意见稿）》。除此之外，《会计法》《中国注册会计师法》《总会计师条例》《会计人员继续教育暂行规定》《审计法》《内部审计人员职业后续教育管理办法》等都在一定程度上对会计人员所需能力及其培训做出规定。国家人事部和财政部组织的会计专业资格考试及财政部组织的会计从业资格考试的科目及内容也在一定程度上反映了会计工作对各项知识与能力的需求。

2005年，中国注册会计师协会制定发布了《中国注册会计师协会关于加强行业人才培养工作的指导意见》，对行业人才培养的目标、途径和措施做出了全面规划，提出要"加紧研究并分析提出我国注册会计师职业对专业知识、专业技能、专业态度和职业道德等方面的要求，建立科学的注册会计师胜任能力框架体系"。

2007年10月，中国注册会计师协会进一步颁发了《中国注册会计师胜任能力指南》。《指南》设计出了注册会计师胜任能力框架，为注册会计师个人专业能力高低提供了衡量标准，为行业培养选拔人才提供了衡量标准。

从现阶段看，我国会计人员能力框架与发达经济下的会计人员能力框架可能有所区别。但是，随着我国参与国际经济和国际资本市场程度的加深，从发展趋势上看，我国会计人员能力框架必将与发达经济下的会计人员能力框架趋于一致。因此，会计人员能力框架的研究趋势必将日益国际化。西方国家会计人员能力培养的经验做法以及相关研究，对我国会计人员能力框架的构建，无疑具有十分重要的借鉴意义。

三 会计人员能力框架建立的相应举措

能力框架的有效性取决于实施效果。社会对会计人员的需求是有层次的，每层次的会计人员发挥不同的作用。因此，构建会计人才能力框架，必须改革与完善会计人才的学历教育，建立以能力为导向的本科教育，促进会计硕士专业学位（研究生）教育发展，同时还要加强和规范继续教育。与此同时，还需要进一步完善职业准入制度。

（一）改革与完善会计人才的学历教育

知识经济时代，会计工作者必须是知识工作者，因此会计人员应接受一定的正式会计教育，获得应用理论和分析会计实务的能力。有学者研究表明，中国的会计人员中超过半数没有接受过正规的会计教育。因此，加强会计学历教育对提高会计人员的理论和实务能力至关重要。根据学历层次的不同，学历教育可分为专科教育、本科教育和研究生教育。

1. 规范高职会计教育

针对不同学历层次的会计教育目标有所不同。目前，我国会计高等教育的层次有专科、本科、硕士、博士等。其中，刘永泽（2004）指出我国将逐步取消中专教育，取而代之的是高等职业教育，高等职业教育将为企业培养更多更适用的会计人才，满足企业的日常会计工作需要。当前，我国高等职业教育改革发展取得了巨大成就，国家出台了多条关于大力发展高等职业教育的利好政策，各类高职院校纷纷抓住机遇，不断深化改革，职业院校基础能力显著提高，产教结合、校企合作不断深入，行业企业参与不断加强。随着商业环境的复杂多变，各种会计职业能力规范需要与时俱进，不断创新，但唯有会计工作人员为所服务的组织创造价值这一点是确定的，会计职业能力架构只有服务于这一确定目标才是科学的。因此，高职院校会计专业学生要不断提高自身的职业能力，其应具备的职业能力不应局限于纯粹的会计技术和方法，其能力体系至少包括多维的思辨能力、开拓创新能力、职业判断能力、良好的文字和口头表达能力、团队合作和协调沟通能力等，培养的学生要具备解读数字、驾驭数字、超越数字的能力。

2. 加快基于能力的会计本科教育改革

会计本科教育在现行会计教育体系中具有基础作用和长远发展前景，本科会计教育在我国会计人才培养中担负着重要使命。对于本科会计教育培养目标，仁者见仁，智者见智，基本存在专才教育、通才教育、专才加通才教育几种观点，但不管哪种观点，都不能忽视对会计人才能力的培养。据一份调查报告显示，在我国企业界现阶段对会计人才能力要求一栏中，有90%的单位选择了实际操作能力，其中40%的单位愿意向社会公开招聘有工作经验的会计人员。不少学者先后通过调查研究对就业导向问题做了论证分析，其所形成的理论见解大同小异，可概述为会计本科生的培养主要应针对实务工作需要，同时兼顾学校的课程评价需要。随着经济全球化的不断深入，各行各业对会计人才提出了更高的要求，另外，随着跨国公司大量进入及其本土化经营，将增加对高新技术及熟悉世界贸易规则的金融、管理、贸易、法律、会计等方面人才的需要。21世纪的高级会计人才必须同时具备多项综合能力、精深和广博的知识以及心理素质和承受力。

3. 促进会计研究生教育不断发展

随着市场经济的发展和社会对人才需求层次的提高，研究生教育规模得到了较大发展。会计硕士的教育目标应当根据社会发展的需要，从理论、科研型转向综合应用型。对于研究生自身来说，可以根据自身素质以及兴趣爱好来确定是应用型、科研型还是二者皆备；对于高校而言，要根据高校自身在经济地域上的特点以及本校的会计教育资源优势与特色，在会计人才培养市场上进行合理的分工与协作，满足全社会对不同类型、不同能力、不同层次会计人才的需求。会计学硕士研究生教育目标是多元化的，会计硕士教育应是高级应用型人才，如果有潜力继续深造的可以作为研究型人才培养，让其考取博士研究生或从事高校教育、科研工作（刘永泽等，2004）。关于博士研究生等会计教育目标，应该是学术型人才或研究型人才。随着经济发展，市场对会计博士生要求也不断发生变化，以前会计博士生教育目标的主流观点是培养具有坚实宽广理论基础，系统深入的专业知识，有较强科研能力、教学能力的高层次专门人才，有对本学位发展做出个人贡献的能力。其中北京大学会计博士的培养目标是会计学（含财务与审计）领域的研究人才；中南财经政法大学郭道扬提出博士培养目标是创新知识、博大精深；上海财经大学孙铮教授提出博士生的培养重点是学术创新，博士生阶段应培养能够进行学术创新的人才，同时还提出博士生培养目标应根据地区、学校性质不同有所区别。随着我国全球化程度提高，会计学博士生教育培养目标在学术型或研究型前提下，对学术或研究的内涵要求越来越国际化。博士生培养要注重研究能力的培养，然而我国博士生规模超过美国，所培养的博士一半以上选择从政，博士生的研究能力不断下降，因此树立会计博士教育目标容易，但实现其目标仍需要探索。

（二）加强和规范继续教育

1. 会计人员继续教育的必要性

（1）适应经济发展的客观要求。中国的经济体制改革由计划经济向市场经济转变，经济增长方式由粗放型向集约型转变。市场经济就是竞争经济、法制经济，尤其是在知识经济和信息时代，要求现代会计必须随之转轨变型，由报账型向管理型、决策型转变；由事后型向事前型、事中、事后全过程转变；由被动型向能动型、自主型转变；由传统手工方法向现代高科技、网络化、规范化转变。适应形势，更新知识，不断进行会计人员继续教育培训学习，是科教兴国和素质教育的一个重要组成部分。

（2）企业改革、会计主体变化的必然要求。企业改革作为经济体制改革的中心，其基本思路是建立现代企业制度，企业形式多样化，会计主体多元化，在企业错综复杂、激烈竞争的新形势下，要求会计人员具有较高的综合素质和能力，这就要求会计人员随时接受会计继续教育，通过学习、学习再学习，促进自身能力的不断提升和发展。

（3）扭转中国会计队伍落后状况的现实要求。财政部长项怀诚指出，当前会计存在三个主要问题：一是合格的会计人员数量不够；二是会计人员素质不高；三是风气不好，做假账、造假账，违反财会制度和职业道德。只有通过大规模的培训，提高会计队伍的政治、业务和整体素质，实行强制的定期的继续教育学习，更新知识，才能从根本上扭转中国会计队伍的不利局面。

（4）与国际会计教育接轨的时代要求。利用现代科技的远程继续教育形式，能扩大教育规模，甚至形成教育产业，减少国家投资，解决工学矛盾；实现人智能最大化，使高科技技术手段成为学习的催化剂，为学生的自我奋斗提供一种有效的途径和手段，使学习成为不断探索的动力源泉。更利于教育普遍化，如持续教育、终身教育、持续专业教育、教育深化、非传统教育、成人教育等，有利于提高国民整体素质，以教育为基础，扩大人才培训的贡献率，实现劳动者知识化和学习终身化。

2. 会计继续教育的实施

需要注意的是，在会计人员继续教育的过程中不能流于形式，在设立继续教育机制时，不仅要考核会计专业知识和新准则、新规定，还需要对个性特征、相关技能及职业价值观等各项会计人员能力指标进行考核和评价；在重视会计人员综合素质培养的基础上，用人单位应该及时对其安排培训与考核，使会计人员不断进行专业上的继续教育，以能够更好地完成其职责和使命。具体而言，会计继续教育要做到以下几点要求：

（1）规范内容，明确要求。成人高等会计教育以及继续会计教育的培养目标，一般来说，即培养适时初级型的专用会计人才。2013年8月27日，财政部印发了《会计人员继续教育规定》。该《规定》指出会计继续教育的学习内容、学时由财政部会计司拟订，具体实施由各级财政会计管理部门批准认可的学校、单位组织开展，其运作格局是由培训单位培训，由各级财政部门发证，每个会计人员每年必须接受一定时间的继续教育，若连续两三年未参加，将在资格考试、会计证年检、评先表模等方面予以惩戒，直至吊销会计证，清理出会计队伍。

（2）层次鲜明，差异划分。会计人员继续教育面向会计人员，旨在全面提高会计人员整体素质，进一步改善会计人员知识结构。会计继续教育，根据会计专业技术资料（职称）分为高级、中级和初级三个级别，按文化学习、专业知识、操作技能、工作水平等方面存在的层次性和差异性来划分。

（3）自学为主，培训为辅。会计继续教育以自学为主，培训为辅；以专门培训为主，其他学习形式为辅。既可以是读学位拿文凭，也可以为取得会计专业技术职称资格；既可以是拿会计证、会计电算证，也可以搞会计学术课题研究，还可以为考注册会计师；既可以脱产学习，也可以半工半读，长期性与短时性相结合，属于开放型学习模式。

（4）属地为主，其他为辅。会计继续教育的培训应该坚持以属地原则为主，级别管理为辅的原则。一般地，高级培训权限在中央、省里，中级培训权限在地市一级，初级培训在县里，按财政、财务管理体制的属地原则培训。在培训中不仅要传授知识，更重要的在于咨询，解决日常学习、工作中的实际问题，提高会计服务水平。

总的来说，会计继续教育是一个长期、循环的过程，不能一蹴而就，因此，会计人员继续教育必须在统筹规划的前提下，有效利用各方面教育资源，引导社会办学单位参与会计人员继续教育，并不断丰富继续教育内容，创新继续教育方式，整合继续教育资源，提高继续教育质量，逐步形成政府部门规划指导、社会单位积极参与、用人单位支持督促的会计人员继续教育新格局。

第六章　创新广西会计人才培养模式的一般举措

通过对国外人才培养模式的研究，结合我国会计人才培养的现实状况，这章我们着重分析具有中国特色，适合广西本土的会计人才培养模式，总的来说，本书认为会计人才培养模式应该体现"能力化"的特色，一方面，从高校培养内容而言，创新培养目标、课程设置、培养方法、教材体系、质量评价等各个方面；另一方面，把师资力量、校企合作、国际合作教育作为人才培养模式的抓手，统筹兼顾，实现广西会计人才培养模式的优化升级。

第一节　创新培养内容，实现会计人才全面发展

会计人才的培养内容指的会计人才培养所涉及的各个方面，主要包括培养目标、课程设置、配套教材、教学方法以及质量评价等各个方面。要实现会计人才的全面高素质发展，就必须从培养内容出发，打破传统的"灌输式"教育，适应社会需求，创新培养形式。

一　培养目标的重新定位

1. 充分借鉴国内国际经验，定位广西高校的会计教育培养目标

1998年，中国财政部同原国家教委对会计专业人才的培养目标是"培养能在企事业单位、会计师事务所、经济管理部门、学校、科研机构从事会计学的实际工作和教学工作的德才兼备的高级专门人才"。但随着时代的发展变化，经济社会对会计人才的需求也提出了更高的标准和更新的要求，这就要求广西会计教育及时更新观念，制定适合广西经济社会发展的培养目标。通过前面的文章，我们知道发达国家在培养目标的定位上有所不同，各有侧重。

美国、新加坡会计专业人才培养的最大特点就是"通识教育"，目的

在于培养未来的高素质会计人才。大学教育的目的在于培养学生的会计职业素养，而不是只懂得专业技术。具体地说，美国大学着重从三个方面对学生进行培养，包括素质、知识和职业倾向。新加坡本科教育也是注重培养学生的通识教育，使学生不仅掌握专业知识和技能，了解该领域的基本职业道德，而且还要培养他们能够有效地与不同背景的人进行沟通，学会在群体中如何更有效地工作，施展自身才华。

英国、加拿大则更加重视会计综合技能的培养，他们认为会计教育的目的在于培养复合型应用型人才。进入21世纪以来，为适应时代的变化，英国将会计高等教育的重点放在了如何将学生培养成为能够充分满足社会需求的应用型会计专业人才上。英国在20世纪80年代初曾发表题为"80年代中期以后的高等教育战略"的咨询报告，该报告指出，专业知识很快就过时了，因为它所包括的内容在迅速发生变化。所以，大学教育不能过度传授单一的专业知识理论，更应该培养学生独立学习、独自思考、适应发展变化的环境、善于解决问题的能力。

澳大利亚则以专才教育为目标，重视会计专业人才的全方位发展。从本科教育开始，澳大利亚就十分重视引导学生规划未来职业生涯中的角色定位，这让学生在本科期间对将来工作中所应承担的责任与拥有的权利有一定的了解。澳大利亚会计本科教育重点致力于培养学生在未来工作中、团队建设中所应具备的各种能力，如人际交往能力，团队协作能力，独立思考并做出决策以解决问题的能力等；当然前述这些能力的培养都是要在学生掌握扎实的学科基础之上。

借鉴英美等会计教育发达国家的先进经验，我们认为广西高校的会计教育培养目标不应千篇一律，而应分阶段、分层次提出。在本科教育的初始阶段（大一、大二阶段），可以效仿美国的会计教育模式即强调"通识教育"，目的在于拓宽学生的知识面，全面提升学生各方面的素质，培养他们的学习能力。随着教育的深入（大三、大四阶段），针对不同学生的需求提出不同的培养目标，为想继续深造的学生制定"研究型人才"的培养目标，为想直接投身于社会工作的学生制定"应用型人才"的培养目标，最大限度地满足不同学生的个性化需求。

2. 打造多维度会计人才培养目标体系

世界高等教育发达国家的高等学校呈现"金字塔式"的发展体系，从"金字塔"塔尖到基座的分布主要是由"研究型"转向"应用型"。

研究型大学侧重对学科基础理论的学术研究，重点培养研究型人才。而大多数普通高等院校都是应用型大学，侧重培养满足经济发展所需的各行各业的人才。1978年开始，我国会计教育界就围绕会计教育的培养目标问题进行了多次讨论：是培养"通才"，还是"专才"；是培养应用型人才，还是研究型人才；是精英教育，还是大众教育；是素质教育，还是技能教育；是高级人才，还是普通人才。关于这些问题的答案，见仁见智。

针对会计教育目标存在的问题，我们认为，在会计教育方面，应树立"分阶段、分层次确定教育目标"的观念，并在此基础上转变教育理念。所谓"分阶段"，主要是从会计的学历教育来说，就是分不同的学历阶段，树立不同的培养目标。从目前来看，会计的学历主要有专科（包括高职）、本科、硕士研究生、博士研究生等不同阶段。所谓"分层次"，主要是从同一阶段的人才培养来说，即使是同一学历阶段，也不应对所有学生树立相同的培养目标，而应有所区别。具体而言：

（1）专科（包括高职）阶段应注重培养学生的实践操作能力，也就是说以培养技能性人才为主。在我国逐步取消中专教育的前提下，高等职业教育开始担负起这一历史使命：为企业培养更多更适用的会计人才，满足企业的日常会计工作需要。因此，广西在这一阶段会计人才培养没有必要分层次进行。

（2）本科教育应区分综合性大学和财经类大学，差异教学。结合广西各高校的实际情况，本书认为，广西本科会计教育的培养目标不应千篇一律，而应分层次多维度设立会计专业人才培养的目标体系。对于国家重点综合类院校，会计专业人才培养的目标可以定位为"通才"教育，即以通识教育为培养目标，旨在提高学生全面素质，培养会计职业界的高素质人才。对于财经类院校，会计专业人才培养目标可定位为以综合技能教育为目标，旨在培养复合型、应用型人才。而地方院校的会计专业人才培养目标较之于前两类院校而言，可以将其定位为以培养"专才"为主，侧重应用型人才。

另外，对于同类学校的同等学生，也应该从学生实际出发制订培养计划。在本科阶段，学生基本就已经对自己做出了职业规划，是考取研究生，继续深造，还是毕业后直接参加工作。根据学生的不同选择和他们的实际情况，完全可以划分成两类，对于前者可以重在理论教育，为他们未来继续深造创造一定的条件;而对于后者,就可以培养成应用型人才。

(3) 硕士研究生教育应区分为应用型教育和研究型教育两个层次。尽管目前硕士研究生教育在各高校中仍然以培养研究型人才为主,但这种趋势必然会随着研究生招生规模的扩大而改变。因此,对于硕士研究生教育,也应分层次进行,如果有潜力继续深造的可以作为研究型人才培养,让他们考取博士研究生或从事高校教育、科研工作。否则,以高级应用型人才作为培养目标也是一个不错的选择。需要注意的是,对于硕士阶段的应用型教育应该侧重高级应用型人才的培养。他们通常会成为企事业单位的管理级人才。

(4) 博士研究生教育应培养研究型人才。博士研究生的招生尽管呈上升趋势,但毕竟还是占小比例。培养他们从事科学研究或会计教育工作,也许是最好的目标。

二 课程体系的重新建构

目前,我国会计教学内容相对滞后,各门课程之间内容重复较多,课程过多导致学生学习不深不透。这些问题的存在,很重要的原因之一就是我国会计学专业课程设置问题。国外大学学制一般为三年,每年所学科目8门左右,共约24门课程。而我国会计学专业的课程一般都超过50门。在课程设置上,我国会计学专业应尽快借鉴国外的先进经验,重新规划整合课程设置。

1. 以社会需求为导向,构建课程体系

目前中国高等教育已经进入大众化教育阶段,在教育程度普遍提高的背后也隐含着新的供求矛盾,一方面,大学生供过于求,找不到合适的岗位;另一方面,企业找不到合适的应用型人才。这种供需不平衡现象值得教育界深思。高等学校是一个培养适应社会和经济发展需求人才的"大工厂",必须通过快速配置教育资源以及合理的教学课程体系设置来满足多样化、个性化、动态化的人才市场需求。因此,本书认为广西高校应该基于当前社会对会计人才的需求将课程体系划分为公共基础课、专业提升课和职业生涯课三大部分,具体而言:

公共基础课的目的在于增强学生的基础知识,提高学生的学习能力。该模块应该包括管理学、经济学、金融学、行为学、统计学等专业基础课和英语、数学、哲学、逻辑学、计算机等工具性课程。

专业提升课指的是针对各个专业方向的自身要求，掌握一些必备的专业知识。目前，广西各高校的培养方向各有差异，就总体形势而言，主要有OFO（首席财务官）、CPA（注册会计师）等方向。因此，专业提升课应该包括会计准则与审计准则、中国战略与风险管理、企业税收、资本运用、投资学、内部控制理论与实务等相关课程。

职业生涯课则更为灵活，该课程是根据社会和用人单位，甚至说是用人单位的需要，才确定的具体课程。比如，针对将来打算去银行等金融行业工作的学生，学校可以设置金融行业的具体课程模块，实现学生与社会的无缝隙衔接。

2. 以能力培养为原则，构建课程体系

经过调查研究，我们发现会计专业人才的核心能力主要包括以下几个方面：会计职业能力、人际关系能力、决策能力、信息加工能力和职业素养能力。而这几项能力又有自己的外延。如会计职业能力包含着分析判断能力、财务管理能力、内部控制能力以及对于国内国际经济形势的分析和预判能力。

以能力本位的人才培养模式的最大特征之一便是十分注重能力的培养与训练，这与学科知识教育的侧重点不同，但也并不是否认学科知识的重要性。如果要很好地培育出"就业导向、能力本位"的学生，就要在课程设置上有所侧重，要将实训课作为教学重点之一。对于如何安排会计专业的课程，我们认为广西高校必须以综合职业能力培养为目标来构建课程体系，要求学生在掌握专业理论知识的同时加强核心能力的培养。对于核心能力的培养，我们认为应该从这几个方面进行侧重：

（1）增加实训课程，引导学生与社会相适应。实训课程的基础是学生的专业课程。实训课程包括校内实训和校外合作实践（校企合作）。因为会计行业的特殊性，这也就凸显了校内实训的难能可贵。校内实训一般都是通过校内实训基地进行。建立校内的实训基地，首先可以激发学生的学习积极性以及主观能动性；其次还可以帮助学生进行实际技能的操作和训练，帮助学生更好地理解实际的工作业务流程，从而让学生具备更高的职业能力以及就业竞争力。广西高校在建立校内实训基地的时候，要做到以下几点要求：具备先进的设备、完善的功能、自身鲜明的特色等。这个实训基地必须能够在很大程度上提高学生的综合职业能力。校内实训内容基本有：点钞、票据处理、固定资产核算、凭证处理、工资核算、存货核算、经营成果核算、成本核算、往来核算、财务管理、报表编制、会计综合处理、银行业务、税收核算和缴纳等业务。借助于上述的实训操作，学生可以更加深入地了解和掌握会计业务流程。

校企合作通常是在互惠互利的基础上，合理利用社会教育资源，在校外创建稳定且安全有保障的实验场所。这种校外实验场所借助学校和公司之间的合作关系，能够随时地获得最新的经济资讯和当前公司对于所需人才的要求，还有就是能够了解大量行业内相关的最新信息资料，从而真正实现专业对接产业、课程对接岗位、教材对接技能。另外，这样做也可以让公司之中的专业人员对学校教学工作提出指导性的意见，以便学校进行更高层次的教学改革。

（2）增加语言类课程，重视学生"软能力"的培养。随着经济全球化和区域一体化的不断深入，中国在世界经济中的地位越来越重要，越来越多的国家选择到中国来投资设厂，也有越来越多的中国企业不断"走出去"。如何适应复杂多变的经济环境，这就对未来会计人才提出了更高的要求。因此，广西高校必须注重学生沟通能力和英语等语言能力的培养，必须要求学生能够熟练阅读外文资料、熟悉外国会计准则，并且能够以流利的英语参与国际交流合作。所以，广西高校必须在原有英语公共课的基础上开设英语等语言的专业外语课程、双语课程，提高学生的语言能力，培养学生的国际视野。

（3）完善计算机课程设置，提高信息化能力。在21世纪的计算机信息化时代，作为一名高级会计人才，如果不能够熟悉运用各种办公软件和财务软件，必将输得一塌糊涂。虽然，目前各个高校都开设了计算机课程，但都过于表浅，距离专业能力的熟练运用还远远不够，这就要求广西高校加强对计算机课程与专业课程的融合，通过增加计算机审计、计算机财务管理等课程，培养学生的学习兴趣，提高适应未来需要的能力。

（4）邀请名师专家，开设专题讲座。有的时候，社会是最好的老师，学校应该积极加强与社会的联系，通过邀请一些会计领域的"大咖"，比如通过开设东盟国家的财经法律法规、东盟国家的国际交易惯例等课程或讲座，让学生既掌握国际经济贸易法律法规，又了解东盟各国贸易惯例和习俗。这样做，一方面可以增强学生听取报告的积极性，另一方面还可以接触社会前沿的最新经济会计信息，增强知识的新颖度、时效性。

此外，以能力为本位的人才培养模式要求学生有较强的自律性，要求学生一开始紧跟学校安排，学好专业课和基础课，掌握好专业课程的知识。然后就是充分利用学校的课余时间拿到该有的证书，如会计从业资格证书、会计电算化证书等。毕业前的学期就需要按照学校安排或自主规划来进行综合实训和见习，最后就是顶岗实习。

三 培养方法的创新

由于培养目标、教学特点的差异，培养方法也会呈现不同的特点。特别是在当前国际化以及"互联网+"的大背景下，广西高校必须创新会计培养方法，提高学生的自主学习能力，提升人才质量。

1. 改变传统"灌输式"教学，采取多样化教学方式

以往的会计教学往往采取单一的纯理论教学模式，以此来促进学生专业技能水平的提高。但这种教学模式只不过是提高了学生的考试成绩，对于学生学习方法的养成，能力的培养"有百害无一利"。因此，广西高校教师在进行教学的时候，要抛开以往的那种"满堂灌"的教学方式，通过实际案例、分组协作、模拟实践或者是辩论等方式来改进课堂教学方法，让学生在"乐中学，学中做，做中会"，充分地调动学生的学习积极性。

首先，要增加案例教学。案例教学可以提高学生专业综合分析、判断能力。案例教学一直是高等院校会计教育中的薄弱环节，尽管很多高校也很重视案例在教学中的使用，但诸多因素限制了案例教学的发展。为保证案例教学的效果，广西会计专业教师应抓好案例收集与整理这一环节，在案例教学中至少学会使用包括财务会计案例、财务管理案例、审计案例和管理会计案例在内的一些优秀案例。这就对授课教师提出了更高的素质要求。

其次，要扩大多媒体教学的范围，提高多媒体教学的质量。多媒体教学是实现教学手段现代化和教学方法学化的重要方式之一。近些年，国家教育部十分重视多媒体课件的开发。教育部曾于2000年组织了"新世纪网络课程建设工程"，东北财经大学刘永泽教授主持的"会计学专业系列课程网络教学资源建设"项目，开发出包括"基础会计""财务会计""成本会计""管理会计""审计"等课程在内的系列多媒体课件。西南财经大学赵德武教授也主持开发了财务管理课程网络教学资源，相信这些对现代化教学手段的运用很有益处。有时候，学校是否具备满足需要的多媒体教室也是能否采用现代化教学手段的一个关键。因此，高

校也应该积极为教师开展多媒体教学提供必需的教学设备。

但我们同时也要注意到,无论是案例教学还是现代信息技术的运用,都必须解决这样几个问题:一是教学主体即教师和学生有没有积极性;二是教学所需要的条件,如案例从何而来、有没有现代化的教学设施等;三是教学效果如何,能否达到国家规定的考核标准。

就我国现实的会计教学来看,我们认为,这些问题如果不能解决,广西高校想要改进教学手段与方式犹如"镜中看花"。现阶段,在广西很多高校的管理办法中,无论是评定职称,还是各种待遇的获得,更多的是以教师的科研成果来做结论,很少能考虑教师的教学情况,即使你花费很大的精力做案例,在课堂上的讲课效果很好,可只能得到学生的一点好评。例如,教师觉得案例教学效果好,学生学得也很好,可是最终的考核却用试卷分数来衡量,结果大多数学生不能合格,该怎么办?因此,改进教学方式与手段的同时,必须研究新教学方式和手段带来的一系列问题,并提供良好的外部环境与条件。

2. 采用问题导向,提高学生自主学习能力

学习从"问"开始。问题导向学习(Problem – based learning)是目前一种新的学习方式,它通过简单的生活实例,以现实问题为导向,通过小组讨论的方式来达到自主学习的目的。采用问题导向学习的方式进行教学就是问题导向教学模式。"问题导向"教学模式旨在调动起学生的大脑,引导学生横向拓宽、纵向深入地思索,培养学生多方面思考,引领学生学会运用多种思维方式进行逻辑推理,把课堂变成思辨的课堂。问题导向学习可以帮助学生建构广泛而灵活的知识体系,提高其自主学习能力、合作能力、有效解决问题的能力和终身学习的能力。这种教学模式打破了传统教学中以教师为主体的理念,强调学生是知识的主动建构者,教师只是知识建构的引导者和协助者。

问题导向理念一经提出就引起了国内外高校的争相效仿,最开始主要集中在医学教育领域,随后广泛应用于各类学科的教育领域。问题导向学习包括以下几个要素:以学生为中心;以小组为单位;教师只是充当引导者和协助者的角色;以问题为导向提高学生解决问题的能力;学生通过整个自主学习过程的归纳与反思建构新知识。

问题导向学习的一般流程为:

(1) 由教师依据教学目标创设合理情境,提出问题。

（2）学生以小组为单位，各成员自主查找资料、收集信息，再相互交流、分享观点、共同讨论、分析问题，一同探究出具体的解决方案，思考如何将所获得的知识运用到解决实际问题上来。

（3）学生将整个方案形成正式报告，在课堂上向教师和其他同学进行展示，由教师和其他同学对其研究做出评价与建议。

（4）学生重新检视整个学习过程，总结提炼出学到的新知识与新技能。

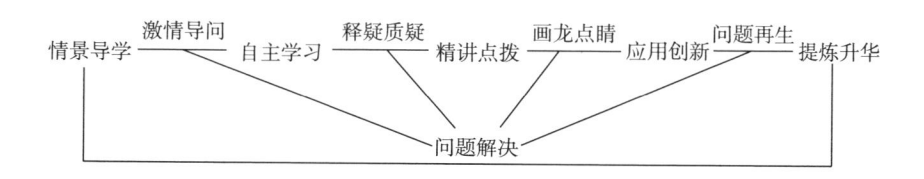

图6-1 问题导向学习流程

为了让学生的学习真正做到从"问"开始，调动学生动脑的积极性，广西高校教师应该首先从思想上对学生放手，大胆修改授课模式，集思广益地征求意见和建议，本着学生提出问题，学生解决问题的原则，制定了不同课型的授课流程。

3. 以翻转课堂为手段，提高学生自主领悟力

从信息工具的使用到教学模式的改变，全球教育教学改革正在掀起一股改革的大潮。目前，很多学校都在推广利用微视频进行翻转课堂的教学改革。翻转课堂教学模式，是指学生在家完成知识的预习，然后通过课堂进行答疑解惑、知识的运用的一种教学模式。翻转课堂使课堂变成了老师学生之间和学生与学生之间互动的场所。

翻转课堂最早起源于美国。2007年，美国两名高中化学老师将课堂内容录制成视频，在电脑屏幕上呈现出类似于板书或是课堂笔记一样的演示，然后再加上声音讲解，发送给学生，方便学生在家里学习，之后在课堂上进行答疑、讨论和完成作业。2010年，由萨尔曼·可汗创立的"可汗学院"开始免费提供优质教学视频，在一定程度上推动了"翻转课堂"的发展，使教师利用"翻转课堂"的教学形式变得更加容易。

翻转课堂教学模式实质是一种学习重构的过程，包含"知识传递—

知识内化"这两个阶段。通常情况下，学生的学习过程由两个阶段组成：第一个阶段是"知识传递"，是通过教师和学生、学生和学生之间的互动来进行；第二个阶段是"知识内化"，通常由学生课后自己来完成。由于缺少教师的支持和同伴的帮助，"知识内化"阶段常常会让学生感到挫败，丧失学习的动机和成就感。"翻转课堂"对学生的学习过程进行了重构。"知识传递"是学生在课前进行的，老师不仅提供了视频，还可以提供在线的辅导；"知识内化"是在课堂上通过互动来完成的，教师能够提前了解学生的学习困难，在课堂上给予有效的辅导，同学之间的相互交流更有助于促进学生知识的吸收内化过程。

翻转课堂一经推出就在全球教育界广受关注，国内外研究学者针对如何运用翻转课堂模式进行了广泛探索。但目前的研究大多是将翻转课堂作为一般性的教学设计应用于中小学课堂教学，针对高校的研究并不多见。因此，翻转课堂在中国高校会计专业的教学应用任重道远，技术的掌握和教学理念的转变对于不少教师而言具有一定的挑战性，而且课程和学生学习能力的差异性也要求教师对翻转课堂的教学过程进行调整。因此，广西会计专业教师需要在实践中不断地总结提升，利用翻转课堂教学为广西高校会计专业培养出更多适应社会需求的人才。

需要特别注意的是，翻转课堂要求课前自主学习取代传统教学模式下的教师课堂讲授，但这并不意味着教师在教学过程中不重要。相反，教师变得更加重要，不再仅仅是参与了课堂这一个环节，而是参与了学生学习的整个过程，而且其具体角色也有了改变。无论是课前的学习材料制作、课堂引导学生互动讨论和为学生答疑解难，还是课后的总结提升，教师掌控着整个教学过程的内容。因此，教师应当扭转传统的教学观念，以翻转课堂的全新教学理念来指导学生学习过程，同时还需要掌握翻转课堂所需的技术手段，通过不断的实践和总结来提升教学效果。

四　教材体系的优化整合

教材是知识的载体，教学内容主要体现在教材中，教材的编写与使用是会计教学的一个重要方面。从狭义上来说，学生上课所使用的课本即为教材。从广义上来说，教材的范围较为广泛，凡是学生和教师使用的教学材料都可被称为"教材"，包括课堂上使用的课本以及课下学生做练习使用的练习册、活动册等。从教材的存在形式上来看，教材既可以是教师自己编写或设计的、纸质版的材料，也可以是网络上以视频形式存在的学习资料，更值得一提的是，随着科学技术的发展，教材形式的种类繁多、名目繁杂，使教材体系的建立更能彰显其重要性。所以，在广西会计人才培养模式中，会计专业的教材体系建设是实现人才培养目标的重要支柱。

1. 国内教材与国外教材相结合

目前全国绝大多数高校都设有会计专业，会计专业的招生数量庞大，会计教材的市场相当大。而目前大学会计教材版本繁多、百家争鸣，质量上也不一而足。根据一切从实际出发的原则，本书认为针对广西会计教育中的通识教育课程在教材的选择上，可以择优选择一些适应和提高学生能力的教材，如国家级重点规划教材、省部级重点教材、"面向21世纪课程教材系列"，在中国现行的会计教材市场上，这类型教材往往由精干的专家团体编著，水平、质量均较高。同时，对于一些专业课程，这些教材体系要着重于学生实践能力的培养，可以在国内精品教材的基础上，引进国外经典会计教材系列，英文原版或质量高的译本。

2. 自编教材与统编教材相结合

我们也要看到，虽然国内有一些优秀的教材体系，如上面我们提到的一些国家级重点规划教材、省部级重点教材、"面向21世纪课程教材系列"，但这些统编教材也存在一些这样或那样的问题，如对会计理论分析较多，但案例分析较少，教材内容不能及时更新等现象，这使学生往往是只知其然，不知其所以然，综合运用能力难以提高。而且，如果大家都选用一种教材，也与"百花齐放、百家争鸣"的工作方针相违背。当然，各高校没有必要选用同样的会计教材，因为各个高校都有自己的特色，都会有自己的研究成果。因此，整合一套或几套适用于不同层次、质量高、结构好、配套全、尊重认知规律和教学规律的好教材显得迫在眉睫。要改变这种现状，广西各高校就必须在原有教材体系和内容的基础上加以创新，根据自己学校的特色加以整合，编制一套符合自身特色的教材体系。

广西高校教师在进行自编教材的时候要注意以下几点：

第一，教材应反映会计课程建设与会计专业发展的最新成果，体现区域特色，基础课程教材要体现以应用为目的，以必需、够用为度，以讲清概念、强化应用为教学重点。专业课程教材要加强针对性和实践性。

同时，教材建设不仅要注重内容和体系的改革，还要注重方法和手段的改革。

第二，以体现改革创新的实验、实训、实习教材（指导书）和各专业主干课程教材为重点，同时也要重视公共学科和双语教学教材建设。

第三，要重视与文字教材相配套的视频教材及计算机辅助教学教材的建设，积极开发多媒体立体化教材，加快教学资源库建设。

第四，编写教材应注意理论联系实际，详略得当，主次分明，内容安排应与本专业的相关课程密切结合。章节前后照应，避免重复与脱节，并注重教材的科学性、先进性和系统性。

延伸阅读

国外教材特点

国外的会计教材给人的感觉更加高端大气，如采用大开本，纸质好，图文并茂，采用不同颜色、不同字体来突出重点，视觉效果好，能够更加有效地提高学生的学习兴趣。此外，一门专业课通常配有多本教辅资料，包括配有的案例分析、习题。

国外的大部分会计教材，在每一章前都有一个案例作为引导，大多是一些为大家熟知的知名公司的案例，这些案例都与本章的知识内容有很大的关联性。

国外会计教材注重案例教学，教材多样化，理解性较强。国外会计教材突出以学生为主，教材不局限于课本，教师会针对每节课设计专门的讲义，这样的教材更适应案例教学的需要。

国外会计教材强调培养学生的实际应用，理论联系实际。国外会计教材从最开始的入门会计教材开始，往往结合知名公司的实际案例，循序渐进地讲解专业知识，并且在重要知识点后，都安排思考性问题，思考会计的具体应用。

国外会计教材内容更新快，连续性强。教材的连续性是指教材内容的及时更新、修订，教材编写人员也能基本保持前后一致。教材再版的频率、印刷量的多少以及主编和作者的变动情况，可以分析教材的连续性，连续性越强，教材的质量就越高。

3. 采用纸质教材和电子教材相结合

传统的教材多以纸质版为主。纸质版教材，教育行业中包括教材、教辅两种基本形式，也是我们常规教学必不可少的工具。对于高校的会计教学，纸质教材必须破除传统死板的教材设计体例，以启发式的方式来讲授知识，强调学生主动参与学习。纸质教材不仅要包括传统会计教材中含有的概念、解释、注释、例题、练习题等，还要包括其他模态的内容，如图表、图画等，还要求具备对其他模态内容的相关提示，如一些知识在数字化教材中有专门的视频或者操作软件的，应该在纸质版教材中提示学生。纸质版教材在编写时，应该注意以下几个问题：第一，纸质版教材应该具有提示功能，即纸质版教材虽然无法体现全部其他教材的内容，但所有的数字化教材的内容，都应该在纸质版教材中标记出来；第二，纸质版教材应该列出要利用的网络资源，因为纸质版教材更新再版的速度较慢，而网络媒体更新很快，因此对于一些目前研究的前沿、政策容易变动的知识点附近，应该附上相关的超链接，这样可以方便在学习、教学的过程中直接利用互联网的资源进行学习和教学。

数字化教材是以计算机等移动终端为媒介，通过传达文字、声音、图片、视频等信息，传授教学内容，达到教学目的的多媒体形式的教材。数字化教材作为教学的一种工具，在传播知识的过程中扮演了不可替代的角色。它涵盖了传统纸质版教材的所有内容与功能，又不仅仅是简单地把纸质内容搬上多媒体。数字化教材出现后，因为其具有的诸多纸质版教材不具备的优点，对传统纸质版教材产生了巨大的冲击，主要有以下几点：

（1）以纸质版教材的内容为基础，知识体系更加系统化，提供的学习内容更加丰富。数字化教材包含传统课本的内容，又增加了教材外形式更加丰富的学习资源，解决了传统课本容量小、形式单一、更新速度慢等问题，使知识与丰富的教学资源相结合，也使教育资源能够被充分利用，既继承了传统教学的知识内容，又突破了其局限性。

（2）以互联网与多媒体等移动终端为媒介，超越了时间与空间的限制，学生可以根据自己的需要，合理安排时间，随时随地进行学习，真正提高学习资源的利用率。

（3）以多媒体与互联网为传播手段，学习形式更加生动。数字教材借助网络与多媒体的手段，将文字、图片、动画、视频播放、语音讲解等嵌入教学的各个环节，使教学过程更加生动、形象，增加了趣味性，改善了学习环境，有助于提高学生的学生兴趣和效率。

广西高校教师在使用数字化教材的时候，应该注意数字化教材包括电子教材和演示教材。电子教材应该是所有教材形式中内容最完整的教材，电子教材既可以光盘的形式设计，也可以目前流行的 APP 的方式设计。一直以来，中国会计教育过分注重理论知识，对于实践教学的重视严重不足，使学生成为只懂理论不懂实际操作的"理论家"。有些高校建立了会计电算化实验室，但也被当作理论教学的辅助项目。电子教材是一个很好的促进实践教学的途径。另外非常重要的一点就是，教师必须明确数字化教材并非纸质版教材的替代性选择，数字化教材必须建立在纸质版教材的基础上，以纸质版教材为依托来发展多种样式、多种载体的教学资源。

五 质量评价体系的构建

人才培养质量评价既是一个全过程、动态性、开放型的评价过程，也是一个综合且复杂的问题。高校教学质量评价主要包含两个大的方面，一方面是对教师教学质量的评价，另一方面是对学生学习成果的检测。

1. 对于教师教学质量的评价

（1）外部评价与内部评价相结合。专业教学质量评价机制主要采用外部评价和自我评价相结合的方法，并以定量评价、定性评价、多途径评价方式进行。外部评价采用学生评价、同行评价、教务处评价等多种评价机制，同时广泛吸收社会的评价，以对教学质量进行全过程评价、全面性评价和全员性评价。其中，全过程评价是以动态发展的观点对教学工作各个环节进行全过程评价；全面性评价是对教师治学态度、业务素质、工作能力、敬业精神和教学效果等进行全方位评价；全员性评价是指评价主体既有教学管理部门，又有同行、同事、学生及社会，从多层面、多角度实施全面评价，构建了基于多元主体的全员教学质量评价网络。自我评价则是教师对本人课程教学质量或其他教学环节的教学质量进行自我分析与总结评价。

教学质量评价体系是由一系列教学环节评价组成，所以教学评价要从每一个教学环节入手，依据各个教学环节的性质、特点，制定相应的评价制度、评价措施、评价方法和反馈途径。

表6-1　　　　　　　　　　教学质量评价机制

教学质量评价	外部评价	同行评价	听课
		学生评价	问卷调查、座谈
		社会评价	问卷调查
	自我评价	教师评价	试卷分析、工作总结

（2）课堂教学评价。课堂教学评价是教学评价的重要环节，主要包括理论课堂和实训课堂的教学评价。学校必须建立完善的教学评价体系，制定切实可行的评价措施和方法。

A. 听课评价和教学检查制度

听课评价和教学检查制度包括学校或学院领导随机听课、教务处检查性听课、教师相互听课等评价环节。一般而言，教师每月听课应该不少于2次；对任课不满两年的青年教师，学院领导和教务处进行随机性听课，并要求按照相应的听课制度每学期必须进行教学检查。

B. 学生评教制度

在每个学期，教务处会组织各专业的学生对任课教师进行评价，一般来说每学期一次。

表6-2　　　　　　　　课堂教学质量评价与反馈

教学内容	评价内容	评价措施	评价方法	结果反馈	支撑材料
课堂教学	理论课堂	教务处听课督导	随机抽查课堂听课	反馈给教师	听课记录评价表；学院听课制度
	学生评教	按标准打分	教师自行查询	调查表
	实训课堂	实训课堂检查	随机抽查	反馈给教师	实训教学检查表

（3）考试评价。考试环节是教学过程中的重要环节，学校必须建立完善的《考试评价制度》，制定一整套考试评价文件，包括考试命题、考试安排、监考巡考、阅卷和成绩评定、考试分析、成绩上报等各个方面。

表6-3　　　　　　　　考试环节质量评价与反馈

教学环节	评价内容	评价措施	评价方法	结果反馈	支撑材料
考试环节	考试命题	任课教师命题；教务处审查、印制、封存	按学校命题的相关要求	对不合格的试题反馈给教师修改	学校命题要求
	考试安排	教务处统一安排考试课程及时间，并打印监考安排	检查是否科学合理、严密	调整、确定、落实	考试安排表
	监考巡考	教师监考；学院领导、教务处工作人员巡回检查考场	检查考场布置；宣读考场规则；监考教师监督；考试违纪处理	对监考教师监督并提出改进意见；对违纪学生及时处理	考试管理规定；考场规则；监考守则；违纪考生处理
	阅卷、成绩评定	统一组织，集体阅卷	评卷、复查、评定	检查结果及时反馈	试卷装订
	考试分析	分析试卷	检查成绩是否符合正态分布	改进质量	试卷分析
	上报成绩	由任课教师填报	填报及时；成绩准确无误		成绩单

2. 对于学生学习质量的评价

会计教育的最终目标是要生产合格的"产品"，即培养合格的会计人才，"产品"能否更好地满足"顾客"的需求，理所当然要有一个评价标准。而我国目前在评价学生时，都是以学校为主导，但学校在进行评价时往往过分强调对成绩的考查，对成绩的考查也只注重卷面成绩不重视实际能力，只注重期末成绩不重视平时成绩，从而导致学生其他能力包括实践能力强的学生处于下风，然而这些知识面广、实践能力强的学生却深受用人单位欢迎。因此，需要改变学生评价方法，应将学校主导型转变为以市场需求为导向。

目前，我们认为，在考试评价方式上，广西高校可以做以下尝试：

（1）考试方式多样化。注重测试学生对所学知识的掌握情况及融会贯通的能力。

（2）平时测试与期末考试相结合。改变现行的期末考试"一锤定音"的方式，多注重平时的测试。而这种测试不一定是卷面形式的，可以是案例分析、自由讨论等方式。

（3）考试题型与题目突破传统。传统的考试题型包括单项选择题、多项选择题、判断题、问答题、计算题、业务题等，这些题型主要考查学生对书本知识的识记、理解程度，没有运用的考查。即使是问答题，也没有让学生有更多的发挥余地，基本上是问什么，答什么。因此，对于考试的题型也需要进行一定程度的创新。

（4）注重实践环节的质量评级与反馈。实践环节主要包括课程设计、实习、创新实践等教学环节，是培养学生基本技能、专业能力的重要环节。为加强学生专业能力培养，学校应该制定一系列实践教学考核评价办法，每学期由教务处组织对实习、课程设计等环节进行监督检查。

表6-4　　　　　　　　实践环节的质量评价与反馈

教学环节	评价内容	评价措施	评价方法	结果反馈	支撑材料
实践环节	课程设计	任课教师评价	课程设计报告	问题改进	课程报告
	实习	实习指导教师评价 实习单位评价	实习报告	问题改进	实习安排，实习单位意见
	创新实践	参与技能大赛	获奖发表论文	问题改进	大赛获奖名单

（5）毕业设计质量评价与反馈。毕业设计是评价教学运行，实现本科培养目标的重要教学环节。学校与学院应该加强过程和结果评价，对毕业设计（论文）的选题、指导教师的职责、答辩、成绩评定等有明确的要求，学校和学院应该成立督导组专家按照质量标准对毕业设计（论文）中期大检查，对部分工作不认真、工作进度（量）严重不达标的学生，提出黄牌预警报教务处备案。如不及时整改，学生毕业设计（论文）成绩按不及格处理。

表6-5　　　　　　　　　毕业设计质量评价与反馈

教学环节	评价内容	评价措施	评价方法	结果反馈	支撑材料
毕业设计	选题	选题审查	选题科学性、创新性	反馈、修改	毕业设计一览表
	开题	开题报告	学生汇报,老师评价	反馈、修改	开题报告
	中期检查	学院、学校检查	专家评价	反馈、调整	中期检查记录
	毕业论文	毕业论文完成质量	指导老师修改	反馈、修改	毕业论文
	答辩	学生答辩小组评议	答辩小组成员评价		答辩安排
	成绩评定	答辩委员会	按标准打分评定成绩	公布成绩	成绩评定表

六　构建三位一体的教学质量评价体系

从理论上说,教育体系包括教育输入、教育过程以及教育输出。教育资源的输入主要由政府和社会完成,教育的过程主要由学校控制,教育输出结果由政府教育部门、学校、老师、学生和社会共同鉴定。一般来说,大学教育质量评价主要针对教育输出部分,评价是为了输入而服务的。因此,高校教育质量保障要靠全社会的共同努力。在评价过程中,除教育管理部门自上而下的监督评价之外,还应建立政府、社会、学校三位一体的教学质量评价体系,在校外建立毕业生用人单位、行业协会共同参与的毕业学生考核评价机制。

1. 实现政府评价由主导向监督的角色转变

一直以来,政府教育部门制定的教学质量评价标准主导着学校教学改革的方向,并对学校资源配置起着支配作用。在20世纪90年代,政府对高等院校的教学评价主要由政府成立的普通高等院校教育评价领导小组来完成。1998年,国家正式颁布了《高等教育法》,对高等院校教育评价做出了进一步明确规定。该法律规定教育行政部门对高等院校的办学质量、教育水平进行评价并监督。2004年,教育部正式成立了高等教育教学评价中心,规定由教育部直接领导并专门组织实施高等学校的教学质量评价及各项专业评价工作。由此可见,政府在参与大学教学质量评价中始终处于主导地位。

近年来,随着高校教育的不断变革,高等院校自主管理权不断提高,政府主导型的高等学校教育质量评价由于不能对高校进行全面的评估，往往不仅不利于高校教育质量的进一步提高，反而有所限制，这就促使政府在高等学校质量评价中由主导角色变成监督角色。

2. 借助专业机构进行质量评价

学生的成长发展是一个循序渐进的过程，教学效果不可能在短时间内立竿见影，而且教学效果也必须经过实践的检验。只有能够匹配社会发展需求的人才培养模式才能获得社会的认可，只有将高校教育教学与服务社会发展需求有机结合起来才能培养真正的会计专业人才。因此，需要借助第三方专业机构的评价，它们作为第三方一般不牵扯直接利益，所以能够进行客观公正的评价。

美国宪法规定由州政府和地方而非联邦政府对高等教育负责，因而美国的高校质量评价大多由专业机构发起。众所周知，不论是国家专门立法建立的评估机构还是独立于政府和大学之外的自治机构，其质量评价活动包括评价标准的制定、评估方式以及评价结果发布等，均不受政府的直接控制和干预（蒋冀骋和徐超富，2008）。需要注意的是，中介机构的健康有序发展离不开政府的大力支持。政府要建立健全各类机构参与质量评价机构的准入制度，并对他们的评价行为进行监督管理，保证他们评价结果的客观公正。

总之，广西高校的教学质量评价需要借鉴国内外经验，以政府教育部门的监督为依托，并充分发挥专业机构的作用，只有这样，才能促进广西会计人才质量的不断提升。

典型案例

广西财经学院人才培养方案（2016）

（一）本科会计专业人才培养方案

1. 培养目标

本专业培养德、智、体、美全面发展，具有系统掌握经济和会计基础理论、熟悉企业管理和经济法律相关知识的专业素养，具有实践能力、创新能力、就业能力和创业能力，具有会计、审计、财务、金融等方面的基本技能，能够熟练应用外语和计算机的复合型、应用型人才。毕业生能在国家机关、社会团体、公司企业、事业单位和其他组织从事会计、财务管理、审计等相关业务工作。

2. 培养要求

通过会计学专业课程的系统学习和职业的训练，本专业毕业生要求掌握以下几个方面的知识和能力：

A. 具有良好的职业道德操守和人文素养；

B. 具有扎实的基础理论知识、较强的专业技能和创新能力，掌握管理学、经济学的基础理论和基础知识，掌握会计特有的定性与定量分析方法，熟悉与本专业有关的法律法规，了解本学科的理论前沿和发展动态；

C. 具有较强的会计实践能力，能够胜任经济活动过程中各种业务的会计核算；

D. 具备筹资、投资、预算绩效、税务筹划、内部控制等较强的财务管理、管理会计方面的能力；

E. 具有较强的语言与文字表达、人际沟通、写作、调查研究等分析解决实际工作问题的能力；

F. 具有熟练运用外语和计算机的能力。

3. 基本学制

本专业标准学制为4年，可在3—6年内完成学业。

4. 学位授予学科门类及条件

本专业毕业生符合《广西财经学院普通高等学历教育本科生学士学位授予工作细则》规定的学位授予条件者可授予管理学学士学位。

5. 主干学科

本专业主干学科为管理学。

6. 主要课程

本专业开设的主要课程有：西方经济学、管理学、金融学、财政学、经济法、税法、会计学原理、会计职业道德、创业基础、中级财务会计、高级财务会计、财务管理、成本会计、管理会计、会计信息系统、审计学、会计综合模拟实训、毕业实习。

7. 毕业学分要求及条件说明

本专业学生按教学计划达到最低毕业学分160学分（各模块学分要求详见《专业教学计划表》），操行评定合格，方可毕业。

8. 课程安排

A. 理论课程

应修学分124学分，其中必修课（包括公共基础课、专业基础课、专业主干课）99学分、专业选修课15学分、公共选修课10学分。

B. 实践课程

应修学分36学分，其中课程实践17学分，集中性实践19学分。

C. 课外活动

课外活动包括综合素质教育、社会调查和实践、各种学科竞赛、等级水平考试、语言素质和科学研究活动等。学生参加课外活动成绩优异者可申请创新学分，在校期间必须至少获得20个创新创业实践学分，才达到毕业要求。对学生语言素质的要求是必须参加普通话测试至少两次以上或者测试成绩达到三级甲等以上者，才达到毕业条件。

D. 健康教育

健康教育包括疾病预防知识教育和大学生心理健康教育两部分。

疾病预防知识教育包括预防艾滋病基本知识和一般传染病预防知识两部分，10课时（其中预防艾滋病基本知识每学年2课时，一般传染病预防知识2课时）。

大学生心理健康教育共32课时，其中16课时由马克思主义学院以课堂教学的形式完成，16课时由学生工作部以专题活动等形式完成。

9. 专业教学计划表

表6-6　　　　　　　　　专业学时学分结构

课程类别	课程性质		学分数	学时数	占课堂教学学分比例	占总教学学分比例
理论课程	必修课	公共基础课	48	800	39%	30.00%
		专业基础课	15	240	12%	9.38%
		专业主干课	31	496	25%	19.38%
		小计	94	1536	76%	58.75%
	专业选修课	专业限选课	14	224	11%	8.75%
		专业任选课	6	96	5%	3.75%
		小计	20	320	16%	12.50%
	公共选修课	艺术类	2	32	2%	1.25%
		其他	8	128	6%	5.00%
		小计	10	160	8%	6.25%
	理论课程（含课内实践）合计		124	2016	100%	77.50%

续表

课程类别	课程性质		学分数	学时数	占课堂教学学分比例	占总教学学分比例
实践课程	课程实践	基础实验	6	96		0.00%
		专业实验	6	144		0.00%
		综合实训	5	120		0.00%
		小计	17	360		10.63%
	集中性实践	基本训练	4.5	62+2周		0.00%
		专业训练	1	2周		0.00%
		综合训练	13.5	72+16周		0.00%
		小计	19	134+20周		11.88%
	实践课程合计		36	494+20周		22.50%
	总计		160	2510+20周		100.00%

注：除160教学学分外，学生在校期间参加课外活动成绩优异者可申请创新创业实践学分，在校期间必须至少获得20个创新创业实践学分，才能达到毕业要求。

（二）全日制会计硕士专业学位研究生培养方案

1. 培养目标及基本要求

培养具有较强发现问题、分析问题与解决问题能力的高素质、应用型、国际化会计专门人才。基本要求为：

（1）具有良好职业道德、进取精神和创新意识。

（2）具有较强的业务能力，能够熟练运用现代会计、财务、审计及相关领域的专业知识解决实际问题。

（3）具有从事高层次会计管理工作所必备的国际视野、战略意识和领导潜质。

（4）熟练掌握和运用一门外国语言。

2. 培养方向

根据社会需求（联合办学单位性质、生源和就业单位所在行业）设置培养方向：

（1）面向会计师事务所的"注册会计师方向"（简称CPA方向）。

（2）面向区内大中型企业的"企业财务与会计方向"（简称CFO方向）。

（3）面向政府部门的"政府会计方向"（简称 GAA 方向）。

根据培养方向设置课程模块，制定具体培养方案。

3. 招生对象

（1）会计类及相关专业应届本科毕业生。

（2）符合国家规定报名条件的历届本科毕业生或同等学力考生。

4. 学制与年限

（1）实行弹性学制，学习年限一般为 2—4 年。

（2）采用学分制，总学分为 43 学分，其中必修课 20 学分、选修课 14 学分、实践课 7 学分、自修课 2 学分。

5. 培养方式

（1）注重理论联系实际，强调培养学生分析和解决实际问题的能力，重视采用案例教学、沙盘演练、现场参观研讨、参与企业咨询等多样化的实践教学方法，逐步增加实践教学的比例。

（2）开辟第二课堂，聘请实务部门、政策制定部门和监管部门有实践经验的专家开设讲座或承担部分课程，以及指导专业调研、专业实践。

（3）实行双导师制，聘请企事业单位、会计师事务所、政府部门有关专家，与校内导师共同承担指导工作。

（4）加强实践环节，教学内容体现"学以致用、满足需求"的特色。

（5）综合评定学生的学习成绩，包括考试、作业、案例分析、课堂讨论、撰写专题报告等。

（6）重视和加强政治思想素质和职业道德的培养。

6. 课程设置

课程设置包括：必修课、选修课（限选课和任选课）、实践课和自修课，详见附件"会计硕士专业学位研究生课程设置情况表"。

（1）必修课

所有培养方向学生必须修读，由公共必修课和专业必修课组成。

（2）选修课

A. 限选课

限选课指根据培养方向的需要设置的模块化课程。

B. 任选课

由学生在全校为硕士研究生开设的课程（含限选课中未选过的课程）中选修。

(3) 实践课

A. 参加本行业的社会实践活动

在学习期间必须保证不少于半年的实习实践，采用集中实践与分段实践相结合的方式。学生应提交实践计划，撰写实践总结报告，通过后获得相应的学分，以此作为授予学位的重要依据。

周末班学生，可以通过提交专业实务工作总结等方式，获得相应学分。

B. 参与案例研究与开发活动

在学习期间必须参与案例研究与开发活动，包括但不限于独立或协助指导老师通过实地调研形成教学案例、参与企业管理咨询活动并形成管理咨询报告、参加学生案例大赛、发表案例研究方面的学术成果。案例研究与开发活动由指导教师根据学生参与的案例开发工作情况或科研成果评定成绩，学生取得相应的学分。

(4) 自修课

在学习期间必须在东盟相关课程中选择两门自修，撰写自修报告，通过后获得相应的学分。

7. 学位论文与学位授予

会计硕士专业学位论文应体现专业学位特点，突出学以致用，注重解决实际问题。学位论文应体现学生已系统掌握会计理论、专业知识和研究方法，具备综合运用会计等相关学科的理论、知识、方法，分析和解决会计实际问题的能力，具有创新性和实用价值。

论文类型一般应采用案例分析、调研（调查）报告、专题研究、组织（管理）诊断等。鼓励学位论文选题与实习实践、案例开发内容相关。学位论文的篇幅一般不少于 2 万字。

学位论文答辩前，必须通过是否存在学术不端问题审查并出具书面结论，论文的总文字复制比应低于 20%。

建立学位论文开题报告与预答辩制度、匿名评阅制度。学位论文评阅人必须至少有一名具有高级专业技术职称的校外实务部门专业人员，毕业论文答辩委员会成员必须至少有一名具有高级专业技术职称的校外实务部门专业人员。

完成课程学习，取得规定学分，并通过学位论文答辩者，经学位授予单位学位评定委员会审核，授予会计硕士专业学位，同时获得硕士研究生毕业证书。

附件

会计硕士专业学位研究生课程设置情况表

课程类型	课程名称	学分	学期	课时或学时	校内授课	校内实践	校外实践	教学方式	考核方式	联合培养单位
必修课	中国社会主义理论与实践	2	I	32	32			校内外专家讲授+案例分析	考试	
	英语	3	I	48	48			情境教学		
	管理经济学	3	I	48	48			校内外专家讲授+系统训练+案例分析		
	财务会计理论与实务	3	I	48	44		4	校内外专家讲授+现场研讨+案例分析		
	财务管理理论与实务	3	I	48	44		4	校内外专家讲授+现场研讨+案例分析		
	审计理论与实务	3	I	48	44		4	校内外专家讲授+现场研讨+案例分析		
	管理会计理论与实务	3	I	48	44		4	校内外专家讲授+现场研讨+案例分析		
	小计	20								

续表

课程类型	课程名称	学分	学期	课时或学时	时间分配 校内授课	时间分配 校内实践	时间分配 校外实践	教学方式	考核方式	联合培养单位
限选课	CAP方向								考试	
	会计职业道德	2	Ⅲ	32	32			校内外专家讲授+现场研讨+案例分析		
	管理咨询理论与实务	2	Ⅱ	32	28		4	校内外专家讲授+现场研讨+案例分析		会计师事务所、资评事务所
	管理审计	2	Ⅱ	32	32			校内外专家讲授+现场研讨+案例分析		会计师事务所、资评事务所
	计算机辅助审计	2	Ⅱ	32	8	24		校内实验室讲授及操作实验		会计师事务所、资评事务所
	CFO方向									
	会计职业道德	2	Ⅲ	32	32			校内外专家讲授+现场研讨+案例分析		
	资本营运与财务战略	2	Ⅱ	32	28		4	校内外专家讲授+现场研讨+案例分析		广西区内大中型工商企业
	国际商务与国际结算	2	Ⅱ	32	32			校内外专家讲授+现场研讨+案例分析		广西区内大中型工商企业
	Excel高级应用	2	Ⅱ	32	8	24		校内实验室讲授及操作实验		广西区内大中型工商企业
	CAA方向									
	会计职业道德	2	Ⅲ	32	32			校内外专家讲授+现场研讨+案例分析		
	业绩评价与激励机制	2	Ⅲ	32	28		4	校内外专家讲授+现场研讨+案例分析		自治区财政、审计与税务机关
	政府与非营利组织会计	2	Ⅱ	32	32			校内外专家讲授+现场研讨+案例分析		自治区财政、审计与税务机关
	公共预算、核算与汇总软件	2	Ⅱ	32	8	24		校内实验室讲授及操作实验		自治区财政、审计与税务机关
	小计	8								

续表

课程类型	课程名称	学分	学期	课时或学时	时间分配 校内授课	时间分配 校内实践	时间分配 校外实践	教学方式	考核方式	联合培养单位
任选课	战略管理	2	II	32	32			校内系统讲授+校外专家讲座+案例分析	考查	
	管理能力与沟通技巧	2	II	32	32			校内系统讲授+校外专家讲座+案例分析		
	商法概论	2	II	32	32			校内系统讲授+校外专家讲座+案例分析		
	财务报表与企业经营分析	2	II	32	32			校内系统讲授+校外专家讲座+案例分析		工商企业、会计师事务所
	金融市场与金融工具	2	II	32	32			校内系统讲授+校外专家讲座+案例分析		工商企业、会计师事务所
	企业价值评估	2	II	32	32			校内系统讲授+校外专家讲座+案例分析		工商企业、资评事务所
	企业税务筹划	2	II	32	32			校内系统讲授+校外专家讲座+案例分析		自治区国税、地税机关
	ERP系统应用	2	II	32	32			校内实验室讲授及操作实验		SAP、用友、金蝶
	小计	6								

续表

课程类型	课程名称	学分	学期	课时或学时	时间分配 校内授课	时间分配 校内实践	时间分配 校外实践	教学方式	考核方式	联合培养单位
实践课	案例研究与开发活动	2	ⅡⅢ				2学期	立项案例项目、立项创新计划项目、其他校级以上课题、第一作者论文（导师为第一作者时可为第二作者）、省级以上案例参赛队员	案例报告、咨询报告、案例论文、工作报告考核	
	社会实践	5	Ⅲ				6个月	在校外导师指导下，依托项目，由浅入深，直至负责部分核心工作		工商企业、会计师事务所、资评事务所、政府机关
	小计	7								
自修课	东盟经济概论	1	Ⅲ	16				按大纲自修，提交自修报告	自修报告考核	
	电子商务与东盟贸易	1	Ⅲ	16				按大纲自修，提交自修报告		
	境外与东盟投资	1	Ⅲ	16				按大纲自修，提交自修报告		
	东盟商法	1	Ⅲ	16				按大纲自修，提交自修报告		
	中国—东盟会计比较	1	Ⅲ	16				按大纲自修，提交自修报告		
	小计	2								
毕业论文	毕业论文		ⅢⅣ				6—9个月	在校内和校外导师共同指导下，完成应用导向的毕业论文选题、研究、写作和答辩	论文综合考核	合作事务所、合作企业、合作政府机关等
	合计	43								

第二节 加强师资建设,打造精品课堂

人才培养工作中重要的一项就是师资队伍建设问题。可以说,师资队伍建设是高校工作永恒的主题,是高校生存与发展的关键。如何打造一支"数量充足,结构合理,素质优良,富有活力"的师资队伍是高校发展的一项战略任务。近年来,随着管理体制、人才培养模式、招生制度等全方位改革,我国高等教育事业实现了历史性的跨越式发展。高等学校坚持以教师作为办学的主体,通过采取人才引进、培养锻炼、政策优惠及待遇倾斜等措施,使我国高校师资队伍不断壮大,初步形成了一支规模适当、学科齐备、整体实力不断增强的人才队伍。

一 广西高校师资队伍建设现状分析

1. 教师引进,注重学历层次

为了尽快改善师资结构,充实教师队伍,大多数地方本科院校,尤其是新建本科院校,对于重点院校毕业的博士、硕士研究生引进数量比较多。这一类高学历人才对于学校提高学校的科研能力,提升教师队伍整体素养无疑非常重要,但一些教师由于长期接受高等教育,与社会联系不够密切,实践应用能力相对薄弱,这方面仍有很大的发展空间。如广西民族大学商学院现有教职工56人,其中专任教师45人,具有教授职称13人,副教授或副高职称19人,讲师或中级职称13人;博士24人,在读博士1人。

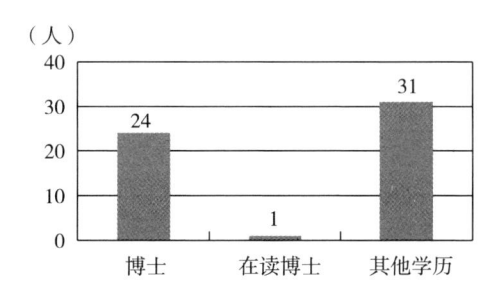

图6-2 教师学历占比

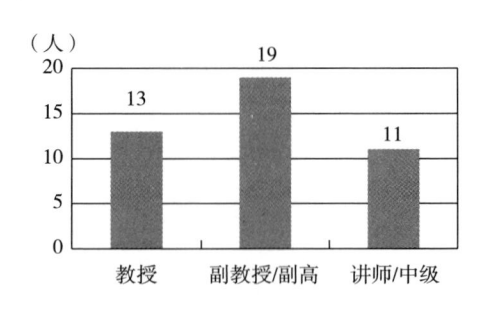

图 6-3 教师职称比例

2. 考核评价，科研导向性强

当前，各应用型本科高校还在沿着重点本科院校的发展路径走，但是针对应用型师资的考核评价体系却尚未完善，在评价教师的时候大多还是侧重科研能力、学术能力的考察，对于专业技能、教学效果的考核却不够重视，不能对教师的实践能力、专业技能进行很好的评价。尤其在进行职称评审的时候局限于论文数量、科研课题级别等，这就导致教师在提升专业技能，参与行业实践方面的积极性和主动性大大降低。从长远来看，这与应用型高校的发展建设背道而驰。

3. 继续教育，缺乏行业企业实践锻炼机会

目前，针对教师的培训往往集中在提高高校教师的整体实力和科研水平方面，对应用型本科院校教师的应用水平和实践能力的提升没有引起足够的重视。由于相应的制度、设施尚不健全，企事业单位对教师挂职锻炼没有形成良性循环机制，教师赴企业、行业实践锻炼的培训难以保障，难以形成合理的实践锻炼机制。同时也由于多数学校教师的教学任务较重，没有足够的时间去接触企业的生产实践，即使能够到企事业单位实习，也往往不能深入生产第一线，无法充分锻炼实践能力。

4. 队伍结构，缺乏行业企业兼职人员

兼职教师队伍对于应用型本科高校的专业建设、应用型人才培养等多方面有重要的提升作用，也是改善师资队伍结构、提高综合实力的重要组成部分。但在现行条件下，企业人员到高校兼职还受到各种因素的制约和影响，导致应用型高校多元化、高质量的兼职教师队伍建设的困难，使应用型教师队伍的建设不能很好地满足应用型人才培养的需求。

二 高校师资队伍建设建议

为全面提升广西高校教师的整体素质，建设一支适应广西高校发展、富有创新精神的师资队伍，必须采取多种措施，坚持"以人为本"，进一步确立师资队伍建设在各高校发展中的战略核心地位。

（一）优化师资队伍结构

（1）职务结构：正副高比为1∶2左右，按照学科建设及承担工作任务、培养学生层次等不同要求，各学科的高级职务及结构比例应有所区别，重点学科的正高占比应该比一般学科要多一些。

（2）学历结构：不断提高教师的学历，硕士及以上学位教师的比例要达到70%左右；具有博士学位教师的比例也要不断提高。

（3）年龄结构：倡导教师专业化、年轻化，专任教师的平均年龄应该保持在大约40岁以内，正高职平均年龄下降到50岁以内，副高职平均年龄保持在40—45岁。

（4）性别结构：注重男女平等。

（二）教师转变教育理念

（1）树立"以学生为中心"的教学理念。我国传统的教育观念存在的问题是：重教有余、重学不足；灌输有余、启发不足；复制有余、创新不足。这些问题严重压抑了学生的创新精神，影响了学生的思维活力。而美国的教育改革却十分重视引导教师树立先进的教育思想和观念。因此，在教育观念上，广西高校教师的教学理念必须从过去的以教师为中心变革为以学生为中心，并切实将这一观念贯彻到实践中去。

（2）树立平等的教育观念。一直以来，教师给学生的印象都是高高在上、遥不可及的。这种刻板的印象给会计教育带来极大的负面影响，不仅不利于调动学生的学习积极性，也不利于学生能力的培养。我们认为，在21世纪的今天，广西高校教师必须解放思想，树立师生平等的教育观念，并根据学生的个性因材施教。

（3）变"传授知识"为"传授学习的方法"。俗话说，"授之以鱼不如授之以渔"，高校教师必须学会将目标重点转移到教会学生"如何学习"上。我国虽然一直在强调注重能力培养，但对如何培养能力并没有形成一致意见。现在大部分学生的学习还停留在听教师讲知识阶段，普遍缺乏独立思考的能力。因此，广西高校教师应该注重为学生提供一些学习的方法，培养他们学习的习惯，至于教科书的知识，只围绕最艰深的部分进行详细讲解，其余部分要求学生自学完成即可。

(4) 树立终身教育观念。终身教育作为20世纪60年代产生于西方的一种教育思想，对世界各国的高等教育及课程改革产生了极为广泛的影响，成为许多国家高等教育和课程改革所遵循的一条基本原则。从美国会计教育改革的理论和实践来看，其改革的核心是贯彻终身教育的思想。联合国教科文组织在终身教育思想的传播方面也做了大量的工作，甚至还专门宣读了一个重要演讲：终身教育引论。从此，终身教育成为全球教育的热点和焦点。因此，在广西会计教育中，教师也应积极树立终身教育观念。

(三) 引进高素质人才

(1) 完善优惠政策，吸引高层次人才。高层次人才始终是高校核心竞争力的关键队伍，各应用型本科高校仍然要加大对高层次、应用型人才的引进力度，重点引进应用型专业发展建设需要的专业带头人、高技能人才。因此，在人才引进方面，广西高校应该充分利用自治区引进高层次人才的优惠政策，大力吸引具有硕士研究生以上学历学位或高级职称的人员来校任教。要持续为高层次人才提供事业发展的平台和空间，充分发挥其干事创业的积极性和主动性，同时，学校还要为高层次人才提供优厚的待遇，为各类人才提供良好的物质保障和解决后顾之忧。对于重点建设专业急需的高层次人才，除安家补助等优惠政策外，进一步给予提供科研启动费、配备工作室、租房补贴等方面的优惠待遇。在制度建设方面，高校要不断创新引进制度，加大人才的柔性引进力度；健全激励机制，为高层次人才给予政策倾斜和制度保障。

(2) 创新方式方法，大力引进"双师"素质专业带头人和骨干教师。对于地方性应用型高校，要着力于"双师双能型"教师的引进和培养。要按照引进、培养和聘请相结合的原则，以建设"既能培养应用型人才，又能进行政产学研用"的"双师双能"专业教师为重点，重视教师综合素质、专业技能的提升，积极与企业合作，加强专兼结合的教学团队建设。在人才引进上，要突破唯学历论的桎梏，不断完善引进制度，保障激励机制，促进"双师双能型"教师队伍的稳步发展。对于高学历、高职称的"双师"素质专业带头人和骨干教师，给予不占编制、不占岗位的引进政策，优先引进；对于企业行业一线技术骨干或能工巧匠，采用人事代理制的模式，实行合同聘用制。

同时，还应制订教师实践培训计划，分批次、按计划对教师进行实践锻炼和培养培训，培养一批具有专业理论扎实，教学能力突出，实践操作技能精良的"双师双能型"教师。此外，还要健全考核激励机制，在职称评定和薪酬待遇方面，向"双师双能型"教师倾斜，设立"双师双能型"教师专项奖励制度等。

（3）重点面向社会，招考专业人才。要继续面向企业、行业一线从与专业设置相关行业或企业、管理人员中，选聘既有丰富实践经验又有教学能力的专业人员兼课担任实训教师，使每个专业都从企业行业聘请2名以上专家。重点选聘名师专家，使各专业至少聘请1名在自治区行业内具有较高影响力的专家。同时，还要深入重点高校，选拔招考优秀毕业生。根据专业发展的需要，分层次安排好人才引进规划，努力把他们培养成为具有"双师"素质的骨干教师。

（四）提高教师综合素质

（1）实施"人才培训工程"，提升教师队伍的业务素质。如何系统规划好教师尤其是青年教师的职业生涯，成为应用型本科院校建设与发展的重中之重。广西高校要坚持普遍提高和重点培养的相互结合，对不同层次、有不同需求的教师进行不同的培训，既关注学历教育，又重视教学技能培训；既注重综合素养的提升，又不忽视实践技能的培训。总的来说，要充分发挥有限的教育资源，积极推进教师人才培训工程，全方位、多渠道地促进教师全面发展。

教师"人才培训工程"，即每年安排一些教师外出进修和到企业实践锻炼，可根据教师特点和专业建设要求，合理安排培训内容，促使教师在优化知识结构的同时，不断提升专业技能，加快向"双师双能型"教师迈进。对于本科学历的教师，要以学历进修和业务进修并重，同时考虑技能培训；对技能型教师，要以业务理论进修为主进行培训；对于高学历教师，要以到企业实践锻炼为主进行培训。同时，启动教师"境外人才培训工程"，安排教师到境外教育发达国家或者贸易国参加会计技能培训。境外培训以专业带头人和骨干教师及其培养对象为主。

（2）实施项目培训，提升教师队伍的科研能力。开展课程培训，即每年拿出一个月左右的时间，确定一个主题，在学校或学院范围内进行理论研讨，通过院内专家学术讲座、撰写研究报告等形式，就某一方面的问题探究根源、提炼思想、交流经验。进一步深化理论研讨的选题，提升实践性和科学性，完善活动的组织，提升活动的参与性和实效性。

（3）开展教师相互交流活动，提升专业教师的"双师"素质。开展教师相互交流活动主要是通过教师"结对子"活动来开展实施。一是开展技能型教师与理论型教师的互相拜师活动。按照理论型与技能型结合的原则，把教师以小组为单位组织起来，互相学习理论和技能，并安排他们共同参与理论课和实践课"一体化"教学的教材建设、课程建设和教学活动，促进理论教学与实践教学能力的共同提高。二是开展校内专任教师与来自企业一线的实践课教师互相拜师活动。通过"结对子"，校内教师向校外实践课教师传授教育教学基本知识和经验，校外实践课教师向校内专任教师传授来自企业一线的最新技术技能。

（4）加强校园建设，提升教师队伍的思想道德水平。加强校园建设一方面是要积极开展校园文化建设。通过打造和谐、团结、奋进的人文环境，科学规范的制度环境，努力营造富有活力的校园文化环境，使教师能够实现忘我工作与心灵自由的统一，迸发思想活力。另一方面是要大力加强师德师风建设。贯彻和执行我院教职工行为准则，坚持不懈地开展师德师风建设。把师德师风建设列入教师的岗位责任制，定期检查和考核，不断提升职业道德素养。

（五）强化师资队伍管理

广西高校要积极推进制度创新，进一步完善教师管理的各项制度，建立起一套科学有效的管理激励系统。主要包括以下四种机制：

（1）引导机制。要进一步调整和完善管理激励机制和考核制度，以及教师职称评聘的有关规定，充分发挥这些制度在调整教师学习、工作能动方向上的引导作用，引导教师主动参加学习和培训，不断提高自身素质和教育教学水平。

（2）评价机制。充分发挥教务处、人力资源处的作用，强化质量监控力度，建立从目标管理到过程管理全面的教学质量监控体系。不断推进科学管理，积极推进现代管理手段在教学管理和评价中的应用，提高工作效率，增强管理的科学性。

（3）竞争机制。进一步推行全员聘用制，逐步建立起"按需设岗、以岗定薪、按岗聘用、竞争上岗、合同管理"的聘用制度，在适度稳健的状态下建立起淘汰机制和良好的激励机制。

（4）保障机制。进一步加强教育管理的综合建设，在民主管理、主动服务、资金支持等方面做好工作。通过积极主动为教师服务，为教师解决学习、工作、生活中的实际困难。加大对教师培训、表彰奖励的资金投入。

总之，广西高校的师资队伍培养应该紧紧联系市场经济的发展方向，在教学中坚持能力本位的观点，加强教师工作能力以及全面素养的培育，以此来促进广西会计人才能力的快速提升。

典型案例

广西民族大学商学院办学特色

广西民族大学商学院办学特色主要表现为"3+1"人才培养模式。本着"面向东盟，商界精英"的办学理念，学院坚持特色办学、精英育才。多年来，学院利用学校国家外语非通用语种本科人才培养基地和毗邻东南亚国家的区位优势，以我校东南亚语言特色学科为依托，实行"3+1"人才培养模式，实现了东南亚语言学与我院经济学、管理学两大学科的有机结合，为广西民族地区发展培养了10000余名兼有专业知识和语言能力的普通本科、成人本专科商科人才。他们以强烈的历史使命感和社会责任感，活跃在祖国社会主义现代化建设和广西经济社会发展的各条战线以及东南亚各国，为民族地区经济建设和社会发展，为促进中国—东盟自贸区经济文化交流做出了重要贡献。

※师资建设

广西民族大学师资队伍建设工作一直紧紧围绕"高水平应用型大学"建设这一战略目标，面向社会需求，围绕人才培养、学科建设和创新体系的构建，以提升师资队伍能力水平为核心，深入实施"人才强院"战略，为高层次人才锻炼成长发挥作用、创造条件，高度重视和加强中青年教师的能力建设，以改革创新为动力，建立和完善有利于优秀人才成长发展的制度环境，使高层次拔尖人才的数量明显增加，中青年学术带头人、学术骨干大量涌现；走全面协调可持续发展的建设道路，逐步建设高素质、高水平、结构优化的师资队伍。到语言对象国学习1年，为民族地区培养企业经营管理商务人才。

※学科建设方面

学院现有国际经济与贸易、会计学、金融学、市场营销、电子商务、物流管理和税收学7个本科专业，拥有马克思主义经济理论与应用、商务信息管理2个目录外二级学科硕士学位授权点和1个国际商务专业硕士学位授权点，中国—东盟经贸合作研究1个博士方向点。广西民族大学商学院现有教职工56人，其中专任教师45人，具有教授职称13人，副教授或副高职称19人，讲师或中级职称13人；博士24人，在读博士1人；在校全日制本科生1914人，研究生52人；在校留学生174人，其中本科生158人，硕士研究生13人，博士研究生3人。

※平台建设方面

广西民族大学商学院现有国家级学科平台1个——国家级大学生校外实践教育基地（广西民族大学—广西嘉顺贸易有限公司经济学实践教育基地）；自治区级学科平台8个——自治区级国际商务虚拟仿真实验教学中心、面向东盟的国际商务信息技术重点研究基地、东盟国际经济与贸易应用型人才模式创新实验区、多语种商务信息实验室、自治区级实验教学示范中心、经济管理教学实验中心、广西沿边沿海经济开放发展协同创新中心、自治区级创新创业教学团队；自治区级重点学科1个——国际经济与贸易，广西高校优势特色专业建设点1个——电子商务，广西紧缺专业1个——物流管理；校级研究中心2个：广西民族大学扶贫发展研究中心和广西民族大学"一带一路"研究院。

"十三五"期间，学院将按照国家和广西经济社会发展的战略要求和学校教育事业发展的总体规划，紧紧围绕人才培养、科学研究、社会服务和文化传承创新四大功能，全面提高教育教学质量，进一步提升办学水平，为建设成为在国内和东南亚地区有较大影响和鲜明办学特色的高水平商学院而努力奋斗。

第三节 加强校企合作，提升会计人才的实践能力

校企合作源于共同的使命与追求，高校与企业的合作始于"双赢"，校企双方只有找到了利益的共同点，合作才有基础，才有正确的方向。

产学研合作教育作为一种新型教学模式，随着社会经济快速发展对应用型人才的迫切需要应运而生。它突破了传统人才培养模式，在高等教育中开辟了一条新的人才培养路径，能够培养出针对性强、适应性强的人才。所以，加强会计专业的产学研合作教育势在必行，在人才供求市场以需方为主导的今天，高校作为校企合作的主体之一，合作过程中应更加主动，这就要求广西高校在进行会计专业人才培养产学研合作项目时，充分发挥政府、企业和社会等各个方面的作用，全面促进广西高校会计专业人才培养目标的达成。

一　产学研合作教育模式简介

1. 内涵

产学研合作教育就是充分发挥企业与学校、科研机构等多种不同教学资源在人才培养方面的各自优势，把学校教育与直接获取实际经验、实践能力为主的生产、科研实践有机结合的一种教育形式。"产"指企业，"学"指高等院校，"研"指科研机构。其中，企业是技术创新的主体，是该系统的核心部门，而高等院校、科研机构在科研、育人等方面具有自身独特的优势，所以，要想运用产学研教学模式就必须使高等院校、科研机构与企业三者之间相互合作、相互配合。产学研合作教育模式能够充分调动和利用社会各界的资源，以理论学习、实践操作和科学研究相结合的方式，全面培养和训练会计专业学生的学习能力、应用能力、操作能力和研究能力，能够迅速解决学生踏入社会的角色转变问题。

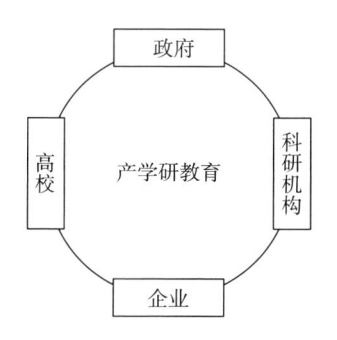

图 6-4　产学研概念

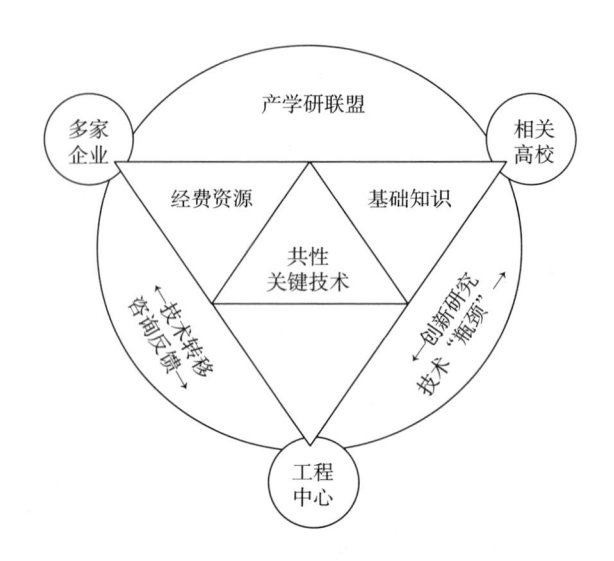

图 6-5　产学研合作项目模式

2. 典型模式

产学研合作教育模式最早由美国辛辛那提大学工程学院教务长赫尔曼·施奈德开创。赫尔曼于 1906 年在辛辛那提大学推行了第一个合作教育计划，之后，这种教育模式在世界各地得到了推广。国外的典型模式有：

美国模式——学徒式合作教育模式。这种模式建立在 12 年中小学基础教育之上，是实施高等教育的初级阶段，类似于中国的专科院校，其教育的主体是社区学院。通常学生入学学习半年后，便进入企业进行实际训练。实际训练和大学学习以 2 个月左右为期限交替进行，在毕业前的半年，再集中进行大学知识授课学习，最终完成毕业设计。这种模式以培训合格的劳动者为目标，通过开展学校与工商企业、服务部门等校外机构之间的合作，可以把学生的理论学习与实际操作有机结合起来。

英国模式——"三明治"课程模式。这种模式的本质是一种"理论—实践—理论"的人才培养模式。在英国，这种培养模式主要有两种形式：第一种是"1+2+1"模式或"1+3+1"模式，此处的"1"指的是一年的实践，即学生中学毕业后，先在企业工作实践一年，然后在学校里学习完二年或三年的课程，最后再到企业工作实践一年；第二种是"1+2+1"模式，此处的"1"指的是一年的理论学习，即第一、四学年在学校学习理论知识,第二、三学年到企业进行一年的实践。

德国模式——"双元制"模式。从体制上说,这是在国家立法支持下,以企业为主导,校企合作共建的办学模式。这种模式在组织和教学结构上包括多个对应的基本要素,如企业与职业学校、学徒与学生、培训大纲与教学计划等。在这种模式下,受训者在接受学校教育之外还要和企业签订"职业教育合同",企业除了为每位学生提供三年的培训经费和工作实习岗位,还给学生配备具有丰富实践工作经验的高级技师作为指导老师。

实践证明,产学研合作教育是国际公认的培养创新人才的最佳途径。目前产学研合作教育已成为世界性的教育改革潮流,也成为我国高等教育的发展目标。我国于20世纪80年代后期引进这种办学模式。产学研合作教育模式引入我国经过30多年的发展,出现了多种有中国特色的模式:

(1)订单模式。订单模式是指学校在与用人单位充分协商的基础上,依照用人单位的人力资源计划,结合用人单位提出的人才培养要求,与用人单位签订"订单",并以此制定相应的教学培养方案。双方约定学生毕业时,经用人单位和学校考核合格后,用人单位依照"订单"吸收毕业生到其单位就业并签订就业协议。这种模式相当于双方共同培养企业的预备"员工"。

(2)"X+Y"模式。"X+Y"模式是将学生的培养计划分为在校理论学习(X)和企业顶岗实习(Y)两个阶段,两个阶段的时间分配可以依据具体实际情况灵活安排。在正常情况下,学生首先进行X阶段,即完成在学校的理论课程学习,然后再进行Y阶段,即参与企业的顶岗实习。

(3)工学结合模式。工指的是校外工作,学指的是学校学习。顾名思义,工学结合模式是指学校根据实际情况,采用在校学习与校外工作两种方式多次交替对学生进行培育的教学模式。通常,学校会在完成学校理论教学的基础上安排学生参加实践工作的时间、次数及频率,使学生不断循环将理论学习与实践锻炼结合在一起,从而最大限度地使学生的实践操作能力得到全面提高。

除此之外,还有"1+1+1"联合创新平台模式,即由政府、高校或科研院所、当地企业三者共同建立研究院、研发基地、重点实验室和工程中心等技术创新机构;大学科技园模式,即以名校为依托,整合高校与地方资源,采用校地共建、一园多校的大学科技园模式等。

3. 意义

产学研合作教育模式能够有效利用院校硬件、软件和师资等资源,集合科研和生产的优势,推动高校应用型人才的培养,将人才和市场需求对接,创造更大的社会价值。可以说,产学研合作教育从根本上解决了学校教育与社会需求脱节的问题,缩小了学校和社会对人才培养与需求之间的差距,增强了学生的社会竞争力。

二 当前广西产学研合作教育模式面临的困境

产学研合作教育的模式尽管很多,也发挥了重要的作用,但这些模式在实际运行中也面临着共同的困境,主要表现为以下几个方面:

1. 政府对会计专业产学研合作教育的支持薄弱

回顾国外产学研合作教育模式的经验,政府发挥着不可替代的重要作用。就我国而言,到目前还没有一部完备的或专门的关于产学研合作教育方面的制度或法规。关于推进产学研合作教育的内容,也只是零星分布在相关的政策和法规条例中,如2008年国务院在《国家知识产权战略纲要》中提出要在政策层面促进产学研的结合;2010年在《国家中长期教育改革和发展规划纲要(2010—2020年)》中针对提升行业企业参与高职教育积极性的问题,提出"要建立健全政府主导、行业指导、企业参与的办学机制,制定促进校企合作办学法规,促进校企合作制度化,制定优惠政策,鼓励企业接收学生实习实训和教师实践,鼓励企业加大对职业教育的投入"。也是在这个规划纲要中我国首次正式提出要制定有关政策法规来推动校企合作与产学研合作教育。但是具体细则目前则没有规定。由于缺乏具体的细则性规定,通过政策来调动行业企业参与合作教育的力度仍显薄弱。

2. 企业参与会计专业产学研合作教育的积极性不高

目前,各级政府提倡的产学研合作主要集中于大型的科研项目,会计类学科则鲜有涉及,而且对于会计类学科产学研合作项目的基金也很少,这使企业只能用自有资金开展产学研合作,也一定程度上降低了企业参与会计专业产学研合作教育的积极性。

中国大部分企业对经营管理方式的创新重视不足,也不太注重创新人才的培养,在经营过程中往往只注重短期收益,而不注重长远规划,特别是数量庞大的中小企业，由于自身规模和资源有限，更多的是将资源分配到产品的生产和销售中，无暇考虑以参与会计专业产学研合作教育的方式提升企业管理水平。

此外，外国学者通过实证研究发现企业和高校之间的合作会受到企业开放程度的影响，如果一个企业的开放程度越高，那么企业与大学之间的合作越容易发生。而广西的企业的开放程度还不够高，能够有意愿参与会计专业产学研合作教育则更是少之又少。与此同时，他们的调研还发现企业进行产学研合作的主要动机是为了了解行业先进技术的发展情况、引进特殊的设备或技术成果等，但是，会计学科的特点决定了它在寻求产学研合作教育的道路上处于劣势，总是呈现高校积极而企业冷淡的状况。

3. 高校产学研合作培养方案不够完备

尽管许多高校认识到采用产学研合作教育模式来培养会计人才的重要性，但是在实际的培养方案中却并没有引起足够的重视，没有将产学研合作教育付诸实践。在课程设置方面偏重理论教学，授课教师也缺乏实践经验，导致学生接收到的都是理论性的知识，而缺乏实际应用。因此，学生无论是参与顶岗实习还是最终就业，都难以提供让企业满意的成果，严重制约了会计专业产学研合作教育的开展。

同时，由于产业界和学术界合作积极性不高，导致高校会计专业研究难以实现成果转化，产业链和知识链严重脱节。高校财会领域的研究创新成果归根结底是要为企业服务的，但是，目前很多高校的研究方向和重点仍是注重学术方面，对于实际应用关注不够，而企业经营的目的是追求利润的最大化。这种关注点的差异，使高校财会类研究创新项目的成果很难符合企业的实际需求，难以为企业创造实际的、可见的价值。科研成果无法转化为实际生产力，产学研合作项目自然难以进行。

此外，由于相关立法和制度的缺失，产学研合作教育中企业和高校权利和义务的归属问题也成为制约会计专业人才培养的产学研合作教育模式发展的因素。当问题一旦发生，只能借助其他法律法规来解决，例如，产学研项目中的专利技术转移问题、知识产权归属问题，就只能借鉴《专利法》《技术合作法》等相关法律规定来进行解决。但是，这样的做法针对性不强、解决起来程序较为烦琐，很容易造成项目无法顺利完成，影响了产学研项目倡导者和参与者的积极性。所以建立一套专门针对解决产学研合作项目的法律法规是具有现实意义的。

三 构建产学研合作教育模式的对策

（一）政府层面——规范引导，政策支持

财政部发布的《会计行业中长期人才发展规划（2010—2020年）》明确要求企业和事业单位关注自身需要承担的社会责任。对高校人才培养项目的支持是履行社会责任的一种体现。为了促进产学研合作教育，政府部门应建立健全相应的法律法规，并积极从政策上给予有效的引导与扶持，充分调动各方利益主体的积极性与主动性，促使企业、高校等各方主体主动参与到合作教育平台中，以实现中国会计专业人才培养的战略目标。具体而言：

（1）建立健全产学研合作教育法律法规体系。自治区政府应制定各种产学研合作教育法规，完善合作教育有关法律法规，改变以往产学研合作教育无法可依，无章可循，有规不依，执法不严，政策不配套的现象，从法律法规上确立产学研合作教育的地位、重要性及必要性，促进合作教育发展，使产学研合作教育走上法制化、规范化道路。

（2）在政策资金方面给予相应的重视与支持。在政策上自治区政府应该积极鼓励会计专业产学研之间自发开展合作，对与高校等科研院所合作的企业给予一定的政策保障、税收优惠支持。同时，鼓励企事业等用人单位积极参与到产学研结合的会计专业人才培养建设中来，鼓励大学和科研机构的相关成果和先进管理理念在企业中的实际推广，互利共赢，共同发展。此外，自治区政府还应设立专门的资助计划，直接支持会计专业产学研结合。

（3）建立管理产学研合作教育的专门机构。由于高校与企业具有不同的性质、特点和任务，相互之间难以沟通协调，且目前大多数省市尚未建立起管理产学研合作教育的专门机构。因此，自治区政府应成立各级产学研合作教育的专门机构，设置专项基金，明确并发挥好专门机构咨询、指导、扶持、决策、监督等作用，从真正意义上推动产学研合作教育的发展。

（4）健全产学研合作教育激励机制及质量监督评估机制。自治区要健全产学研合作教育中的激励机制，可以通过下达产学研合作教育作为鼓励性任务，给予参与产学研合作教育的企业、学校、教师等在财政、提职等方面的政策奖励倾斜，如允许参与产学研合作教育的企业免交一定的税收，把开展产学研合作教育作为评选优秀学校、优秀老师的必要条件，产学研合作教育的同学毕业后可缩短一定时间的试用期，并给予学生适当的生活补贴等。此外，自治区应协调好教育部门、产业部门及社会有关方面的关系，定期检查督促以保证产学研合作教育质量。

（二）企业层面——强化责任，积极参与

市场经济条件下，企业以追求利润最大化为目标。产学研合作教育往往耗资巨大且见效周期长，这就使企业参与积极性不高。面临这种情况，企业应高瞻远瞩，用战略的眼光看问题。

1. 强化责任意识

企业应克服片面追求短期利益的急功近利行为，明确作为人才需求者和培养者的双重角色，认识到合作教育的长远利益。企业应该目光长远，从培养人才的角度出发，加强与高校的合作，通过提供实习机会、联合培养等形式来培养优秀的会计人才。一旦企业与高校签订会计人才产学研项目，就可以根据自身的人才需求，通过这种方式有针对性地筛选和培养未来能够为企业所用的高层次会计人才，从而达到企业与高校互利共赢的目的。

2. 提供专业指导教师

实习期间，企业往往会通过以老带新的方式安排专业指导教师（专职员工）统一管理学生，并为每位实习生进行实践指导。这个专业指导老师除了要注重专业技能的传授外，还得积极了解学生日常动态，定期与实习生沟通，了解学生实习的心得体会及职业生涯规划等内容，积极引导学生从"校园人"往"职场人"转变。

3. 积极参与产学研合作的整个过程

在合作教育前期，企业要积极参与合作高校的课程设置、教学计划制订以及教材编写等工作，从社会市场需求出发，为学校教育提供专业性的指导建议。在合作教育后期，企业要积极对产学研合作教育的实施效果进行评估，认真听取学校和学生的反馈意见，为今后与高校的进一步合作提供宝贵的经验借鉴。

（三）高校层面——加强合作，互利共赢

1. 以需求为导向，共同制订产业人才培养计划

各专业的人才培养工作要树立"资源共享，物尽其用；人尽其才，共同发展"的开放办学理念，探索并建立"理论课程教学以学校为主，

生产实习环节以联盟的现代企业为主,毕业论文以企业项目课题为主"的"三位一体"人才培养模式。通过对培养目标、课程设置、教学内容和教学方法、科研训练、社会实践等方面的改革与创新,提升教师队伍素质,改善办学条件,大力培养学生的创新能力、创造能力、实践能力和就业能力。

2. 依托产学研联盟,提升教师科研创新能力

教师是合作教育的核心和主体。拥有专业素质的教师队伍是合作教育取得成功的重要因素之一。教师应主动走出校门,走进企业和生产一线,积极参与各级各类科学研究活动,了解行业最新信息,增加实践经验,提高自身的科研水平。同时鼓励企业一线技术人员参与合作教育,将实际操作技术带进课堂。

3. 调动学生参加合作教育的积极性

学生是产学研合作教育的参与者,发挥学生的积极性是做好产学研合作教育的关键之一。高校应该积极构建多种产学研教育平台,让学生自主学习、研究性学习、探索性学习,提高学生的学习兴趣和科学研究兴趣。学生可通过参与教师科学研究项目或申报校级学生科研项目等形式,进行初步的探索性研究工作。

(四)社会层面——搭建平台,广泛参与

从目前形势来看,高校对于企业需要何种技术和何种技术人才并不能准确掌握,这直接影响了学生的就业。因而,产学研结合必须建立完善的信息沟通机制。建立这种信息沟通机制一方面需要通过政府建立官方的信息平台,为高校和行业企业搭建信息高速公路;另一方面就是通过中介机构建立专门的信息平台,为高校和企业行业提供信息服务,促进各方共同发展。就广西的会计中介机构而言,需要做到以下两点:

(1)要加强调研,了解需求。中介机构要加强市场调研,了解产学研合作教育领域需要的资源和服务,从而有针对性地强化本机构的服务水平。对于中介机构的从业人员要提高标准,切实发挥中介机构在高校和企业之间的桥梁作用,推动会计专业产学研合作教育的迅速发展。

(2)服务到位,促成合作。中介机构要增加强信息设施建设的力度,搭建并完善与高校、企业之间稳定的信息网络关系,从而及时掌握各方的需求,并进行沟通传递,促进潜在的产学研合作,全面推动会计专业人才产学研合作培养的新发展。

典型案例

高校会计专业教育与会计事务所校企合作模式探索

（一）合作双方：天津××高校与××会计事务所

以天津××高校会计学院与××会计师事务所的长期战略合作的实践经验为例，进行以就业为导向的校企合作创新人才培养模式的探索。双方遵循自愿平等、互惠共赢的原则，发挥双方各自的资源、品牌、人才等方面的优势与特色，加强交流，拓展和深化各项合作项目，建立起了互惠互利、全面持久的合作关系，以实现优势互补，共同提升。

（二）具体操作

（1）成立工作领导小组。高校与会计师事务所成立工作领导小组，探讨双方合作的具体事宜，并定期召开会议，评价双方合作成效。

（2）建立专题工作小组制度。根据确定的合作项目，成立专门工作小组，开展具体的专项合作工作。专题工作小组成员由双方协商确定，对具体的合作项目及相关事宜制订合作计划，提出工作措施，落实合作事项，并定期向工作领导小组报告合作项目进展情况。

（3）建立联络员制度。高校与会计师事务所双方各派出一名联络员，保证双方沟通渠道的畅通，主要负责日常联络、沟通和协调等工作。

（三）合作成果

1. 建立了实践教育基地，促进校企教与学交流

高校与会计师事务所共同建立了实践教育基地，以此为载体推进双方在人才培养及人才聘用上的相互合作。该会计师事务所为高校在学术硕士、专业硕士学位点的建设上面，提供了具有丰富经营管理的人员和专业技术人员担任硕士生导师和硕士课程授课教师。比如在校的专业硕士中，有多位企业导师是该会计师事务所的高级合伙人及经管骨干。他们将丰富的实务知识通过丰富多样的途径直接传授给在校硕士生。该会计师事务所也是高校各类人才培养的重要合作伙伴。比如在"2+2"（计算机+会计）专业教育、卓越会计师人才培养方案的制定以及其他实践教育环节中，高校多次聘请会计事务所专家担任实践指导教师。

另外，高校也根据会计所的需要，优先向该会计师事务所提供管理

和技术人才的培训服务，优先向该会计师事务所转让科研成果。会计师事务所也为教师进行社会调查和科学研究等工作时，尽可能提供力所能及的帮助。会计师事务所也为高校提供了大量的应届毕业生就业实习岗位。

2. 建设研究中心等科研机构，推动多样校所科研合作

根据高校和会计师事务所的需要，随时设立研究中心等科研机构，既可以是项目委托，也可以是共同申报省级及以上的科研平台等，开展多种形式的校所科研合作。并且，在双方友好协商基础上，共同开展案例开发与案例教学研究，共同开发审计教学软件。

3. 设立奖助学金，支持我院学子成长成才

会计师事务所设立××奖学金，用于奖励品学兼优学生，获得该奖学金的优秀学生可以优先选择去天健会计师事务所实习工作。

第四节　加强国际合作，提升会计人才的国际竞争力

随着经济全球化的不断深入，各国之间的政治经济往来越来越多，各国企业间的经济交流合作越来越多，国际化会计人才的培养迫在眉睫。如何培养高层次的，尤其是素质比较全面，既熟悉国际市场规则，又懂国内法律法规的会计人才成为高校会计专业亟须解决的问题。鉴于国际国内形势，我们认为广西高校必须立足自身，发挥长处，并有效借鉴国外先进经验，加强国际合作教育，进而全面提升广西国际化会计人才培养的进程。

一　国际合作教育与国际化会计人才

（一）国际合作教育

1. 国际合作教育研究概述

第二次世界大战之后，各个国家间的相互交流沟通逐渐促成了高等教育的共同发展，从而产生了国际化合作教育这样的研究课题（顾明远，1998）。国际合作教育作为全球教育领域的新兴潮流，其研究成果在理论与实践领域中百花齐放。廖忠认为国际合作教育的定义分为两种：第一种是从国际合作教育的结果来定义国际合作教育，主要研究国际合作办

学模式；第二种则是从教育国际化的过程来进行定义，从教师、学生、课程体系设置等方面来阐述各个部分国际化的优势以及如何国际化。

陈昌贵则认为国际合作教育的内涵可以从一般意义和特殊意义两个方面加以阐述。一般意义是指理论上对国际化合作教育的必然趋势进行研究探索；特殊意义则是从实践角度出发将国际化合作教育在国家和学校两个层面上进行具体化。

许多外国学者也对国际教育进行了相关的论述，有的学者从学校的层面阐述国际化合作教育的内容，即在高等院校教学模式、教学内容、教学方法等诸多方面让学生融入国际，培育具有全球视野和多元文化理念的国际化人才。但也有一些学者认为从学校的层面定义国际教育模式存在一定的局限性，并提出一个更广泛的定义，认为国际合作教育是一个系统，它使高等教育对社会、经济和劳动力市场的全球化需求做出回应。

2. 国际合作教育的内涵

"合作教育"提倡教育过程中的师生合作，重视学生的学习兴趣、学习能力的培养以及个性的健康发展。在中国历来也有合作教育的传统，著名教育家孔子曾提出："三人行，必有我师焉"，就是强调彼此都有长处，要加强合作交流学习。合作教育的形式有很多，既有强调教师与学生的师生合作教育，也有学生与学生之间的合作学习，现在合作教育的外延更为广阔，它既可以指不同领域的合作教育，也可以指不同国家和地区之间的合作教育。

本书中的国际合作教育就属于最后一种，它强调不同的国家出于共同的目的和需要在某一学科或专业加强合作办学，通过这种方式来培养学生的国际化视野，提高学生的全球化适应能力。作为经济发展动力中不可或缺的会计专业人才教育体系，随着教育国际化的发展，会计人才培养也展开了国际合作教育发展模式。本书认为，国际合作教育与会计人才培养模式相结合，衍生出会计专业人才培养模式的一种新路径。

国际化合作教育包括很多内容，大体上可以概括为人才培养目标的国际化、课程设置的国际化、教师队伍的国际化、教材使用上的国际化以及人才交流等国际化诸多方面，这些都为会计专业人才培养模式拓展出了新路径。

表6-7　　　　　　　　广西中外合作办学项目成果

广西民族大学与英国斯泰福厦大学合作举办会计学专业本科教育项目
广西财经学院与澳大利亚精英高等教育学院合作举办会计学专业本科教育项目
桂林理工大学与英国伯明翰城市大学合作举办市场营销专业本科教育项目
广西师范大学与英国格林多大学合作举办学前教育专业本科教育项目
广西医科大学与美国西俄勒冈大学合作举办公共事业管理专业本科教育项目
广西艺术学院与美国西俄勒冈大学合作举办音乐学专业本科教育项目
广西科技大学与澳大利亚南十字星大学合作举办软件工程专业本科教育项目
广西大学与美国中密歇根大学合作举办电气工程及其自动化专业本科教育项目
桂林电子科技大学与爱尔兰国立科克大学合作举办网络工程专业本科教育项目
广西艺术学院与英国格林多大学合作举办动画专业本科教育项目
广西师范学院与英国卡迪夫城市大学合作举办旅游管理专业本科教育项目
广西中医药大学与美国督优维尔学院合作举办护理学专业本科教育项目
广西科技大学与英国爱丁堡龙比亚大学合作举办机械工程专业本科教育项目

（二）国际化会计人才的素质要求

（1）国际会计人才需要具备合理的知识结构。国际化会计人才不仅需要具备娴熟的专业知识，还需要拥有国际专业视野，熟知国际会计准则，了解国外市场运作规则和相关法律法规，掌握最新行业知识，始终站在专业、行业的前沿。掌握必要的专业知识是会计学方向的学生能够进入会计职业，培养专业能力的基本前提，会计的工作围绕会计信息展开，因此，会计、审计、财务、税务方面的知识就应当构成会计知识的主体和核心。此外，还应当具备法律知识以及信息技术知识等，为核心知识和职业技能的运用提供背景和工具。

（2）国际会计人才需要通晓经济、管理、英语、数学等学科知识。国际化会计人才应该掌握专业、精准的财务英语以及熟练的英语沟通技巧，能够从容面对国际化竞争。因此，在学科体系的设置上要求重视学生的基础知识培养，培养过程中应该将会计、财务知识、计算机技术、管理、金融税收法律及外语知识有机地结合起来，学生应该了解自贸区组织制定的有关规则知识产权协议、服务贸易总协定等知识，对国际金融、国际结算、国际贸易、国际商法等也必须熟练掌握。

（3）国际会计人才需要较强的实践能力。会计的职业技能是指在职业环境中合理、有效地运用专业知识，并保持职业价值观、道德与态度的各种能力，包括智力技能、技术和应用技能、个人技能、人际和沟通技能、组织和企业管理技能等。其中，贯穿上述各种技能的核心技能是职业判断。国际会计人才应当将职业判断能力的培养和提高作为教学的重中之重。良好的职业判断需要会计经验和知识为基础，需要以适用的职业准则框架为依据，以应有的关注、客观和正直的态度为保障。国际化会计人才需要具备较强的分析解决问题的能力。国际化会计人才应努力做到思维清晰，具有较强的逻辑能力，并能够从错综复杂的各种信息中找到联系进行归纳分析，从而有效监督企业经济运行并解决各类财务问题。

（4）国际会计人才需要树立高尚的职业道德观念。国际会计人才培养模式应当通过课程设置和专业实践，培育学生正确的职业道德，树立他们维护公众利益、履行社会责任的观念，不断进取和终身学习的观念，珍视自身信誉、负责任、守时、有涵养及尊重他人的观念，以及遵守法律法规的观念。只有这样，才能为会计行业培养具有较高的道德水准、严于自律的国际化高层次会计人才。国际化人才需要具备良好的道德素质。国际化人才应该具有较高的思想觉悟，较强的法律意识和责任心，对工作严谨认真，一丝不苟，并且应该具有较强的服务意识。

二 加强国际合作教育，培养国际化会计人才是大势所趋

（一）必要性

1. 21 世纪经济全球化不断深入

全球经济一体化将是 21 世纪世界经济发展的趋势。全球经济一体化将给我国的会计教育带来巨大的挑战。跨国公司的大量进入及其本土化经营，将大大增加对高新技术人才及熟悉世界贸易规则的金融、管理、贸易、法律、会计等方面的高级经营管理人才的需求。随着中国—东盟自由贸易区的建成，许多国家采取各种措施吸引中国学生出国留学，不仅如此，国外机构进入我国合作办学的条件也将放宽。这些外来的高等教育机构与本土的高校形成了强有力的竞争。与此同时，会计教育市场的争夺，对我们而言，无疑又是一次难得的发展机遇。通过"引进来"的办法，有利于我们学习先进国家的经验，并且结合自身的情况，促进广西会计教育，尤其是高校会计教育的发展。

2. 会计人员职业环境的日新月异

"迅速变化"已成为会计人员职业环境的主要特征。当前，商业贸易的国际化程度越来越高，企业与其他组织的交易越来越复杂，随之变化的是企业对会计人员要求的提高。因此，在树立全球化经济观念的同时还应确立会计发展的国际化观念，一方面，市场竞争更加激烈加剧，企业之间的破产、兼并和联合频频发生；另一方面，国内的各项改革也不断深化，这都对会计理论和实务提出了新的更高的要求。培养跨国的会计人才迫在眉睫，会计人员不仅要精通财务会计报告编制，具备参与企业经营管理及决策控制的能力，更需要具备参与国际竞争的能力。

3. 社会需求与日俱增

当前，社会对既熟悉国际市场规则，又懂国内法律法规的高素质会计人才需求不断增加。根据国内有关部门的统计，资料显示，我国有近1600家境内外上市公司，数十万家国有企业、近50万家外资企业、300万家民营企业都需要专业的会计和审计服务。我国现在对国际化会计人才需求大约为35万人，而符合要求的只有约6万人，缺口达到29万之多。可见社会对高层次、国际化会计人才需求很大。然而，高校会计专业在这方面的培养并没有引起足够的重视。很多用人单位反映毕业生实践能力差，知识结构单一，不能支持企业的国际化战略发展，因此，培养更多与国际接轨、熟练掌握国际财会界游戏规则的国际化会计人才迫在眉睫。

（二）存在的问题

广西会计人才培养中的国际合作教育正在如火如荼地进行，但仍存在一些不足。

1. 学科国际化办学条件的不足

一方面，在课程设置方面，部分高校所谓的合作办学要不是一种不管不顾地照搬照抄，对于国外的办学模式一丝不苟地全盘吸收，要不就是对国内其他高校会计学科国际合作教育模式的简单改造，缺乏对自身实际特色和师资条件、学生诉求的分析，直接违背了合作教育的初衷。另一方面，从师资配备方面来看，部分高校中方教师队伍的国际交往不能适应国际合作教育的形势，许多教师的外语能力都不达标，更谈不上国际交流合作。而有的合作办学外方仅提供外语课程和一般类课程的教师，核心课程不予提供，甚至有的外方不履行协议的内容，大大降低了中外合作办学的质量,在一定程度上造成了合作办学的负面影响。

2. 学科国际合作办学意识不强

国际化合作办学总体来说已成为大多数高校的发展战略,但就会计学科来说,许多会计专业国际化合作办学大多依附在学校国际合作办学的范围内,自身特点体现不明显,名存实亡。导致这种现象出现的一个重要原因就是会计学科国际合作教育缺乏明确的办学思路。对于教学模式、内容和方法上需要做哪些变革,对于会计学科与其他学科的特点差异都没有做到具体问题具体分析,自然不可能取得良好的效果。

3. 借鉴有余,创新不足

改革开放以来,我们对于西方发达国家的经验借鉴更多的是停留在模仿和学习阶段。但国际合作不是模拟和照搬西方的研究成果,而是重在合作双方的互动交流,需要我们在吸收对方长处的同时通过自主创新实现内部革新。所以,在这个过程中,会计学科国际化合作教育的发展方式也需要采取多维度发展,不能一味只求吸收优秀文化,还需要根据自身特点加以转化和创新。目前,广西很多高校的会计专业人才培养的课堂上也会直接使用国外原版英文教材,这是一个进步,但我们也需要注意不要丢掉本土的内容,否则结果可能会背道而驰。

延伸阅读

美国本特立大学国际合作联合体项目

(一)背景

本项目共涉及美国和巴西两国四所大学,分别是美国本特立大学、巴西圣保罗大学、巴西巴拉那联邦大学,以及美国得克萨斯大学泛美分校。四所大学的国际合作项目得到美国和巴西两国教育部"高等教育提升基金"的资助。本特立大学与圣保罗大学之间已有多年的合作关系,合作内容主要包括学生交换、教师交流及合作研究。2007年,美国和巴西两国教育部推出"高等教育提升基金"项目资助,旨在通过课程提升,改进教育的质量和效果,并推动美巴两国学生的交流互换。该基金计划通过两国课堂学习、全球服务学习、跨文化商业知识,以及为解决现实中的商业问题所需的工具和技能,与正规课堂学习和教学方法相融合。

本特立大学国际合作联合体项目获得美巴两国教育部从2007—2011年

的资助。该联合体项目成功的一个重要因素在于，联合体中的合作伙伴已经有着十年的合作历史。本特立大学与其他几所学校一直保持着紧密的合作关系，包括学术合作、师生互访，以及联合开展研究项目。这些项目为合作奠定了良好的基础，从而也有力地推动了联合体项目的执行。

（二）成果

1. 学生流动

联合体中的各校在行政事务和服务工作上相互协调，如录取工作、学生服务、出差安排以及学分转换。所有参与项目的学生都得到资助以支付在外学习的费用。具体情况如下：

第一，一学期课程。5名美国学生被派往巴西参加一学期的课程。在这样的项目中，是否掌握葡萄牙语是关键因素。在巴西的交换学校，学生要选修12—15学分的课程，课程全部采用葡语讲授。与美国学生前往巴西合作院校学习的情况相比较，巴西学生选择美国合作院校学习的数量要更多，共有12名巴西学生选择本特立大学和得克萨斯大学泛美分校学习。

第二，国外实习。这是一个在巴西里约热内卢为期一个月的实习项目，共3学分。在商务实习前和实习过程中，学生需要参加葡语培训。该项目共有9名学生参与了实习课程，且实习相当成功。

第三，两周全球商业教育。该项目为3学分课程，在去巴西合作学校前及学习期间，学生要学习葡语及巴西的商业与文化环境。来自本特立大学和得克萨斯大学泛美分校共计16名本科生和工商管理专业研究生参与此项目。

2. 课程开发

联合体项目新开发了四门课程，从而丰富了商业课程体系，推动了美巴两国之间的学生交流。这四门课程分别为《以科技为基础的商业环境中有效运作的当代做法》、《如何提高非裔巴西孵化器的企业绩效》、《国际商务的实习》和《在全球经济、文化与商业中的巴西》。四门课程都在本特立大学和得克萨斯大学泛美分校的本科生和研究生层面开课，每门课程3学分。选修这四门课的学生必须先参加葡语培训。

3. 服务学习

作为巴西学术与文化体验的一部分，每个参加联合体项目的学生必须参加服务学习项目。作为合作机构的"非裔巴西孵化器"，是一家位于里约热内卢的非营利组织，其成立主要是为了帮助在巴西的少数民族企业。学生通过不同的项目参与其中，最基本的活动包括参与孵化器的管理团队和客户会议，观摩孵化器的运作。当学生回到本特立大学后，他们把在孵化器的工作与学习紧密结合起来，以孵化器作为学习案例，用于自身课堂展示和研究之中。

4. 外展和项目宣传

为了推动国际合作联合体项目的学生交流和其他跨国商业教育机会发展，本特立大学和其他合作学校对该项目的特色和内容进行了广泛宣传。学校网站以及学校刊物，如《本特立全球视野》《巴拉那联邦大学期刊》等，向学生及社团宣传各类学术项目及各类文化活动。参加过国外实习项目的学生须在本特立大学以正式报告形式分享经验，学生将访问过的中小型企业当作案例进行研究，并要求写出建议报告，以便与企业分享。项目培养了学生的跨文化合作意识，在当代全球商业环境中，这些是企业管理者能否脱颖而出的重要因素。

而且，所有项目参与者，包括管理人员、教师和学生都一起参与项目宣传资料、海报及活动策划的所有工作。例如，本特立大学在全校范围开展了项目推介会，邀请巴西学生一起参加文化庆祝活动，还为圣保罗大学访学归来的研究生举办了招待会。此类活动有助于培养学生的项目参与意识，让学生更多了解在国外学校具体的学术活动，以及国外学习面临的挑战和机遇。

（三）挑战

1. 学生流动

联合体项目中遇到的最大挑战就是学生流动，尤其是挑选合格的美国学生前往巴西学习。关于学生流动问题，主要有以下五大方面的挑战：一是在国外学习，语言障碍和文化差异更令人望而生畏；二是由于语言障碍，一些学生担心在巴西学习会对平均绩点（GPA）产生负面影响；三是学生出国学习的机会很多，大部分会选择英文授课项目；四是一学期学习的费用超出了所能承受的范围；五是学生不愿意长时间远离自己经常居住生活的区域。

这些无疑对国外学习项目在时间和内容的灵活度上提出了挑战，值得我们深思。例如，一到四周的短期项目，可以考虑添加一些额外获得学分的机会，如田野调查（可获得双倍学分）、课后作业、服务学习等，这样可以增加该项目的吸引力和可行性。此外，项目原本主要为本科生而设计，但最终发现对研究生更有吸引力，因为研究生通过他们的知识和经验从项目中学到了更多。研究生也更有可能与授课教师一起参与学术活动。在巴西参加项目的研究生对项目给予了一致好评，他们高度肯定了经验式学习和独特文化体验的价值。他们也积极有效地参与了接收学校提供的实习和田野调查。

2. 四方合作模式

尽管联合体项目存在许多优势，但与双方合作模式相比，四方模式的行政程序更为复杂，灵活性不足。从中得到的经验是，在项目开始之初，应该制定行政程序和执行条例，以便为各合作学校在学生交换与合作方面提供更多的自主性；对于各方来说，又能确保透明度，以保证合作活动形成合力。

3. 葡语掌握程度

对葡语的高要求自然对选拔足够数量的学生形成巨大的障碍。在联合体项目中，两大因素缓解了语言障碍问题：一是许多巴西合作机构有不少工作人员会说英语；二是学生在葡语环境中更为自然地学习交流语言，学习效果更佳。在巴西的课堂教学中，大部分课程都用葡语讲授，这无疑提出了许多挑战。要听懂课堂内容并参与课堂讨论需要对语言进行大量的训练，而大部分学生都不愿意这么做。对于后续项目来说，如果合作院校的课程能用美国学生更易接受的英语或者西班牙语来讲授，应该会取得更好的效果。

（四）成功因素

联合体项目的主要目的在于使美国学生理解巴西的商业和文化环境。各方项目管理人员运用各种方法，激发学生的好奇心，发挥他们的智慧，并唤醒他们的冒险意识。通过加强学术获益，减少焦虑及降低学习成本，项目就会吸引更多的学生前往巴西学习。联合体项目的经验表明，包含文化因素的短期项目对学生更有吸引力，学生更愿意探究异域文化。美国学生认为，巴西开放包容的文化，再加上其快速增长的经济状况，使该国成为一个吸引人的留学目的国。在项目的评估中得知，所有首次参加巴西项目的学生都表达了再次前往巴西的意愿，有些学生甚至希望寻求在巴西工作的机会。以下列出联合体项目中凸显的一些成功因素。

第一，注重学分外的获益。对于每所合作学校来说，管理人员和教师所开发的项目，除了让学生获得学分外，还应该获得其他更多的收益。

例如，感受文化多样性以及近距离接触跨国企业的运作模式，这对于在当代全球商业环境中能获得成功至关重要。项目开展过程中，需要建立相应的网站，制定宣传册并举行信息发布会等。

第二，运用短期项目吸引学生。美国学生对一学期的交流学习兴趣不大，因此需要利用美国大学假期开发一些短期项目，包括短期集中授课、田野调查、实习、社区和企业外展。合作形式包括讨论会、工作坊、与非学术单位的合作游学。合作对象包括当地企业、商会及社区组织等。

第三，为学生提供资助。许多有兴趣参加国外学习项目的学生无法负担所有的费用。然而，通过多方努力，有些学生的费用是可以得到减免的。在联合体项目中，本特立大学借助巴西合作学校为学生减免了许多学习、生活的费用，如巴方学校安排文化考察、企业参观、访问学术单位、开设课程与讨论会，并安排住宿等。合作各方的管理人员和教师都需要为此付出额外的努力，学校也必须对风险管理提供相应的支持。

第四，提供语言培训。对于那些与巴西合作的大学来说，支持和举行常规葡语培训是学校一项很重要的工作。在如今大学财政状况日益紧缩的背景下，对葡语培训的资助是不容乐观的。要长期持续资助语言培训，往往需要借助于外部组织与机构（如"高等教育提升基金"）。许多国家，如法国，会要求巴西合作院校开设英文授课课程。很明显，学习葡语的挑战和困难是巨大的。也许随着越来越多的学生通过短期项目近距离接触巴西商业和文化，他们自己会通过不同的方式学习葡语，如参加语言培训机构等。

（五）可持续性

通过"高等教育提升基金"资助的联合体项目，我们可以看到，原有合作院校项目的合作在很大程度上加深，范围都有了很大的扩展。学生交流规模得到扩大，课程得以提升，语言和文化知识得以更深入的了解。要想获得进一步发展，项目需要在以下三个方面加强建设。

第一，服务学习。本特立大学一直以来都十分注重服务学习。本特立大学的服务学习中心通过批判性思维和自省的方式训练学生，以期将学生培养成为对社会负责并积极参与社会活动的未来领袖。通过鼓励学生与教师一起成为共同学习者、共同教育者及共同促进者，服务学生中心努力发展成为一个培养既博学又博爱的专业人士的摇篮，让大家积极努力关注和解决所在社区的问题。从长远来看，成功的服务学习应使学生在课程和服务为基础的教育中掌握知识与技能，并最终成为民众领袖和变革的倡导者。对于联合体项目来说，巴西项目的服务学习内容需要进一步扩充和提升，需要加强巴西和美国两地的服务学习质量，增加服务学习机会。美国学生在巴西"非裔巴西孵化器"的项目就是将服务学习融入专业学习的成功案例。

第二，工商管理硕士项目（MBA）。为了项目的可持续发展，联合体项目中有必要很好地融入工商管理硕士项目。本特立大学和圣保罗大学都开设该项目，该项目可以让来自巴西的学生与本特立大学的学生一起访问美国企业，共同参与商业讨论。联合体项目下一步的计划包括邀请巴西中小型企业一起加入工商管理硕士项目之中。

第三，外展。联合体项目将扩大联合研究项目，参加各项会议和讨论。本特立大学及其合作伙伴将继续开展学术研究项目，并让学生与教师一起开展共同研究。通过报告、期刊、学校及专业组织讨论会、国际会议等，发布项目信息。此外，加强本特立大学与"非裔巴西孵化器"研究团队的学术交流和合作。

三 广西国际化会计人才的培养路径

正是意识到了国际化高层次会计人才培养的重要性和紧迫性，从2005年6月开始，财政部启动了"会计行业领军人才和后备人才培养工程"，着力培养一批符合行业国际化发展要求的高层次专业化会计人才。广西的高校必须着眼国际，在这个既竞争又合作的舞台上，不断提高国际竞争力，而要实现这一目标的最佳方法之一就是国际教育合作。

1. 开发国际课程，构建国际化课程体系

国际化合作教育的教育理念和培养目标，首先要从基本的课程内容设置上来实现。开设课程主要是从课程的内容、课程的类别等方面入手。为了适应国际化人才的培养目标，在会计专业人才培养过程中，广西高校必须探索会计专业国际化课程的设置。在国际化课程开发的过程中，要注意以下两点：第一，课程的内容上，既要涵盖本国原有的传统观，还要增加一些流行观点以及一些饱受争议的观点，促使学生充分讨论，发表看法。第二，在课程的类别上，可以开设专门的国际教育课程，如加强通识教育，设置跨学科课程体系。当今社会对国际化人才的要求包括精通外语、了解当地的风俗习惯、熟悉国际社交礼仪等，所以，需要注重学生各种知识全面发展；此外，还要增加金融学与会计学、心理学与会计学等相关课程，这些学科在国际化人才培养过程中发挥的作用越来越重要。另外，还可以聘请一些国外专家进行授课和开设双语课程等。

2. 培养国际型教师，加强国际交流互动

会计专业国际化合作教育需要具有国际视野的优秀教师。首先，国际化教师应该具备全球化视野。近年来，高等院校教师的出国访学机会大大增加，我们也通过设立丰厚的出国留学基金鼓励教师出国交流学习，与此同时，还重金聘请一些国际知名学者担任名誉教授或是客座教授来讲学和举办学术讲座，从而培养具有全球化视野和相应能力的教师队伍。其次，重视对海外留学人才的引进。许多高校都特别设置海外归国人员特别待遇，高薪聘请优秀的海外攻读博士的人才回国从事教育事业，并在各个方面给予优厚待遇。优秀的海外学子归国任教，不但可以把在国外知名学府学到的知识、方法教授给学生，而且可以在教师队伍中对国际化教育起到一定的带头作用。最后，在培养工作开展的同时，也要建立高校教师培养工作的监督体系。在这一点新加坡的会计教育就做得很好。新加坡大学比较注重聘用来自全球各地有一定工作经验的老师，以达到保证国际化的教学质量，培养学生的全球化视野的目标。

此外，他们还十分重视学生全球化视野的培养。黄一顺（2013）认为，新加坡高校强调学生的全球化视野培养，在提供良好资源以吸引大批外国优秀学生的同时，也为本国学生提供很多出国交流机会。新加坡国立大学通过参与环太平洋大学联盟以及研究型大学国际联盟等国际会计研究网络的活动，增进与国际知名大学的伙伴关系，扩展学生的视野；南洋理工大学在新加坡高校中教学质量处于较高水平的地位，该校的课程设置上既有亚洲特色又吸收西方发达国家的先进经验，已经形成了具有自身特色的优势；此外，该校与全球优秀大学和科研机构合作，建立众多有关科研论坛、学术研讨、文化交流等项目。这些优秀的案例为我国高校培养学生全球化视野、国际化思维提供了宝贵经验。

3. 提高会计教育国际化的办学条件

随着高等教育国际化的发展，各国纷纷提高国际化办学条件，希望以此来推动高等教育的国际化发展，提升国际竞争力，广西国际会计人才的培养同样需要不断提高广西高校的国际化办学条件。在与东南亚大学的国际合作中，一旦我们确定合作的关键利益相关者、合作学校、合作形式，需要不断评估合作关系、深化合作项目，不断付出努力以战胜潜在的挑战，减少影响合作持续发展的不利因素。值得一提的是，大学各级管理层必须付出相当的时间与资源以建立与维护合作关系，构建合作程序以培育国际化文化意识与氛围，创建责任措施以保证合作的健康有序进行。只有合作各方致力于长期联盟、有效沟通以及建立信任，合作成果才会真正从理想转化为现实。他山之石，可以攻玉，但是如果照搬国外的会计教育模式则可能导致水土不服，广西的国际合作教育既需要吸收借鉴他们的长处，也需要根据本地特色，培养具有国际水准的会计人才。

4. 完善国际合作的政策法规

为了国际合作教育能够健康有序地发展，自治区政府必须制定一系列政策和法规为会计人才培养的国际化提供一定的保障。改革开放以来，国家出台了一系列促进高等教育国际化的政策和相关法律法规，如《高等教育法》《中外合作办学条例》等。这些制度和法律为高校开展国际交流与合作做出了相应的规定，如《中国教育改革和发展纲要》中也有相关规定，"进一步扩大教育对外开放，加强国际交流与合作"。会计学科国际化是高等教育国际化顶层下的一个重要组成部分，也要遵循一定的规章制度。因此，自治区政府必须根据国家的大政方针，结合广西本土实际制定目标明确、重点突出的会计人才发展国际化政策，重视与国际化接轨的重点学科的国际化教育的规章政策建设，为会计专业人才培养的国际化提供强有力的制度保障，以适应不断变化的国际形势国际市场。

典型案例

广西民族大学商学院中英会计合作本科专业人才培养方案

（一）培养目标

为满足经济全球化发展的需要，本专业借鉴国际上先进的教育理念和教育经验，利用国际优质教育资源，培养具有国际视野、熟悉国内外会计业务、通晓国内外会计规则，了解我国及其他发达国家、地区特别是英国的社会经济情况及其政策。毕业生应熟练掌握并应用外语，以及较强的计算机信息处理能力，德、智、体、美、劳得到全面发展。具备会计的实际操作技能、良好的职业道德和敬业精神，能够参与国内外会计事务，能在企业（尤其是涉外企业）、事业单位及政府部门从事会计实务以及教学科研工作的高级应用型国际性人才。

(二) 培养要求

本专业旨在培养掌握基本的经济、管理、法律和会计理论的专业知识和基本技能，具备处理基本会计业务的能力和较高的专业素养，能在企、事业单位及政府部门从事会计实务以及教学、科研方面工作的工商管理学科高素质应用型人才。

学生主要学习会计、审计、财务、计算机和工商管理方面的基本理论和基本知识，接受会计方法与技巧方面的基本训练，具有分析和解决会计问题的基本能力。结合我校人才培养定位和本专业实际，本专业执行"4+0"培养模式，即四年均在广西民族大学学习，采用英国斯泰福厦大学会计学专业本科教学计划、教学模式和教材，2/3以上的专业课程由英国斯泰福厦大学教师授课，全英语教学。

毕业生应达到如下要求：

（1）具有良好的马克思主义理论修养，坚持四项基本原则，具有为社会主义现代化建设服务，为人民服务，为国家富强、民族昌盛而奋斗的志向和责任感。

（2）掌握会计学、管理学和经济学的基本理论、基本知识，使学生了解所工作的环境，具备政府、企业和非营利组织机构的广泛知识，熟悉如何组织融资和投资管理，熟悉经营所依托的各种环境，以便能够顺利地行使作为会计人员的职能。

（3）掌握企业经营管理、技术经济分析、社会调查等基本理论与方法，熟练应用会计学的定性、定量分析方法。

（4）具有较强的语言与文字表达、人际沟通、信息获取能力及分析解决会计问题的基本能力。使学生能够在广阔的社会背景下进行有效的决策、行使职业判断、展示职业胜任能力并能成功地与各种类型的人交流。

（5）掌握国际国内与会计相关的方针、政策和法规，通晓国际会计惯例，了解本学科的理论前沿和发展动态。

（6）掌握较强的文献检索、资料查询基本方法，具有一定的实际工作能力。

(7) 能够熟练地掌握英语，具备听、说、读、写、译等基本能力。

（三）主干学科、核心课程和主要实践性教学环节

1. 主干学科

经济学、工商管理、法学。

2. 核心课程

管理学、微观经济学、统计学、会计学、财务会计、审计和财务报告、战略管理会计、管理会计技术、财务决策、经济法、税收、商业技巧等。

3. 主要实践性教学环节

毕业实习6周，毕业论文写作与答辩6周，另安排军事训练3周。学生到相关企业、公司进行会计学系列课程见习。

（四）毕业合格标准

(1) 符合德育培养目标要求。

(2) 学生最低毕业学分为170学分。包括理论课教学、实践性教学和其他教学环节。

(3) 符合大学生体育合格标准。

（五）标准修业年限

标准学制四年（弹性学制3—6年）。

（六）授予学位

学生完成中外合作办学会计学专业本科培养方案要求，考核成绩合格，符合广西民族大学会计学本科专业与英国斯泰福厦大学会计与金融本科专业毕业、学位要求，将同时获得广西民族大学颁发的会计学本科毕业证书、学士学位证书与英国斯泰福厦大学颁发的会计与金融专业学士学位证书，即获得"国内＋国外"双学士学位。

（七）教学进程安排表（见附表1）

（八）各类课程的课内学分分配表（见附表2）

附表1

商学院中英会计合作专业本科教学计划进程表

说明：有★号的课程为学位课程；有▲号的课程为合作对方外籍教师主讲课程，必选；有⊙号的课程为引进课程。

一 通识必修课（应修学分：53.5）

课程名称/英文名称	总学分	实践学分	总学时	理论学时	实践学时	考核方式	周学时	开课学期
▲⊙综合英文Ⅰ General English Ⅰ	4.5	0.5	144	128	16	考试 Test	12	1
▲⊙交流技巧 Communication Skills	3.5	0.5	72	60	12	考试 Test	6	1
公共体育Ⅰ Physical EducationⅠ	1.5	0.5	36	30	6	考查 Check	2	1
▲⊙综合英文Ⅱ General English Ⅱ	4.5	0.5	144	128	16	考试 Test	10	2
▲⊙学术英文 Academic English	4.5	0.5	72	60	12	考试 Test	8	2
公共体育Ⅱ Physical Education Ⅱ	1.5	0.5	36	30	6	考试 Test	2	2
思想道德修养与法律基础 Morals & Ethics & Fundamentals of Law	3	0.5	54	45	9	考查 Check	3	3
公共体育Ⅲ Physical Education Ⅲ	1.5	0.5	36	30	6	考查 Check	2	3
计算机文化基础（含上机实验）Foundations of Computer Culture（with hands–on lab）	4	0.5	72	36	36	考试 Test	5	3
马克思主义基本原理 Basic Principle of Marxism	3	0.5	54	45	9	考试 Test	3	4
公共体育Ⅳ Physical Education Ⅳ	1.5	0.5	36	30	6	考试 Test	2	4
大学生心理健康教育 Mental Health Education	2	0.5	36	30	6	考查 Check	3	4
毛泽东思想和中国特色社会主义理论体系概论Ⅰ Introduction to Mao Zedong Thought, Deng Xiaoping Theory & the "Three Representations" Ⅰ	3	0.5	54	45	9	考试 Test	3	5
中国近现代史纲要 China's Modern History Outline	2	0.5	36	30	6	考查 Check	2	5
毛泽东思想和中国特色社会主义理论体系概论Ⅱ Introduction to Mao Zedong Thought, Deng Xiaoping Theory & the "Three Representations" Ⅱ	3	0.5	54	45	9	考试 Test	3	6
军事课 Military class	3.5	0.5	63	51	12	考查 Check		
形势与政策Ⅰ-Ⅷ Situation and Policies Ⅰ-Ⅷ	2	0.5	128	112	16	考查 Check		

续表

课程名称/英文名称	总学分	实践学分	总学时	理论学时	实践学时	考核方式	周学时	开课学期
大学生职业发展与就业指导Ⅰ-Ⅷ Students' career development and career guidance Ⅰ-Ⅷ	1.5	0.5	40	34	6	考查 Check		
安全教育课Ⅰ-Ⅷ Safety education classes Ⅰ-Ⅷ	1.5	0.5	24	20	4	考查 Check		
公益劳动 Physical Labor for Public Welfare	1					考查 Check		
社会调查与社会实践 Social Surveys and Social Practice	1					考查 Check		
小计	53.5	9.5	1191	1023	181			

二 通识选修课（应修学分：6）

二级课程类别	课程名称/英文名称	总学分	实践学分	总学时	理论学时	实践学时	考核方式
艺术类限定选修课	艺术导论 Introduction of Art	1		20	16	4	考查 Check
	音乐鉴赏 Music Appreciation	1		20	16	4	考查 Check
	美术鉴赏 Art Appreciation	1		20	16	4	考查 Check
	影视鉴赏 Movie and TV Appreciation	1		20	16	4	考查 Check
	戏剧鉴赏 Drama Appreciation	1		20	16	4	考查 Check
	舞蹈鉴赏 Dance Appreciation	1		20	16	4	考查 Check
	书法鉴赏 Calligraphy Appreciation	1		20	16	4	考查 Check
	戏曲鉴赏 Traditional Opera Appreciation	1		20	16	4	考查 Check
	小计	6		120	96	24	

说明：通识选修课共计6个学分，其中艺术类限定性选修课至少需要取得2个学分；至少选修一门自然科学类或体育类通识选修课。

三 专业必修课（应修学分：66.5）

课程名称/英文名称	总学分	实践学分	总学时	理论学时	实践学时	考核方式	周学时	开课学期
▲⊙数学与信息技术技巧 Maths and IT Skills	3	0.5	72	60	12	考试 Test	6	1

续表

课程名称/英文名称	总学分	实践学分	总学时	理论学时	实践学时	考核方式	周学时	开课学期
高等数学 C I Higher Mathematics C I	4	0.5	72	60	12	考试 Test	6	3
★会计学 Accounting	3	0.5	54	45	9	考试 Test	3	3
★▲⊙财务会计 1 Financial Accounting I	3	0.5	54	45	9	考试 Test	3	3
高等数学 C II Higher Mathematics C II	4	0.5	72	60	12	考试 Test	5	4
★微观经济学 Microeconomics	3	0.5	54	45	9	考试 Test	3	4
▲⊙财务会计 2 Financial Accounting II	3	0.5	54	45	9	考试 Test	3	4
★管理学 Principles of Management	3	0.5	54	45	9	考试 Test	4	5
★宏观经济学 Macroeconomics	3	0.5	54	45	9	考查 Check	3	5
★统计学 Statistics	3	0.5	54	45	9	考试 Test	3	5
★▲税收 Tax	3	0.5	54	45	9	考试 Test	3	5
★▲⊙高级财务会计 1 Advanced Financial Accounting I	3	0.5	54	45	9	考试 Test	4	5
★▲⊙管理会计技术 1 MANAGEMENT ACCOUNTING TECHNIQUES I	3	0.5	54	45	9	考试 Test	4	5
★经济法 Economic Law	2	0.5	36	30	6	考试 Tes	3	6
▲⊙会计软件应用 APPLIED ACCOUNTING SOFTWARE	3	0.5	54	45	9	考查 Check	3	6
★▲⊙财务决策 FINANCIAL DECISION MAKING	2.5	0.5	45	36	9	考查 Check	3	7
★▲公司理财 CORPORATE FINANCE	2.5	0.5	45	36	9	考查 Check	3	7
★▲⊙审计和财务报告 AUDITING AND FINANCIAL REPORTING	5	0.5	90	57	15	考试 Test	3	7
▲⊙战略管理会计 STRATEGIC MANAGEMENT ACCOUNTING	2.5	0.5	45	36	9	考查 Check	3	7
专业实习 Specialty Practice	4		6周					
毕业论文 Graduation Thesis	4		6周					
小计	66.5	9.5	1071	870	183			

说明：毕业论文：文科 6 周（4 学分）、理工科 10 周（6 学分）。专业实习（包括毕业实习）6 周（4 学分）。

四 专业选修课（应修学分：44）

（一）模块课（应修学分：28.5）

课程名称/英文名称	总学分	实践学分	总学时	理论学时	实践学时	考核方式	周学时	开课学期
▲⊙综合课题研究Ⅰ Integrated Projects Ⅰ	3	0.5	90	75	15	考查 Check	8	1
▲⊙综合课题研究Ⅱ Integrated Projects Ⅱ	4.5	0.5	90	75	15	考试 Test	8	2
▲⊙专业学术英文 English for Specific Academic Purpose	3.5	0.5	54	45	9	考试 Test	6	2
▲⊙财经事务 FINANCIAL SERVICES	3	0.5	54	45	9	考试 Test	3	3
▲⊙人力、价格和利润 PEOPLE, PRICES AND PROFITS	3	0.5	54	45	9	考试 Test	3	3
▲⊙商业技巧1BUSINESS SKILLS1	3	0.5	54	45	9	考查 Check	3	3
▲⊙中国商业的法律环境 CHINESE LEGAL ENVIRONMENT OF BUSINESS	2.5	0.5	45	36	9	考查 Check	3	4
▲⊙人力资源管理 MANAGING PEOPLE AND PERFORMANCE	3	0.5	54	45	9	考查 Check	3	5
▲⊙公司治理 CORPORATE GOVERNANCE	2.5	0.5	45	36	9	考查 Check	3	7
▲⊙设计 PROJECT	0.5	0.5	9	7	2	考查 Check	3	7
小计	28.5	5	549	454	95			

（二）专业任选课（应修学分：15.5）

课程名称/英文名称	总学分	实践学分	总学时	理论学时	实践学时	考核方式	周学时	开课学期
▲⊙商业技巧2BUSINESS SKILLS 2	3	0.5	54	45	9	考试 Test	3	4
▲⊙高级财务会计2Advanced Financial Accounting Ⅱ	3	0.5	54	45	9	考试 Test	3	6
▲⊙管理会计技术2Management Accounting Technique Ⅱ	3	0.5	54	45	9	考试 Test	3	6
资产评估 Assets Assessment	2	0.5	36	30	6	考查 Check	3	6
供应链沙盘 Supply Chain Sandbox	2	0.5	36	30	6	考查 Check	3	6
证券投资 Securities Investment	2	0.5	36	30	6	考查 Check	3	6
注册会计师会计专题 Topics on CPA Accounting	2	0.5	36	30	6	考查 Check	3	6

续表

课程名称/英文名称	总学分	实践学分	总学时	理论学时	实践学时	考核方式	周学时	开课学期
CAFTA 系列讲座 CAFTA Seminar Series	2	0.5	36	30	6	考查 Check	3	6
▲⊙研究方法 Research Methods	2.5	0.5	45	36	9	考查 Check	3	7
经济应用文写作 Economic Practical Writing	2	0.5	36	30	6	考查 Check	3	7
公司财务报告分析（英文）Financial Reporting	2	0.5	36	30	6	考查 Check	3	7
统计分析软件应用 Statistical Software Applications	2	0.5	36	30	6	考查 Check	3	7
预算会计 Budget Accounting	2	0.5	36	30	6	考查 Check	3	8
项目管理 Project Management	2	0.5	36	30	6	考查 Check	3	8
WTO 系列讲座 WTO Seminar Series	2	0.5	36	30	6	考查 Check	3	8
小计	15.5	3	279	231	48			

附表2

各类课程的课内学分分配表

（Courses Credits Distribution List）

课程 Course	学时 Credit Hour	学分 Credit	理论课学分所占百分比	实践课学分所占百分比
通识必修课 General Course	1191	53.5	82.24%	17.76%
通识选修课 Liberal Course	120	6	100%	0.00%
专业必修课 Specialized Basic Course	1071	66.5	85.71%	14.29%
专业选修课 Specialized Course	828	44	81.81%	18.18%
合计 Total	3210	170	84.12%	15.88%

第七章　面向东盟的国际化会计人才培养

经过长期努力，中国特色社会主义进入了新时代。这是中国发展新的历史方位。这一时期，中国政府提出了一系列新理念、新思想、新战略，推动中国国家事业发生历史性变革。进入新时代，广西经济社会发展也迎来了崭新机遇。随着中国—东盟自由贸易区不断发展，以及"一带一路"倡议构想的深入实施，广西与东盟各国的经贸互动越来越频繁，投资量不断攀升，被视为面向东盟的桥头堡、智力库的广西高校，不仅要立足地方区域，更要面向东盟，培养国际化会计人才。

第一节　东盟各国会计比较研究

2010年，中国—东盟贸易区全面建成，这个由发展中国家组建的贸易区建成并得到迅速发展。这使区域经济合作联系紧密，区域资本流动加速。在这种有利的背景下，会计作为一门国际性商业语言符号，在消除信息不对称、引导资本跨境流动等方面发挥着巨大的作用。但由于会计是长期社会实践的成果，很容易受周围社会政治、经济、文化的影响，进而表现出一定的差别性。因此，比较中国与东盟国家会计差异，对于广西与东盟区域贸易合作、广西国际化会计人才的培养，无论是战略上还是行动上都具有深远意义。

一　会计环境比较

（一）政治环境

政治影响会计。两次世界大战及之后的几十年，受战争的影响，经济萧条，会计发展缓慢。政治因素对于会计的影响可见一斑。20世纪80年代后，两极格局被打破，世界多极化趋势不可逆转，随着经济全球化的深入发展，各国联系更加紧密，这也在一定程度上削弱了政治对经济的影响。但不论怎样，政治因素作为影响会计的一个重要因素，不可忽视。中国和东盟各国在政体方面是多元的，中国的人民代表大会制，新加坡为代表的议会共和制，印度尼西亚为代表的总统共和制，泰国代表的君主制以及以缅甸为代表的军政府国家。这种差异在一定程度上也会反作用到经济上。另外，战争状态、政治倾向等都会影响会计发展。

（二）经济环境

泰国素有"东南亚粮仓"的美誉，以农业为主，矿产资源丰富，随着国际形势的发展，制造业兴起，实行自由经济政策，20世纪90年代经济发展较快，跻身成为"亚洲四小虎"之一。马来西亚盛产棕油、橡胶，自然资源和矿产资源丰富，是相对开放的、以国家利益为导向的新兴工业化经济体，先后提出了"新经济政策""2020宏愿""国家发展政策""多媒体超级走廊""生物谷"等计划。新加坡是亚洲经济发展较快的国家之一，属外贸驱动型经济，以电子、石油化工、金融、航运、服务业为主，高度依赖美、日、欧和周边市场，根据2018年的全球金融中心指数（GFCI）排名报告，新加坡是全球第四大国际金融中心。文莱以石油和天然气作为经济支柱，近年来致力于改变单一的经济结构。2016年，为加快吸引外资，进一步加快经济多元化发展，文莱政府进行了一系列改革，设立了"一站式"服务平台，成立了达鲁萨兰企业（DARe），并设立外国直接投资行动与支持中心（FAST Center），为外国投资者提供更全面、快速的服务。菲律宾是新兴工业国家及世界的新兴市场之一，属于出口导向型经济，对外部市场依赖较大。印度尼西亚是群岛国家，其首都雅加达是著名的海港，所以经济发展以港口为依托，制造业、交通运输业等发展较快，农业发展缓慢。越南1986年开始施行革新开放，2001年建立社会主义市场经济体制，以劳动密集型产业为主，大米和咖啡是主要作物，工业得以发展但效率缓慢，经济相对落后。老挝、缅甸和柬埔寨都是传统的农业国，森林资源丰富，工业基础薄弱，可以利用资源和劳动力向制造业发展。

（三）法律环境

总的来说，税法和经济法在会计活动中的应用最广泛，也是会计行为的重要依据。同时，会计法也是约束和规范会计从业人员行为的重要法律。会计准则没有很强的约束力，更强调自律本身。比较而言，由于各个国家历史文化背景不同，有的国家有殖民历史，还有宗教影响，因此，在宗教、政治等多种因素共同作用下，各国在税法等法律各具特色。从发展进程和发展程度来看，东盟各国有关外资立法的发展进度也不一致，印度尼西亚、马来西亚、菲律宾、泰国、新加坡、文莱等国家基本形成了比较完备的外资法律体系，而经济落后的国家外资立法相对比较滞后。不过，随着中国及东盟各国开放力度的不断加大，各国都制定了一系列有利政策，推动了法律趋同的步伐。

（四）人文环境

人文环境是当今最时髦、最常用的一个词，实际就是指人们周围的社会环境。随着中国—东盟自由贸易区的发展不断深入，各成员国都意识到人文环境对于吸引外资的重要性。人文环境作为一国的文化体现，具有相对稳定性，它会影响人们的价值判断和价值选择。新加坡的劳动力受教育程度高、素质好，菲律宾有丰富的劳动力向我国输入，广西与越南、老挝等国家接壤，有相近的生活习惯，语言相通，这些为广西对东盟的投资创造了便利条件。

（五）会计环境

东盟十国和中国都建立了市场经济体制，中国和越南加入了世贸组织，但综观各国在国际市场中的经济地位并不突出。作为一个发展中国家组成的自贸区，其内部的经济发展水平仍存在差距。首先，中国的GDP均值远大于东盟的总值；其次，东盟内部GDP均值也表现出不均衡，柬埔寨、老挝相对落后。此外，从人均GDP来比较，中国并不占优势，新加坡和文莱较高，当然这也与我国的人口基数紧密相关。

（六）资本市场发育程度

各国的资本发育程度也呈现明显不同。新加坡作为一个佼佼者，资本市场有着透明度高、公开交易、高效率的特点。马来西亚资本市场也相对完善，建立了专门的政府证券市场和私人债券市场。泰国的证券交易所不断完善，市场也在逐步开放。与泰国相似，印度尼西亚也成立了证券交易所。越南想要模仿中国的发展模式，也存在一些问题。菲律宾在20世纪80年代的发展不容小觑，但其条条框框也限制了经济的发展。随着经济地位的不断提升，中国的资本市场也更加开放。

二 会计准则比较

（一）会计准则制定比较

区域经济一体的发展将需要区域会计的合作和发展，而区域内各国的会计准则制定模式是区域会计合作与发展的基础。会计准则制定模式包含了制定机构、制定人员以及制定程序等方面的要素。根据《中国与东盟全面经济合作框架协议》，贸易区内各国不仅应进行区内会计的协调，而且应顺应国际会计趋同的大势，促进区内以国际会计趋同作为基础的会计合作与发展。因此，开展中国—东盟自由贸易区内会计的合作，了解各国的会计准则制定机构、会计准则制定机构的人员组成、会计准则的制定过程等都是非常必需的。

1. 会计准则制定模式比较

国际会计趋同的大背景下，不同会计模式下的技术差异逐渐缩小，使会计模式不再是界限分明，特点并不突出。针对公平和效率的不同，制定会计准则一般有三种形式：一是公平导向型，民间组织制定准则更注重相关方参与的程度；二是效率导向型，显然是政府凭借职权优势来提高准则制定的效率；三是公平效率兼顾，民间组织制定，政府出面监督管理，虽然充分考虑效率和公平二者的平衡关系，但很可能事与愿违。会计准则的制定模式是衡量一个国家会计准则质量的重要因素，对于中国—东盟而言，加强区域内的会计合作与发展是大势所趋，顺应会计趋同的趋势。

2. 会计准则制定程序比较

会计准则的质量和它的制定程序是密不可分的，通过颁布过程可以清晰地看到不同国家会计准则所具有的法律效力。新加坡、越南、中国的准则由政府颁布，具有法律的约束性，印度尼西亚、马来西亚、菲律宾的会计准则是行业规范，并未上升到法律层面。

(二) 会计准则比较

会计准则能够给会计人员的行为带来导向，是会计工作应该遵循的规范和方法。我国采取了准则和制度并行的方法，为日后国际会计趋同做衔接准备。2006年我国颁布的新企业会计准则实现了与国际会计整体框架的一致，但对比内容，或多或少存在一定程度上的差异。2010年又进一步修订了准则，基本准则不变，补充具体准则。

就其他国家来看，表现如下：

（1）新加坡。新加坡的会计准则已接受毕马威亚太国际财务报告准则（IFRS）。总的来说，新加坡会计准则更为科学，更能满足现代社会经济发展的需要。

（2）马来西亚。马来西亚有很多特有准则，如人寿保险企业、房地产开发活动、一般保险企业、水产业会计等，其他准则虽然与 IFRS 对应，但内容也具有自身特点。总的来说，马来西亚会计国际化程度较高，发展势头也很迅猛，其会计准则与国际会计准则趋同程度较高。此外，马来西亚借鉴美国相关经验，制定了财务会计概念框架，而中国的"财务会计概念框架"则由会计基本准则担任。

（3）菲律宾。2005 年，菲律宾早已将 IFRS 作为自己的财务报告准则，并应用于上市公司。但在化为己用的过程中，也做了一些改动，如 IASB 的年金、租赁准则等。

（4）印度尼西亚。印度尼西亚的会计体系构成较为复杂，主要来源于三个方面：一是以 IFRS 为基础，发展形成；二是以美国的会计原则委员意见书为基础；三是印度尼西亚自己制定研究的。由于构成体系的复杂性，印度尼西亚的会计准则与 IFRS 存在较多差异。

（5）越南。越南在会计趋同的道路上还是相当谨慎的，选择准则上是有取舍的。越南现行的准则中，有 8 个准则与 IFRS 相一致，其他存在差异的准则是以 IFRS 为基础，考虑到本国实际情况而制定的。

（6）柬埔寨。柬埔寨会计准则共 22 个，这些准则在要求编制财务报表的企业里广泛应用。但与 40 个 IFRS 相去甚远，这也是符合柬埔寨的经济发展水平的。

（7）缅甸。在现行的缅甸会计准则中，依然看到一些被撤销或取代的国际会计准则，如折旧会计、终止经营等，缅甸并未采取国际财务报告准则。蒋峻松（2010）对中缅存货会计准则进行比较发现两国在概念适用范围确认、计量和披露上存在较大差异。

（8）老挝。老挝没有成套完善的会计准则，目前使用的是以纳税申报为目的制定的老挝会计手册，相比之下，在会计准则建设道路上有待加快步伐。

（9）文莱。文莱国家规模小，其会计准则大多是借鉴国际会计准则，没有独立的会计准则，财政部只是修订了相关公司法的章节，可以说，会计趋同道路漫漫。

（10）泰国。泰国会计准则的制定机构为独立的会计职业组织，其趋同程度较高。泰国的"会计、审计和簿记"部门对东盟成员设限很少，境外机构在泰国设立会计服务机构也没有任何条件限制。

我们要明白，会计准则完全趋同是一种理想，由于各国国情不同及经济、文化等环境存在差异，且呈现出动态变化的趋势，使会计准则国际趋同具有复杂性。比如，一个国家在经济发展水平落后的阶段，可能选择直接执行 IFRS，以降低会计准则制定成本，会计趋同程度较高；当该国经济发展水平较高且资本市场发展到一定水平之后，继续照搬 IFRS 不利于该国资本市场的发展时，该国会计准则制定机构会考虑修改有关 IFRS 条款，会计准则国际趋同程度反而降低。而且，会计准则还会影响宏观经济，从而影响资本在全球范围的流动和利益分配，这是在会计趋同道路上每个国家都面临的问题。

因此，各国应该致力于建立强有力的机制来执行国际会计准则，加强政府间的合作，建立区域会计组织，趋利避害。相信通过各成员国的不懈努力，区域经济发展能够翻开一个崭新的篇章，书写出浓墨重彩的一笔。

第二节 区域会计合作大背景

通过前文，我们发现，东盟各个国家的会计体系已经逐步向国际会计准则靠拢，特别是在 2000 年以后，东盟各国加快了向国际会计准则趋同的步伐。这一方面是由于东盟经济快速发展、加大外资引进力度的需要；另一方面也是全球经济一体化、世界资本有序流动的必然结果。但我们要看到尽管我们与东盟各国有着长久的合作基础，但也存在阻碍因素。追本溯源，会计环境的差异是在政治、经济、文化相互作用的大背景下形成的。这一节我们重点分析一下中国—东盟区域会计合作的政治、经济及文化背景。

一 区域会计合作的政治背景

（一）由对抗到合作

在 20 世纪 90 年代末，中国实行的经济、外交政策和中国地缘政治战略，使中国与东南亚国家的关系得到了改善，摆脱对立和对抗的关系，睦邻友好，相互合作。东盟国家与中国都是多民族、多文化的社会，虽然中国与东盟关系存在一些历史遗留问题，在一定程度上影响了经济合作上的发展，但双方更应该着眼大局，互惠互利，共同面对经济新挑战，推出新的经济具体步骤和创新政策，进一步从区域性的经济合作中加强中国—东盟的关系。

(二) TPP因素带来的紧迫感

2015年10月5日，美国、日本、澳大利亚等12个国家达成TPP贸易协定（虽然美国目前已退出）。TPP全称是"战略经济伙伴协定"，不仅涵盖现代的国际贸易领域，还对不同社会制度国家下的劳工问题、环境保护、科研成果的转让和法律中的知识产权问题、国有企业运行透明度诸多涉及国家主权的敏感议题进行了协商、谈判，产生了规范性的协议。因此，它也被称为最具有"21世纪国家关系特色的贸易协定"。其中TPP中"零关税"的规定，举世瞩目。12个成员国之间在进行贸易进口时，原则上要做到取消任何商品的关税。

TPP成员之间如果履行了贸易的自由化，会对我国造成非常大的影响。如果我们依旧维持现状，不去跟踪研究新情况，研究新问题，美国所主导的TPP所产生的压力影响会不断扩展，中国的贸易利益和地位就会被TPP不断慢慢取代，"一带一路"目标的实现也会相对困难。目前我国纺织服装、电子产品制造品面临着越南、马来西亚、墨西哥对我国出口北美的挤压，中国销往东南亚的高端制造品也面临着日本、美国的零关税的巨大压力。应对经济比重占全球约四成的TPP新"联盟"，必须加强中国与东盟各国的合作。

二 区域会计合作发展的经济背景

(一) 中国—东盟经贸合作成果显著

1. 双边贸易发展迅速

从中国与东盟的贸易总量来看，2001年的中国与东盟双边贸易总额仅为416亿美元，在2014年超过4800亿美元，2015年虽稍有下降，但也超过了4700亿美元。据商务部和中国历年统计年鉴的统计数据显示，在中国与东盟各国贸易的占比中，新加坡、马来西亚、印度尼西亚、泰国、菲律宾、越南一直占据前六名。除2009年受国际金融危机的影响贸易下降外，中国与东盟各国间不论是贸易额还是贸易增长率都呈上升趋势。

2. 相互投资稳健增长

近几年来，由于相关优惠政策逐步落地，以及中国—东盟自由贸易区建设步伐的不断加快，中国与东盟的相互投资持续增加。2014年，中国对印度尼西亚、新加坡、泰国、越南四国的投资总额为52.58亿美元，截至2014年对上述四国的累计投资总额达到333.79亿美元，占中国对外投资总额的3.64%。另外从东盟整体来看，中国对东盟的投资从2005年的1.51亿美元迅速飙升至2014年的88.69亿美元，10年间增长近60倍。2015年，中国对东盟投资94.5亿美元，同比增长60.8%，超过东盟对华投资（76.6亿美元，同比增长21.6%），相互投资趋向平衡。截至2016年6月，中国与东盟双向投资总额为1641亿美元。总体来说，东盟各国的投资环境不断改善，政策、资金、资源扶持力度大大增加了投资者对东盟未来发展前景的信心。

3. 贸易依存度逐年攀升

贸易依存度能够反映一国对国际市场的依赖程度，是衡量一国对外开放程度的重要指标。经调查发现，2001—2015年，中国—东盟贸易依存度逐年上升，除2008年前后小幅度下滑以外，上扬的势头没有改变。随着中国—东盟自由贸易区的建成和完善，以及"一带一路"倡议的加速推进，近年来双边贸易总量、对外贸易依存度不断提高。

(二) 东盟内部竞争激烈，缺乏向心力

从上面的数据我们可以看出中国与东盟各成员国之间的对外贸易明显增加。但就其共同体内部，东盟各国的经济发展程度不同，利益分享并不公平，部分国家在合作的过程中获利较少。此外，东盟各成员国间由于历史、地理具有一定的相似性，其经济结构也具有较大的雷同性，贸易互补性较差，劳动力密集型产业竞争激烈，这也是东盟成立已久但一体化进程迟迟滞后原因。

而且东盟的经济合作缺乏执行力、监督等方面的制度建设。可以说，制度建设缓慢始终是东盟区域合作发展路上的阻力。东盟成立已久，但各个国家对发达国家依赖性仍然很大，没有发挥出东盟一体化的应有作用。在内部合作协议方面，很多事项都是用"应该"来表述，缺乏约束力，执行起来较为困难。虽然会计联盟在会计协调推动上起到了不可磨灭的作用，但这一组织得到国家的法律授权才能更好地发挥效力。

总之，东盟的会计发展应该在国际会计趋同的背景下寻求合作与发展的道路，但道路却是"路漫漫其修远兮"，如何更好地实现区域会计趋同是首要任务。东盟缺乏一个拥有强大政治经济力量的核心国，中国的加入能不能改变这一现状，我们抱着期许，拭目以待。

三　区域会计合作发展的文化背景

（一）东盟会计文化倾向于规范化条文

由于东盟国家资本市场不发达，加之受儒家文化的影响，企业中家族式管理盛行。企业在经营过程中，极为重视家族经营和家庭的作用，带有浓厚的家庭制度色彩。这样，反映到会计文化中，则表现出崇尚集体主义倾向，反映到东盟会计制度或会计准则中，就要求不同企业会计实务的统一和企业不同期间会计方法的一贯性，给企业留下因地制宜进行会计处理的余地较小。因此，东盟企业一般习惯遵守有关会计程序与方法的法律规定，因为这样可以减少解释准则或自由选择引起的争议。因此，其会计职业化程度往往较低，这与东盟国家的现实情况相吻合。

（二）东盟会计文化中规避不确定性风险的意识较强

东盟文化中具有宽容、兼收并蓄、注重关系、规避不确定风险意识较强。因此，东盟企业往往习惯遵循由权威机构制定的会计准则，而政府在会计准则中也做出详细明确的规定，统一实施。同时，这也是东盟会计职业和会计职业团体不够发达的文化因素之一。此外，会计信息倾向于含蓄、保密，束缚较多，不太透明是东盟会计体系的一个特点。从保护商业秘密以及少数领导人不愿他人了解其财务状况出发，会计信息透明度较差。对不确定的收益持稳健保守态度，这与东盟文化特征相呼应。

四　区域会计合作与发展的前景

中国与东盟具备良好区位优势，凭借一直以来迅速增长的双边进出口贸易额，中国—东盟自由贸易区成为中国推进"一带一路"倡议特别是"21世纪海上丝绸之路"建设的重要战略核心区。广西作为中国与东盟的交往中心地带，区位优势凸显，西与越南交界，南与印度尼西亚、新加坡、菲律宾、马来西亚、文莱等国隔海相望，是中国唯一一个与东南亚水陆相接的省份，必须发挥优势，促进双方的会计合作与发展。

对于东盟会计合作与发展，我们应该从这几个方面着手。首先，应该考虑多种因素建立合理的合作发展层次和策略；其次，建立区域会计组织，目的是加强会计合作与交流，为低会计水平的国家提供帮助。另外，不断推进国际会计趋同，这是不可逆转的趋势，各国应该以自身为基本点，关注财务报告准则的发展与修订，借鉴欧盟国家的经验加快趋同的脚步；最后，提供会计的跨国服务和发展区域交流合作也是有力举措，可以开展会计培训，加强各国之间的了解。

第三节 做强东盟国际会计专业，打造国际化会计人才

"十三五"规划背景下，广西积极发挥位于"一带一路"交会对接的重要节点和关键区域的优势，拓展"两国双园"模式，加快中—马钦州产业园区、马—中关丹产业园区先进制造基地建设，推动与东盟国家合作共建产业园区，建设边境和跨境经济合作区，积极参与以南宁—新加坡经济走廊为主轴的中国—中南半岛经济走廊、孟中印缅经济走廊建设。不断深化扩张东盟产业园区合作，加快东盟国家经济走廊建设，都需要大量的高素质会计人才，特别急需熟悉东盟国家文化的、能够适应东盟国家会计制度的、掌握东盟国家语言的专门会计人才，对面向东盟国际方向开设的会计专业提出了更高要求。

一 做好东盟国际会计专业的必要性

（一）应对东盟贸易业务的需要

目前，应对东盟贸易业务上，我们的会计人员素质参差不齐。一方面，普遍不了解、不熟悉参与 TPP 东盟各国的相关会计规定。另一方面，目前我国还没有相关方向会计人员资格认证制度，现有的会计人员也未受过系统教育与培训，在处理业务过程中，难以提高我国对东盟经济往来会计工作的水平和素质。因此，必须要开设东盟会计方向课程，加强教育和培训，政府立法，高校教育，认证东盟会计人员的资格地位，确保从业人员处理东盟业务的实际能力。

（二）教育过程中出现的问题

2007 年，"东盟国际会计人才培养创新实验区"项目落户广西财经学院。广西财经学院设置东盟国际会计专业时就将人才培养目标定位为：培养符合中国—东盟经济合作产业发展需要的，在中国—东盟的合资企业中精通会计、审计业务，掌握经济贸易、会计制度与准则、法务与税收制度，并精通一门东盟国家语言的，能够熟悉东盟文化习俗和市场规则的复合型、应用型、国际化会计人才。该专业的培养目标定位可知，它很鲜明地要求学生具备三个方面能力与特点：第一，不仅要掌握国内

会计、经济贸易等专业知识，还要熟悉东盟国家会计、经济贸易等专业知识；第二，掌握东盟国家文化的同时能够运用文化眼光洞察东盟国家企业与市场发展的规则；第三，能够精通并使用一门东盟国家语言在东盟国家企业从事会计工作。

经过十多年的发展，一批又一批的毕业生踏入社会，走上了工作岗位，然而，许多已经毕业的学生在就业方向与种类方面上与普通会计专业的学生差异不大，并没有展现自身特色。实践还表明，大部分学生并没能掌握一门东盟国家语言，也没能很深入地了解并熟悉东盟国家文化。与此同时，还出现了到东盟国家企业就业的学生不能较好地适应当地会计文化制度的现象。

（三）毕业生的就业现状

（1）综合竞争力不强。根据调查的100多个样本显示，东盟国际会计专业的学生对于就业的准备也只有考证和实习两种方式，缺乏长远职业规划。就调查对象而言，一半都会考取会计从业资格证书和英语四级证书，考取初级会计师证书、英语六级证书、计算机证书的人数也有一定比例，说明该专业学生不断提高个人技能和专业技能。但有一半的调查对象表示无实习经验，有多次实习经历的仅占5%。

（2）就业地区、单位预期与现实有偏差。调查结果显示，毕业生预期选择回到自己家乡的比重最大，占80%以上，选择国外的人数比例最少，不足10%。大部分学生愿意到中国—东盟合资企业工作，其次是国有企业和外资企业。另外，应届毕业生刚毕业时往往自我期许很高，对于薪酬福利水平、单位所在地、就业岗位、单位所处行业、性质和规模大小等挑挑拣拣。

二 东盟国际会计专业现存问题分析

（1）有关东盟国家的文化课程开设不够全面。一个国家会计的发展与其政治、经济、文化息息相关，不同国家和民族的政治、文化等差异同样会导致会计准则与制度的差异。学生对东盟相关国家概况与文化制度的不了解也会影响学生对东盟国家会计文化与制度的认识。通过调查，我们发现，东盟国际会计专业相对于普通会计学专业只是多了相关国家的语言，以及东盟国家的会计、税制、金融、自由贸易区规则等基础课程，其他的专业知识与普通会计专业学生没什么区别。课程体系中并没有涉及东盟国家概况与文化的课程。

（2）与东盟国家的教学方式有待衔接。东盟国际会计专业学生培养一直采用"3+1"联合教学模式，即国内学习3年，国外学习1年。以广西财经学院为例，调查发现，很多前往国外学习的学生普遍反映无法适应对方大学的教学方式与方法。国内的教学相对"重理论，轻实践"，课堂一般是灌输式教学居多，考核方式也比较单一，多采用书面测评的方式。而国外则主张企业公司实践与校内理论讲授相结合，课堂上使用案例、座谈、沙龙的教学方式方法，并采用英语或本地语言进行教学。教学方式的巨大转换导致学生短时间内难以消化吸收，造成学生专业学习效果不佳，国外成绩不理想，打击学生的积极性。

（3）双面型师资相对欠缺。双面型教师是指既精通东盟一国或者多国语言，又精通专业会计知识，能够运用东盟国家语言进行专业课讲授的教师。目前这方面的教师还十分缺乏。目前，东盟国际会计专业大多采用外语教师教授外语、国内会计教师教授国内会计专业知识的教学师资体系。这就导致学生不能用东盟国家语言来表述相关会计专业知识，另外也导致知识体系难以构建，凸显不出东盟特色。因此，学生将来进入东盟国家或东盟企业工作时也会出现难以适应的情况。

三 东盟国际会计专业的改革对策

（一）学生角度

（1）注重增强自身工作技能，提高自身综合素质。部分学生在学习专业课的时候不够踏实认真，只是为了应付考试，并没有将知识与现实相联系，更没有用于指导实践，这就导致很多学生踏上工作岗位后，知识和工作现实脱离，缺乏相关的工作技能，不能满足岗位的需要。因此，在校期间，东盟国际会计专业学生应该将专业课知识学习落到实处，将基本功做扎实。

（2）寻找实习机会，积累工作经验。很多学生，在学校的时候依旧比较懒惰，对于实习不够重视，认为不过是完成学校的学分，没有认识到实习对于提高自身能力的重要性。因此，在校期间，东盟国际会计专业学生可以在假期或者课余时间，主动去寻找实习机会。尤其是去一些知名的企业或会计师事务所，即使进去做一些简单工作，也能够熟悉工作环境和工作氛围，这对于将来就业大有帮助。

（3）利用出国交流的机会，打造自身优势。作为东盟国际会计专业学生，拥有出国访学的机会，这对于提升知识层次，提高语言能力是一个非常好的机会。因此，东盟国际会计专业学生可抓住机遇，在国外学习期间，多实践，多锻炼，不仅要熟悉当地的会计工作环境，还要利用当地的语言环境，打造双语言、双会计优势。

（二）学校人才培养角度

（1）优化课程结构，增设东盟文化有关课程。会计人员的观念和行为都是在一定的社会文化环境中形成的，社会文化与制度的不同在很大程度上会影响或制约会计人员的观念和行为，最终影响到会计活动。因此，需要结合面向东盟贸易的北部湾经济区发展需要，按照东盟国际化会计人才培养模式的要求，融入更多的东盟文化相关课程，丰富学生东盟国家文化知识，并针对东盟特点进一步细化会计专项知识。

同时，要注意到东盟国家会计与我国会计的差异，增加一些国际贸易相关的选修课程。在学习东盟相关财经类知识的时候，可采用选修课的方式，根据学生对自身未来的发展规划来自主选择适当的课程，以适应学生求职的国际化需求。

（2）融合国内外教学模式，改良培养模式。学校可以根据学生学习实际以及自身意向开设东盟实验班，实验班学生延长国外修读至 2 年，这就有充足的时间让学生充分了解东盟国家会计专业的知识结构与专业课程设置体系。在教学方式方法上，可以充分利用在国内修读的时间，定期邀请东盟国家的专家学者给该专业学生上课，定期开展国外远程视频教学，开设东盟国家语言会计知识讲座，引导学生关注东盟国家的教学方式，同时督促国内教师学习国外教学模式，力争国内外教学方式方法相融合，使学生在出国前熟知国外的教学方式。

（3）提高师资素质，培育双面型教师。高校可以选派英语基础较好或精通东盟国家语言的专业教师到东盟地区进修学习，还可以到有较多东盟业务的企业和会计师事务所进行实践锻炼，这种实地深入的方式可以在提高东盟国家语言能力的同时，帮助教师更好地了解东盟国家的会计制度，丰富实践经验，提高教学效果。

东盟经贸问题是一门涉及面很广的学科，又是一门实践性很强的学科。随着国家"一带一路"倡议全面实施，以及中国—东盟自由贸易区建设进程的不断加快，东盟国际会计专业的开设必然会遇到一系列新的问题，我们要做的就是迎难而上，与时俱进，针对形势的变化及时应变，将东盟国际会计专业打造成为一个高校"特色"专业，为东亚、南亚、东南亚经济区域合作培育更多更优秀的创新型高级会计人才。

第四节 打造广西品牌事务所，助推会计服务出口

"走进东盟"已然成为注册会计师行业"走出去"一个新的突破点。东盟10国与我国处在"5小时经济圈"内，拥有地缘贸易与投资优势。同时，东盟10国对中国文化有较高的认同感。更为重要的是，从政策层面上说，中国—东盟自贸区正式启动后，东盟部分成员对会计服务也有更加开放的承诺。广西注册会计师行业应该抓住这一战略性机遇，构建和完善广西会计服务出口机制，加快培育一批能够为在东盟投资发展的企业提供服务的会计师事务所。

一 东盟各国注册会计师行业市场

（一）东盟经济共同体统一资本市场对注册会计师行业的需求

2015年年底，东盟正式宣布建成东盟共同体，这标志着东盟经济跨入共同体时代。近年来，东盟积极实施关税和非关税减让措施，促进贸易便利化，扩大服务贸易的开放，放宽投资部门的限制，并加快专业人才资质互相认可，由此区域经济一体化的贸易和投资效应逐步显现。作为一个区域共同市场，东盟经济共同体在亚太经济一体化进程中的地位与作用不断提升，并将对世界经济和区域合作格局变化产生重要的影响。这个统一的资本市场对注册会计师行业来说无疑是个巨大的市场。

（二）东盟各国注册会计师行业发展现状

东盟各国注册会计师行业发展水平参差不齐。新加坡资本市场比较成熟，因此其注册会计师行业也是这些成员国中发展较好的，另外，马来西亚的注册会计师行业数量和规模也比较可观。相比较而言，还有一些国家本土事务所规模很小，仍需与国际上较高水平的会计师事务所合作才能完成一些较高难度的工作。总之，随着东盟各国资本市场的不断开拓，他们对会计的要求也会越来越高，特别是那些到海外上市的公司（主要是到新加坡、中国香港），在上市之前要满足一些复杂的和特定的要求。这些业务对于东盟各国一些小事务所而言大多难以胜任，更多的公司会寻求大事务所提供帮助，这也给其他国家的事务所提供了机会。

(三) 国际四大会计师事务所在东盟的发展情况

国际四大会计师事务的国际市场开拓得比较早，因此有相当大的先天优势。就拿普华永道来说，1900年，普华永道就为马来西亚的跨国公司、公共部门和企业提供服务。普华永道为泰国提供会计服务已有50多年历史；进入老挝市场是1996年；进入越南的时间是1994年；进入柬埔寨市场是1998年。和普华永道一样，德勤进入东盟市场的时间也比较早，在泰国就已有72年历史。另外两家事务所毕马威和安永在新加坡、菲律宾、马来西亚、印度尼西亚等国也都有自己的业务。如毕马威1928年就进入了马来西亚。尽管国际四大会计师事务所在东盟已有一定的市场份额，但随着中国与东盟的经贸合作不断增加，中国与东盟的会计服务合作也必然会有一个光明的未来。

二 广西会计服务出口东盟市场面临的机遇

随着中国与东盟经贸合作的深入开展，会计服务出口的业务发展空间也在不断地扩大。东盟资本市场的发展以及会计、审计准则的国际趋同为中国会计服务出口和拓展东盟市场提供了较好的发展机遇。

（一）投资领域合作的迅猛增长

自2010年中国—东盟自由贸易区如期建成以来，中国—东盟双边贸易发展迅速。中国已成为东盟第一大贸易伙伴，东盟则成为中国第三大贸易伙伴。中国对东盟投资呈现出高速增长的态势，中国企业走进东盟的步伐进一步加快，为广西注册会计师行业拓展东盟市场提供了更为有利的条件和机会。

（二）会计、审计准则国际趋同的发展

统一高质量的会计准则是注册会计师行业国际化的基础条件，中国会计准则与国际财务报告准则从实质趋同发展到了实施全面趋同的阶段。中国会计准则、审计准则国际趋同为广西注册会计师行业会计服务出口奠定了基础。随着中国会计审计准则实现国际趋同，准则的等效认同以及资格互认也为广西会计服务进入国际市场创造了更好的条件。

（三）国家对会计服务出口的支持

为了促进广西注册会计师行业的国际化，推动会计服务出口，自治区政府进行了一系列探索。建立中国—东盟自贸区会计服务出口示范基地，既是广西注册会计师协会与中国注册会计师协会签署合作框架协议的重要内容，也是大力开拓行业新业务领域、服务广西经济发展方式转

变的一次有益探索。会计服务出口示范基地建立后，将利用中国—东盟贸易博览会的信息资源，构建企业和会计师事务所服务协调平台，建立"会计服务示范出口基地"信息通报制度、重大事项沟通机制，并就广西企业在东盟投资和会计服务业发展进行沟通、交流与合作。同时，利用广西对东盟小语种培养的优势资源，探索复合会计人才培养模式，为事务所走向东盟储备人才。

三 广西会计服务出口东盟市场需突破的挑战

有机遇就有挑战，我们在看到机遇的同时也应该关注到我国注册会计师行业出口东盟市场有可能遇到的挑战。

（一）东盟各国经济发展不平衡，会计市场开放程度差异大

东盟区域内各国经济发展水平不平衡，部分国家会计市场开放程度不高，而会计市场的开放程度决定了境外会计师事务所进入的难度。各国的会计服务贸易协定承诺有差异，市场准入条件还取决于具体国家的政策。从中国和东盟10国在《服务贸易协议》中就会计服务业做出具体承诺的情况来看，在11个国家中只有柬埔寨和泰国做出了高于WTO承诺的进一步开放承诺，柬埔寨、泰国、越南在会计、审计和簿记服务准入方面没有限制，柬埔寨要求提供审计服务必须在柬埔寨设有商业存在，新加坡要求注册会计师必须在新加坡实际居住。马来西亚、印度尼西亚、菲律宾、老挝、缅甸、文莱在具体承诺减让表中没有对会计、审计服务的具体承诺。

（二）来自国际四大会计师事务所的竞争压力

刚才我们也分析了国际四大会计师事务所在东盟市场中的先天优势。因此，中国注册会计师行业要想进入东盟市场必须要在事务所声誉、质量、规模等方面应对"四大"带给我们的压力和挑战。这是一个不容忽视的问题。目前，广西事务所在规模和声誉方面与国际四大会计师事务所相比差距较大，因此在拓展东盟会计市场时，应充分了解国际四大会计师事务所在东盟的发展情况，借鉴它们的优秀做法，制定相应的发展规划。

（三）来自东盟本土注册会计师行业的竞争

随着自身资本市场的不断完善，其会计服务出口也不断增加，新加坡、泰国、马来西亚等国都将发展目标投向了老挝、柬埔寨、印度尼西亚等其他东盟国家，因此，东盟国家之间抢占会计市场也是我国注册会计师行业不容忽视的问题，广西注册会计师行业拓展东盟市场面临的竞争对手不仅是国际四大会计师事务所，还有来自东盟资本市场较发达的国家。

（四）事务所海外业务拓展难题

研究表明，跟随客户进入目标国市场是会计师事务所国际化的一个重要途径。广西注册会计师行业既可以首先为进入东盟市场的企业提供会计、审计服务，也可以在市场调研、风险评估管理咨询等方面为那些有意"走进"东盟市场的企业提供服务。但当事务所进入目标国后，如何继续拓展当地业务，对事务所的生存和发展至关重要。

（五）事务所跨境监管难题

目前，审计跨境监管已成为世界各国关注的焦点。审计国际监管合作对注册会计师行业的国际化的重要性不言而喻。尽管2013年中国与美国公众公司会计监管委员会正式签署了执法合作备忘录，开始实施会计、审计跨境执法合作，但也存在很多难点，同时中国与东盟一些国家的合作还未取得实质性进展。广西注册会计师行业拓展东盟市场时不可避免会遇到审计跨境监管问题。

四 广西注册会计师行业进入东盟注册会计师行业市场的策略

要在国际会计市场上提升竞争力，打造自主品牌是一个根本的途径。有了本土的国际知名会计师事务所品牌，才可以顺利拓展东盟市场，促进广西会计服务出口。广西注册会计师协会必须鼓励大型事务所创建自主国际知名品牌，扶持中小会计师事务所"精专优"品牌创新，并支持本土会计师事务所借助国际网络公司在国际上推广自助品牌。

（一）打造广西品牌事务所

1. 依靠实力，注重声誉

从国际"四大"的形成过程来看，大型会计师事务所的形成是一个自然的渐进过程。我国会计师事务所在朝大型事务所的发展过程中切记不能过分强调行政力量的推动。此外，广西会计师事务所之间不要自我制造行业的混乱，不要片面追求眼前的经济利益，忽视了自己对社会公众的责任，忽视了自己对行业发展的责任，丧失了应有的职业道德。良好的发展环境需要业内人士的共同维护，要在发展的过程中注重"声誉"，倡导"行业兴衰，人人有责"的共同发展、互利互赢的和谐发展理念。

2. 要具有全球意识和观念

广西的会计师事务所由于历史短、规模小、实力弱和地方保护等原因，在发展的过程中，地域观念一直比较浓厚，束缚了其发展的速度，在全球一体化、经济全球化的背景下，会计师事务所的合伙人要克服小富即安的小农意识，树立远大目标，制定"做大做强"的战略，打下自己的一片天地。

3. 合并是"做大做强"的可行之道

作为知识密集型组织的会计师事务所，要想做大做强仅依靠自身发展，在短期内很难有成效。要拓展服务领域、扩大服务规模，必须走联合或兼并的道路，实现外延型扩张。从永道和普华合并从而跃升为行业第一的案例中，应该能得出这样的结论：合并是"做大做强"的可行之道。可喜的是，我国的会计师事务所在这方面也迈出了可喜的一步。为此，广西应将积极创造条件，鼓励有共同奋斗目标、共同价值理念的事务所进行联合或兼并，促其成为大所。

4. 发展特色服务，拓展新的需求市场

面对像"四大"这样的超大型事务所，广西会计师事务所在声誉、技术、人才、管理等各方面都有很大的差距，如果能在传统的审计、咨询业务之外，开辟新领域提供比如家庭资产结算、个人资产审计、专业理财、代理记账等特色服务，则会拓展出更大的发展空间。因此，广西会计师事务所应该在做大做强的主基调下，必须根据自身的条件，根据市场发展变化，研究新情况、解决新问题、采取新举动、学习新知识，在纷繁的市场分工中找准自己的位置，注意特色的培养和精品的开发，走出一条具有自身特色的发展道路。

5. 积极创造条件，提高会计师事务所的资质

资质是会计师事务所参与竞争的基石。因此，提高会计师事务所的资质，就是提高事务所的竞争能力，就是做大做强广西注册会计师行业的有力武器。广西上市公司的很多审计业务被省外甚至国外的事务所瓜分。因此，自治区政府要从工作上、业务上帮助基本具备条件的事务所，力争帮助它们获得从事资格，打造事务所"桂系"的品牌。

(二) 助推会计服务出口

1. 做好对东盟市场的调研工作

由于东盟各国经济发展程度差异较大，各国经济政策也存在较大差

别。拓展东盟市场的首要任务是要对目标市场有充分的调研和论证。包括具体国家的基本国情、资本市场发展情况、注册会计师行业竞争力、行业监管政策、国际四大会计师事务所的市场份额、目标市场的会计和审计准则、市场准入政策法律法规、潜在的客户、注册会计师人才等方面有充分的调研和论证。

2. 事务所建立国际化的工作团队，注重国际化理念的培育和发展

以国际化的结构和组织形式来开展业务，为拓展境外市场做好准备。注重培养通晓国际财务报告准则，能够在多样性文化及经济背景下处理国际业务的高级会计人才。制定国际化的发展规划和日程表，采取有效措施推动国际化的进程。

3. 充分发挥部分地区的区位优势，加强与东盟的合作

前文提到，广西已设立"中国—东盟自由贸易区会计服务出口示范基地"，因此，广西品牌事务所可以发挥区位优势，在现有和东盟经贸合作的基础上进一步扩大会计服务出口。

4. 政府的推动和扶持

自治区政府可以中国—东盟自由贸易区建设为契机，以商务、财政等有关部门为主搭建服务平台，为广西会计师事务所进入东盟国家开展会计服务提供支持服务。给予"走出去"事务所在外汇账户、人员进出境手续、税收优惠和担保问题等方面的扶持；推动双边会计师事务所的多方面交流与合作。教育部门可以在东盟教育合作项目上予以扶持，鼓励为东盟国家培养会计人才，同时吸引东盟国家的学生来中国留学，在高校课程中增开东盟国家经贸、会计、金融方面的课程，举办东盟会计研讨会，鼓励开展注册会计师行业拓展东盟市场的项目研究等。

第八章　面向未来的广西会计事业建设前瞻

党的十九大胜利召开，中国特色社会主义进入了新时代，新时代需要新思想，呼唤新思维，引领新使命。随着大数据、"互联网+"、人工智能的发展，会计很多基础性、重复性的工作逐步由机器人代替，从而减轻会计人员的工作量和工作压力，提高了会计行业的效率。但我们要看到机器人可以代替做一些基础性的工作，却代替不了分析、决策、资本运作、投融资管理、预算、战略等高级的工作。而且随着时代的发展，会计发挥的作用将会越来越重要，会计人员可以做的事情会越来越多。未来，广西的会计人才必须学会用自己的专业能力诠释新时代赋予的新使命。

第一节　人工智能与会计人才

人工智能（Artificial Intelligence，AI），它是研究、开发用于模拟、延伸和扩展人的智能的理论、方法、技术及应用系统的一门新的技术科学。根据数据显示：2020年全球人工智能市场规模将达到1190亿元，年复合增速约19.7%，人工智能正迎来"井喷式"创新，进入发展的黄金时代。近年来，会计界关于人工智能的新闻更是频频发布。2017年3月10日，德勤宣布与Kira Systems联手，在会计、审计、税务工作中引入人工智能；毕马威也宣布引入IBM Watson认知技术。人工智能的诞生无疑会对会计模式产生变革性的影响，因此，广西会计人才培养也需要正视人工智能所带来的变化，更好地顺应时代潮流，及时采取应对举措。

一　人工智能在会计行业的应用

会计行业的工作方式并不是一成不变的，而是随着科学技术的发展与时俱进地不断发展着。人工智能的广泛应用，会将大量的会计人员从简单烦琐的工作中释放出来，同时也会淘汰大量低端的会计工作。

（1）人工智能实现了会计数据的质的飞跃。数据是会计工作的源头和起点。人工智能技术的发展对数据的获取和收集、分类和处理、辅助决策方面提供了可行的技术支撑，可以大大提高数据资源采集能力和数据的质量，使企业决策更加精准、科学和有效，从而更好地预测企业未来的发展。

（2）人工智能提高了决策的科学性。会计信息是企业决策的重要支撑内容，人工智能对会计大数据的处理、质量管理和决策管理在很大程度上保证信息完整性、可靠性和及时性，有助于提高决策的科学性和合理性，降低决策风险。

（3）人工智能可以再造会计核算流程。云会计技术的应用通过智能网络平台来实现，可以不受时间和空间的限制，而且人工智能机器人办公具有及时快速的特点，大大解放了会计人员的工作。另外，人工智能机器人通过计算不同数据进行分析，会计人员只需要输入指令，智能会计就会自动生成各项报表。

（4）人工智能能够变革会计报告模式。在报告内容上，在人工智能巨大的信息系统下，财务信息、非财务信息、各个时间段的信息，甚至未来信息的发布不再受到限制；在报告时间上，既可以发布期中、期末报告，又可以发布实时报告，保证财务决策的时效性。

二　人工智能对会计人才的新要求

人工智能给会计工作带来了巨大的便利，与此同时，也对会计人才提出了更高的要求，固守传统，墨守成规，只能被时代抛弃。这将促使会计人员提高会计工作能力，也就对会计教育提出了更高要求。

（1）人工智能要求综合素养。人工智能技术的深入发展，使会计观念也发生了一定意义上的变化，会计不再是传统意义上的计算，需要对会计有更加深层次的理解。党的十二届全国人大常委会三十次会议将原《会计法》中第三十八条"从事会计工作的人员必须取得会计从业资格证书"改为"会计人员应当具备从事会计工作所需要的专业能力"。在会计信息时代的背景下，社会对管理和决策更加注重，对社会能力更加青睐，因此，这都要求会计人员具有更加综合的能力和素养。

（2）人工智能要求角色转变。人工智能的发展使人工智能技术与会计不再是相互独立分离的学科，智能化会计必然是一种发展趋势。会计学科必须结合人工智能才能在新时代会计领域获得新突破。另外，人工智能技术强化了管理会计在决策中的重要作用，会计的核算职能不断向管理职能方向转变。著名会计学家阎达五多次提出会计的管理作用。因此，人工智能时代会计人员也要注重自身角色的转变，应对时代变化。

（3）人工智能亟待会计人才转型。人工智能时代需要的不是单一型的会计人才，而是多方面能力具备的复合型会计人才。人工智能时代的会计人才必须能够将人工智能灵活地运用到会计工作中。因此，会计人才必须学会将人工智能技术与会计紧密结合，努力转型为既熟练掌握会计知识与操作，又熟练地将人工智能与会计相结合的复合型会计人才。

三　人工智能背景下会计人才培养的思考

人工智能背景下，广西会计人才培养要与时俱进，紧密联系财会行业所处的大环境，将人工智能嵌入教学中，要及时更新教学理念，重构学科结构，改进课程体系，以促进会计人才能力的提升。

（一）更新会计教育理念，调整人才培养目标

由于人工智能的加入，智能决策支持系统、数据挖掘等新技术得到充分利用，会计行业的效率得到了前所未有的提升。人工智能使会计人员从烦琐复杂的计算工作中脱离出来，实现了会计计量、确认、报告的突破，核算职能向管理决策职能转变。这将导致会计行业不再需要那些只能做简单烦琐的会计人员，而是需要复合型会计人员。所以，广西会计教育也应更新教育理念，对会计人才的培养模式进行改革与创新，为社会培养大批能运用人工智能技术、具有较强数据分析和运用能力的高级复合型会计人才。

（二）重构会计学科结构，设置会计学与计算机学的交叉学科

人工智能引起会计学科改革，要将人工智能嵌入会计学科中，使会计体系更加多角度、动态化、多层次。智能化会计丰富会计学科内容，加强会计实用性。在新时代下，广西会计人才培养要将人工智能与会计相结合，推动重新设置会计课程体系的步伐。

另外，会计专业课程体系也要进行必要的改革，必须围绕智能化背景下会计专业人才应具备的职业能力构建课程体系。王加灿、苏阳（2017）提出，在会计课堂上，"要将人工智能嵌入会计学科""将人工智能嵌入到教学中""将计算机专业与会计专业进行跨学科融合教学，融入互联网技术和人工智能技术"。因此，广西高校会计课程要增设高级

Excel、人工智能（会计）、数据获取与分析等课程，尤其是人工智能（会计）课程。

（三）实现人工智能与会计课程的深度融合

商思争（2013）认为，"随着会计工具从手工、机械、电脑到人工智能的发展演变，会计工作和行业发展发生了深刻的变化，同样地，会计课程也受到技术条件的影响"。在智能化会计时代的大环境下，会计人员不能只满足从业资格证书的基本要求，还应当掌握人工智能使用技术，成为确保数据安全以及软件正常运行方面的综合会计人才。会计学生必须要能够熟练、巧妙地使用人工智能，这样才能满足日后实际工作的要求。因此，广西高校在进行人工智能理论教学的同时，还需要注重实务操作。另外，还要增强学生的实践能力，培育会计人员的工匠精神。

人工智能与会计学的深度融合，既是机遇，也是挑战，我们要认识到人工智能技术的变革作用，抓住机遇，不断进行会计创新和教育改革，这样才能培养一批掌握基础计算机技术，能够掌握基本的会计处理流程、了解会计处理的痛点、恰当运用人工智能技术处理业务的复合型会计人才。

第二节　大数据与会计人才

现代社会是一个高速发展的社会，科技发达，信息流通，数据的价值被不断挖掘。由此，社会也逐渐进入了大数据时代。大数据（big data）是指无法在一定时间内用常规软件工具对其内容进行抓取、管理和处理的数据集合。对数据进行交换、整合和分析，能够为企业决策提供巨大的帮助。大数据时代的到来，对我国会计人才培养提出了新的挑战，越来越多的会计工作被信息系统所取代。新时代会计人才不仅需要原有的会计工作能力，还要进一步掌握原始数据采集能力、原始数据分析能力、原始数据清洗能力、数据挖掘建模分析能力等数据能力。因此，广西高校要调整自己的会计人才培养模式，来适应企业的要求，培养出更多的合格的会计人员。

一　大数据时代会计工作内容的新变化

受到大数据时代的影响，会计人员的工作内容呈现出新的特点，但也面临着新的挑战。

（一）数据信息的倍数增长与会计工作中信息收集与处理技术的落后

受大数据时代的影响，需要会计处理的数据信息较过去会成倍地增加，各种数据，包括来源于关系型数据库和非关系数据库的大量数据信息都离不开会计的处理。随着大数据时代的发展，未来会计工作需要处理的数据的数量会越来越多，信息会更加庞大，种类也会更加丰富。在这种情况下，会计人员需要不断完善和更新数据处理技能。

但我们也要看到，由于步入大数据时代的时间较短，大数据的价值由于种种因素的制约不能被完全地挖掘出来，特别是在企业的会计工作方面，如数据的筛选和分析方式落后，导致会计工作的对象数据不够全面，大量有用数据被浪费；会计平台的管理和完善仍需要改进，经过多年的发展，企业的会计平台的管理和运作方式已经非常符合传统的会计工作需要，但是与大数据时代的会计工作需要几乎完全不符，所以需要结合会计工作的新特点和新需要对会计平台进行完善。

（二）会计工作内容实时可监测与会计人才的缺乏

大数据具有五大特点，即大量（Volume）、高速（Velocity）、多样（Variety）、低价值密度（Value）、真实性（Veracity）。受到大数据技术特点的影响，过去会计工作中信息处理速度慢、内容传递不及时的缺点将被改变，会计信息将会更准确、更快速地传递到会计人员手中，会计人员也可以借助大数据技术对其进行快速的分析处理，从而使企业对市场做出更加快速、灵敏的反应，有利于企业制定合理的发展目标和策略。

但是，大数据背景下会计从业人员也在经历着新的挑战。传统的会计工作技能已经不能满足新时代对会计人员提出的要求，会计行业的人才缺口正在增大。高校的会计人才培养目标没有与时俱进，很多高校的课程设置不够全面，与企业需求相偏离，导致培养出来的学员不符合企业要求。而社会中的会计从业人员很多也固守传统，对大数据时代的会计工作特点缺乏理解，进而不能及时提升自我，导致其工作能力逐渐落后于企业的需求，造成人才缺口。

（三）会计工作向风险防控方向转移与信息安全的重视不足

在传统会计工作模式下，会计人员在企业中一般只是单纯地执行会计实务处理工作，执行的是财务处理功能；而大数据背景下的会计人员，其工作已经不是单纯的财务处理了，其工作开始逐步向风险防控方向转移。对企业而言,大数据背景下会计人员能够提高企业的风险防控能力这项工作变得格外重要。

但事实上,由于计算机技术的广泛应用,在大数据时代,信息泄露也变得非常容易。大数据背景下许多会计人员对于信息安全没有引起足够的重视,更别提采取科学的防范措施来加强风险防控了。因此,会计人员在数据处理的时候必须重视信息的安全性,否则企业内部的数据很容易遭人盗取、泄露、篡改,从而造成不可估量的损失。

二 大数据背景下会计人才所需的全新能力

（一）不同会计人员所需能力的变化

大数据时代的到来,使会计人员面临着前所未有的挑战。在这种巨大的变革中,企业对会计人员的要求也发生了很大的变化,会计人员不仅需要学习传统的会计专业知识、审计知识,还要进一步强化财务管理知识,了解企业的业务流程,同时还需要学习大数据背景下的相关知识。现代企业一般需要两类会计人员:一类是财务会计,另一类是管理会计。但是新时代大数据背景下,两类会计人员的能力要求以及工作职责都与过去有了很大差异。

表8-1　　两种会计人员的工作职责及所需能力

	工作职责	所需能力
财务会计人员	日常会计业务核算； 信息系统操作； 财务数据处理分析	会计审计核算能力； 信息系统操作能力； 数据处理能力
管理会计人员	数据处理与分析； 预算的编制分析与评价； 预测报告的编写； 经营决策	数据处理能力； 信息系统操作能力； 预测、规划、决策、控制、考评等能力

从两类会计人员所需的能力我们可以看出,不管哪一类会计人员都增加了数据处理能力,这是因为在大数据背景下,会计人员面对海量的数据,必须能够利用先进的数据处理技术,对海量数据进行采集、清洗、转换、校验、建模和分析,这样才能让数据更好地为会计服务。因此,

现代会计人员如果没有这些数据处理能力，显然是不合格、不称职的。

（二）会计人员应具备数据处理能力

在大数据时代，如何从繁复的信息中筛选出管理层所需信息就成为会计人员需要掌握的必要技能。无论是管理会计还是财务会计都需要数据分析能力，具体而言，应该至少掌握这四种能力，即原始数据采集能力、原始数据分析能力、原始数据清洗能力、数据挖掘建模分析能力等。

（1）原始数据采集能力。会计人员需要采集大量的原始数据，这些数据不仅包括传统的凭证，也包括行业数据库中数据以及一些其他数据，这要求会计人员拥有一定的数据库学习能力及将本企业数据库与其他数据库接口的能力等。

（2）原始数据分析能力。会计人员必须在采集原始数据的基础上进行数据分析，即对大量原始数据运用回归分析法、案例分析法、需求分析法等进行分析，以发现异常波动并提出建议，从而帮助管理层发现、化解风险。

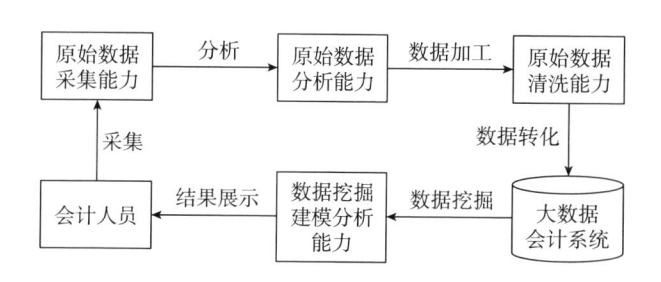

图 8-1 大数据系统会计操作能力流程

（3）原始数据清洗能力。会计人员必须学习原始数据清洗能力，并将清洗后的数据投入大数据会计系统以用于记账，目的是将舞弊与错误数据屏蔽在会计系统之外。

（4）数据挖掘建模分析能力。会计人员应对进入大数据会计系统的真实数据进行数据挖掘建模分析，要掌握该能力，对会计人员的要求非常高，比对原始数据分析的要求更高，即可通过聚类挖掘建模分析、离群数据挖掘建模分析等方法帮助管理层了解风险，及发现企业的利润增长点。

三　大数据背景下会计人才全新培养模式

（一）进行课程整合与创新

很显然，大数据时代，未来会计工作中，数据处理能力是一项不可或缺的能力。那么，高校在安排课程的时候，就应该将这项能力融入课程教学中，具体可以将传统的审计相关知识、财务相关知识、管理相关知识与数据处理知识进行整合，在传统课程基础上加入信息系统操作、数据处理等创新，真正使信息技术为会计而服务。

传统课程要包括初级、中级与高级财务会计课程、财务管理课程与审计课程。会计课程的目的是使学生了解会计准则与做账方法，虽然大数据背景下的会计人才主要是应用大数据会计系统，但该系统也是基于会计准则研发的。因此，传统课程的地位不可动摇。

创新课程要包括数据分析课程、数据挖掘课程与信息系统操作课程等。其中，数据分析课程主要传授回归分析法知识，即会计人员学习使用回归分析法了解经营、财务或生产的相关影响因素，从而提出相应的改善策略。数据挖掘课程主要传授数据建模分析知识，即教授会计人员如何将财务与非财务数据分类，从而发现这一类数据中存在的差异数据；信息系统操作课程主要基于校企合作基地，聘请专家到校企合作基地进行指导，开发适合企业的大数据会计系统，并培养相应的实践型会计人才。

（二）提升教师和学生的数字化能力

对于多数院校来说，教师的传统会计、审计知识已然十分完备，会计专业的教师要按照大数据时代对会计人员的新要求，积极参加各类培训课程，努力学习新知识，不断提高自己的专业水平，进而做好传统会计课程与数据处理课程的整合与创新。

（1）会计专业教师补充数据处理的相关知识。我们认为，专业教师补充数据处理的相关知识可以通过以下几种方式来进行。第一，社会培训。学校可以选派学习能力强的优秀会计教师，参加社会培训，学习信息系统操作技术和数据处理技术。第二，企业培训。学校还可委派会计教师到企业去学习相关信息处理技术、数据处理技术，或者把企业的专家请来，为教师进行培训，同时还可以选派具有一定技术基础的年轻教师到企业去参加企业实践活动，和企业人员一起进行业务操作，这样会大大增强教师的实践能力。第三，会议与讲座。鼓励教师多多参加与大数据、数据处理技术有关的会议与讲座，也可以不断更新会计教师的数据处理知识，进而强化教学能力。

（2）共同参与，促进师生大数据知识的扩充。通过教师和学生的共同参与，包括学校的研讨，企业的合作交流，不仅可以促进教师团队的培养，还可以促进学生对于大数据知识的学习，发挥教学相长的作用。通过教学互动，一方面，学生可以参与企业大数据会计系统开发与实践，并使他们在实践中获得一些直接经验与教师进行深入交流，这种交流能开拓教师的思路，并对教师开发新的大数据会计系统有所帮助。另一方面，经过培训的教师拥有最新、最符合实际的会计系统知识，能够在日常的教学中传播这些知识并鼓励学生从事新型大数据会计活动，这有利于学生参与获得并使用数据分析技术。

此外，学校也要相应采取各种措施，以提高教师的主观能动性。

（三）校企合作实训基地建设

习近平在党的十九大报告中特别提到了"产教融合、校企合作"，强调校企合作、产学研教育的重要性。校企合作是培养应用型人才的重要途径，学校和企业在合作中共同建设实训基地是实现人才培养目标的重要环节。利用校企合作基地可以帮助学生夯实专业知识，特别是大数据会计知识、信息系统知识、数据处理知识，并获取数据系统操作技巧，增强学生的实际操作能力。

总之，大数据时代会计人才培养是个动态、复杂的过程，需要学校、企业、社会多方努力。学校作为人才培养的主体，要秉承以人为本的原则，充分尊重学生个性发展，遵循高等教育人才培养客观规律，同时，要注重企业的需求，以就业为导向，构建大数据时代会计人才培养模式，为建设创新型社会主义强国做出应有的贡献。

第三节　区块链技术与会计人才

随着大数据经济的发展，区块链技术与传统会计的高度融合，会计已经不是传统的手工记账的工作模式，这也引起会计人才需求的变化。在此背景下，广西高校必须探索适应信息技术发展和变化的会计专业人才培养路径，通过改变传统的人才培养理念、改进人才培养模式、完善人才培养方案，向社会输送高质量的复合型会计专业人才。

一 区块链技术简介

（一）区块链的概念

区块链的概念源自 2008 年 Nakamoto 发表的论文《比特币：点对点电子现金系统》，在文中 Nakamoto 从一个全新的角度阐述了电子现金点对点交易的概念和模型。这个阐述让会计行业的人对区域链有了全新的认识。总的来说，区块链的运作机理是通过去相互信任和去除中心化的方式，将传统由中心机构统一记录和管理的账本变为全网公开使所有参与者共同维护的分布式账本，这就打破了传统的记账方式，保证了交易的公平可靠。用区块链技术所串接的分布式账本能让两方有效记录交易，且可永久查验这比交易。

狭义来说，区块链（Blockchain）是一种按照时间顺序将数据区块以顺序相连的方式组合成的一种链式数据结构，并以密码学方式保证的不可篡改和不可伪造的分布式账本。广义来说，区块链技术（Blockchain Technology，BT）是利用区块链式数据结构来验证与存储数据、利用分布式节点共识算法来生成和更新数据、利用密码学的方式保证数据传输和访问的安全、利用由自动化脚本代码组成的智能合约来编程和操作数据的一种全新的分布式基础架构与计算范式。

（二）区块链技术的特点

区块链作为一个可靠链式数据结构，具有以下主要特点：

（1）去中心化。区块链是由许多节点组成的一个点对点的数据库网络，不存在中心化的硬件或管理机构，任意节点的权利和义务都是均等的，数据或交易的应用机制不需要过度依赖中心化的设备和管理机构，这就节约了时间，提高了工作效率。

（2）开放透明。区块链系统是开放的，除了交易各方的私有信息被加密外，区块链的数据对所有人公开，任何人都可以通过公开的接口查询区块链的相关数据以及检查数据的真伪，因此整个系统信息高度透明。

（3）安全有效。与传统的中心化网络相比，区块链各节点之间的数据交换只需达成共识的双方直接交易，无须通过第三方中介，保证了数据的安全系数。而且区块链数据由每个节点共同维护，同时所有的信息也是共同分享的，每个参与维护节点都能复制获得一份完整数据库的拷贝，数据写入区块链后很难改变，这样保证了数据的真实有效性。

（4）匿名性。由于节点之间的交换遵循固定的算法，其数据交互是无须信任的，因此交易对手无须通过公开身份的方式让对方自己产生信任，对信用的累积非常有帮助。

（5）自治性。区块链采用基于协商一致的规范和协议（比如一套公开透明的算法）使整个系统中的所有节点能够在去信任的环境自由安全地交换数据，使对"人"的信任改成了对机器的信任，任何人为的干预不起作用。

总之，区块链技术把大数据和会计相结合，用密码学原理和精密的数学算法来存储和传递数据，大大提高了业务处理的速度，提升企业整体的运作效率，区块链技术的应用需要强大的数字化信息系统支持，会计人员也需具备相应的区块链原理知识，掌握操作的方式管理运行的一些技能。同时，会计行业在信息化系统的硬件和软件上也必须进行改造，为区块链技术的运用提供必要的环境。

二 区块链技术对会计人才的新要求

区块链的特点不仅满足了互联网时代对于会计信息真实、及时、完整的要求，也满足了会计的记账的基本要求，极大地简化了会计人员的工作流程，节约了人财物，提高了工作效率，同时还增强了对财务记录的信任和准确性。虽然区块链使用尚处于初级的阶段，但在未来，它必然会对会计行业带来变革性的影响，也就对会计人才提出了新的要求。

（一）转变角色，掌握先进的战略管理理念

区块链技术使每一笔交易在发生时就自动记录在公开的账本上，全网所有参与人员都可以直接复制所需要的全部数据，不再需要会计人员逐笔登记，这使财务人员不再是"账房先生"的角色。企业对基础财务人员的需求也在逐渐减少，各用人单位对高级财务人员的管理能力更加重视。这就要求财务人员不能固守传统，而应该用发展的眼光看问题，站在管理者的角度思考问题、分析问题，提出解决问题的可行方案，积极成为企业的参与者、决策者。

（二）与时俱进，具有较强的数据分析能力

传统会计工作的主要内容是收集、记录已经发生的数据，然后通过简单分析生成会计报告，这是对于所有会计从业人员的基本要求，也是会计人员的基本工作。但在数据化背景下，会计人员如果还是停留在这

种简单地分析数据上显然是不够的,相对于简单地分析,他们更需要做的是分析这些数据的问题所在。随着区块链技术的应用,会计人员不仅要记录"过去",还要学会预见"未来",需要根据这些数据完成行业发展判断的风险评估等工作。

(三)提升价值,具备较深的财务决策能力

在区块链技术的支撑下,会计人员的工作从过去的传统工作中解放出来,有更多的精力从事分析、监测、咨询、决策等富于挑战性的复杂工作,使会计人员的职能由"财务核算"向"价值提升"转变。因此,区块链技术的应用要求会计人员要具备较强的财务决策能力。

三 区块链下会计人才培养路径

为了应对区块链技术对会计人员的新要求,高校必须保留传统会计的精华部分,淘汰不为企业所发展的部分,通过改变传统的人才培养理念、改进人才培养模式、完善人才培养方案,探索适应会计专业人才培养路径。

(一)转变思维,突破传统人才培养理念

区块链技术下会计工作的方方面面将发生深刻的变化,前面我们也分享了会计人员的工作重心将会发生转移,转移到利用各类数据进行预测、分析等工作上来。在这种情况下,广西高校就必须突破传统的会计人才培养理念,引进适应大数据、区块链技术发展的先进教育理念,由传统的会计人才培养目标转向大数据思维下的复合型、创新型人才培养目标。

(二)搭建平台,创新人才培养模式

如何创新人才培养方式,前面已经提到了很多,那么如何有效利用区块链技术,创新人才培养模式,又是一个新话题。对此,广西高校必须搭建会计专业信息化数据平台,构建校企都能参与的安全可靠、效率较高的开放数字教学资源。具体而言,可以通过项目的形式推动会计专业产教融合,创建能够为学员提供定制化的学习服务、以项目为导向的自适应学习社区,创新会计人才的培养模式。

(三)优化人才培养方案

为适应新形势的需要,广西高校必须在师资队伍、课程结构、教学方法等方面不断完善相关措施。比如在师资队伍建设上,应该加强专业教师的数字化能力培养,鼓励教师参加技术研讨、实践锻炼,提升教师专业化和信息技术水平。在课程设置上，应增设大数据分析、网络技术等创新课程资源。同时，在教学方法上，要采用理论教学与专项实训相结合的方式，不断培养学生数据挖掘和信息加工的能力。

当然，我们应该明白，仅靠学校的单方面努力是不够的，还需要国家的支持，企业的平台，同时也离不开学生自身的努力。社会更需要的是实践和理论相结合的人才，学生如果单纯获得理论或书本上的知识，是不可能得到提升的，必须在实践的基础上不断地思考探究，学以致用，如此才能成为契合社会要求的会计专业人才。

第四节　新商业模式与会计人才

近年来，随着互联网成为新型商业模式构建的必需品，以知识驱动、智慧驱动、数据驱动为发展引擎的新商业模式正在崛起，新商业模式得到越来越多的关注，传统商业模式受到了前所未有的挑战。在这种新商业模式下，高校必须对会计人才的培养做出新的理解，必须重构探讨新商业模式下会计人才的知识能力、素质特征及人才培养定位等问题，从而为办学实践提供有益指导。

一　新商业模式下会计工作的基本原则

随着经济结构调整，国家对新经济越发重视，2016 年年初，国家统计局印发了《关于加强和改进"三新经济"发展统计工作的通知》，"三新"经济即新产业、新业态和新商业模式。近年来，以电子商务、网上购物、互联网金融等为代表的新业态逐渐兴起，汇聚起推动产业转型升级发展的新兴力量，成为新经济的重要组成部分。作为"三新经济"之一的新商业模式，与传统商业模式的最显著区别就在于一个"新"字，"新"在它以价值创造为灵魂、以客户需求为中心、以企业联盟为载体、以应变速度为关键、以信息网络为平台。

（1）以价值创造为灵魂。随着数字技术进入经济领域，传统的商业模式地位堪忧，新商业模式应运而生。在这种时代背景下，企业作为以营利为目的的经济组织，必须能够识别交易主体的资源能力，发掘交易价值，选择最佳交易主体，最大化企业投资价值。所以新商业模式下的会计人员必须具备足够的能力为企业分析市场，创造价值。

（2）以客户需求为中心。什么是未来的新商业模式？就是以"人"为中心的商业模式，而不是"货"。有了消费者，有了客户，才能创造价值，因此，新商业模式必须以客户为中心，由企业本位转向客户本位，由占领市场转向占领客户，必须立足以客户为中心，从消费者的角度出发，认真考虑顾客所期望获得的利益，只有把竞争的视角深入为用户创造价值的层面中，才能进入游刃有余的竞争空间。新商业模式下的会计人员必须要有服务理念，以客户为中心，站在客户的角度去思考问题，这样才能给管理层出谋划策，占领行业制高点。

（3）以企业联盟为载体。当今科技的高速发展和产品的日益复杂化，无论企业实力多么雄厚，单独控制所有产品和所有技术的时代已一去不复返。而传统的价值链中可挖掘的潜力已越来越少，向组织内部寻找有效的生产力提高的来源也越来越难。2016年ACCA的调研指出，财务高管、财务团队与内外部业务合作伙伴之间的有效协作和融合，是推动企业成功创新和增长的关键。新的商业模式不再是企业的孤军奋战，必须以联盟为载体，发展联盟经济。通过合作，聚合彼此价值链上的核心能力，创造更大的价值和形成更强的群体竞争力。因此，会计人员必须具备团队精神和合作沟通能力。

（4）以应变速度为关键。达尔文曾经说过："并不是最强壮的物种得以生存，也不是最有智慧的得以存留，只有那些最能适应变化的物种才能繁衍不断。"自然法则也同样适用于当今所有的经济实体。如果说商业模式决定了企业的成败，应变能力则是商业模式成败的关键。应变能力是企业面对复杂市场的适应能力和应变策略，是竞争力的基础。因此，会计人员也必须具备应对复杂形势的随机应变能力。

（5）以信息网络为平台。我们常说，"百度干了广告的事，淘宝干了超市的事，阿里巴巴干了批发市场的事，微博干了媒体的事，微信干了通信的事！"其实，不是外行干掉内行，而是趋势干掉规模！这就是大势所趋。互联网的出现，改变了基本的商业竞争环境和经济规则，使大量新的商业实践成为可能，一批新型的依靠商业模式创新的企业，崛地而起。新的商业模式必须重视信息网络的力量，脱离信息网络平台，企业将无竞争力可言。在这种形势下，会计人员也要与时俱进，从专业能力到内在素养都要跟上时代的步伐。

二　新商业模式下以应用为本的会计人才能力体系

大数据、"互联网+"颠覆了原本的商业模式和企业管控方式,为了生存,各种新的商业模式与创新层出不穷。无论怎样变化,商业模式都必须要落地到企业经营体系中才能实现。而且不管什么经营模式都离不开对经济资源的管控和利用,都离不开对企业经营业绩的核算与分析,所以"会计"从未缺席。结合前文,我们认为新商业模式下的会计人才应该具备两种能力:一是专业能力;二是关键能力。

(一) 专业能力

专业能力的具备都离不开专业知识的学习。新商业模式下会计人才的专业能力是在具备一定专业知识的基础上经过专业实践获得的。因此,新商业模式下会计人才的专业能力应该包括专业知识、专业技能和专业态度。

(1) 专业知识。专业知识是会计人员能够从事会计工作的必备知识,具有较强的适用性和专业性。因此,会计人才必须掌握会计学、经济学、管理学、金融学等与之相关的专业知识。

(2) 专业技能。专业技能是会计人员赖以生存的主要手段。对于新商业模式下的会计人才来说,他们需要掌握经济活动分析、财务分析和管理以及经济业务管理等方面的技能。

(3) 专业态度。专业态度强调对学生态度和价值观的培养,是会计人员从事会计工作的基本素养。踏实、认真、敬业、诚信这些基本的素养是新商业模式下会计人才应有的素养。

(二) 关键能力

由于商业环境瞬息万变,高校仅仅具备专业能力是缺乏市场竞争力的,这就要求这些未来会计人才还应具备多方面的关键能力。对会计应用型人才的关键能力的培养主要包括以下内容:思想素质、道德素质和政治素质相关的价值观的培养,适应商业社会的能力培养,团队合作能力的培养,不断学习能力的培养,进行分析和解决问题能力的培养,与人交流能力的培养,计算机能力的培养、较快获取商业信息的能力的培养以及一定的英语能力的培养。

三　新商业模式下会计人才能力培养

(一) 对专业能力的构建

(1) 从专业课程入手。专业知识的培养离不开科学的课程设置,且课程内容要与社会需求相契合,通过科学的专业课程设置,可以巩固学生的专业知识,为以后专业技能的培养扎实专业基础。

(2) 培养专业技能。高校既可以组织学生参加一些技能大赛,或者学生自发组织,也可通过校企合作培养学生的专业技能,这样才能更好地适应社会需求。

(3) 养成专业态度。高校应该为学生创设一种学习氛围,举办一些专业会议和讲座,让学生有机会接触到该领域内的专家,这样可以使学生获得一些课堂外的知识和技能,并且还能从专家的经历中获得间接经验,有利于学生端正学习态度,也有利于对于专业态度的养成。

(二) 对于关键能力的构建

(1) 重视思想道德建设。新商业模式下会计人才是与商业经济活动打交道的人才。高校必须重视学生的思想道德建设,培养具有正确价值观和金钱观的人才。在学校内部课程教育中,加强职业道德课程的设计,使学校能够真正地实现集良好的学术氛围与人文环境于一体。

(2) 加强团队合作能力与人际沟通能力建设。高校可以通过学校相关部门积极组织并鼓励学生参加各项社团活动。通过参加学生社团活动,有利于学生实现自我管理,自我服务,可以较好地锻炼学生的团队合作能力,培养学生的合作思维,此外,还要鼓励学生参加各种社会实践,锻炼社会适应能力、人际沟通能力,以及应对复杂的环境的处理能力。

(3) 获取信息能力的构建。信息的获取对于新商业模式下的会计人才来说是必不可少的一项能力。对于获取信息能力的构建可以通过以下方式来实现:首先,可以通过在课堂进行案例学习分析培养学生获取信息的能力,放手让学生去进行思考分析,让学生进行多次的尝试,提高获取信息的能力;其次,通过观察来提高获取信息的能力,学生可以在实践活动中通过观察和阅读来获取信息,以此来提高获取信息的能力。

总之,能力是必备的,但能力的获得又不是一蹴而就的。高校和高校学生要从实际做起,一点一滴,慢慢积累,加强实践,由此获得各项能力的提升。

第五节 "一带一路"与会计人才

随着国家"一带一路"倡议的推进，越来越多的中国企业走出国门、走向世界，"一带一路"建设在政策沟通、设施联通、贸易畅通、资金融通、民心相通等方面都取得了丰硕成果，也为我国会计人才培养与输出创造了良好条件。"经济越发展，会计越重要"，为了适应"一带一路"建设发展需求，如何更好地培养具有全球化视野的国际化专业财会人才，这是摆在"一带一路"沿线企业、高等院校面前的一个重要课题。为此，广西高校必须高度重视会计人才培养，创新培养途径与方法，为社会发展输出所需要的复合型人才。

一 "一带一路"倡议背景下会计人才培养的现实意义

（一）有助于促进我国与其他国家地区之间的交流

我国作为世界上最大的发展中国家，一直主张走和平发展道路。"一带一路"是我国基于中国社会发展要求与具体国情提出的倡议目标。随着全球经济一体化不断深入，社会发展对会计人才的需求日益增加。在"一带一路"倡议背景下注重会计人才培养，为沿线国家与我国贸易往来培养出一批高技能与高素质的会计人才，对于加强我国与沿线国家之间的联络与沟通具有十分重要的作用。尤其在当前国际环境日益复杂、多变的情势下，有助于促进我国同沿线国家之间的经贸合作与政治交往，促进我国对外开放型经济水平的不断提升，进而提高我国的综合实力和国际竞争力，为我国未来发展打下良好基础。

（二）有助于我国企业对外开放程度不断提高

为了更好地服务"一带一路"建设，会计人才培养的内容和方式不断创新，会计人才层次不断提升，会计人才的专业技能和职业素养不断增加，这有利于充分发挥人的价值，为企业注入新能量，加强企业发展步伐，从而达到提升我国企业对外开放水平的目的。

（三）有助于推动复合型会计人才的培养

会计人才培养的内容不仅是专业技能，还包括职业素养与其他方面的综合能力。复合型会计人才是当前社会发展迫切需要的人才类型。"一带一路"建设加大了对高素质、复合型会计专业人才的需求，为此，高校在课程、专业设置等方面不断更新，对传统会计培养模式不断改进和完善，从而有利于复合型会计人才培养，满足社会发展需求。

二 "一带一路"背景下的会计人才能力要求

（一）"会计知识+商务知识+语言"的综合能力

服务"一带一路"建设的会计人才首先要具备扎实的会计理论知识和丰富的会计实践经验，包括会计信息化处理、会计核算、财务管理、税务处理、内部控制、报表分析、审计等。其次还必须具备经济、金融、法律、商务贸易、跨境电商等商务知识。此外，"一带一路"沿线国家众多，拥有官方和地方语言多达上百种，会计人才还要具备良好的语言能力，特别是"一带一路"沿线国家的小语种，能够在合作中进行沟通和交流，以便为"一带一路"建设服务。

（二）熟悉国际会计准则的专业能力

目前，"一带一路"沿线国家的会计准则与我国现行会计准则差异较大。在东盟10个国家中，新加坡、越南和马来西亚的会计准则与国际会计准则有较高的趋同度，其他7个国家趋同程度较低，尤其是缅甸目前还没有采用国际会计准则。南亚8个国家中，印度的会计准则国际趋同性较高，其他7国与国际会计准则存在很大差异。近年来，虽然我国的会计准则逐渐与国际会计准则接轨，但仍然存在一定差异。因此，会计人才要更好地为"一带一路"建设服务，就必须了解并熟悉沿线国家的会计准则、法律制度以及税法差异，通晓国际会计准则。

（三）具备良好的管理能力

近年来，随着互联网、大数据的发展，我国会计建设进程不断加快，传统的会计工作逐渐被人工智能、会计软件所取代，企业需要的是能够协助管理、制定科学决策的管理型会计人才。同样，服务"一带一路"建设的会计人才也要具备良好的管理能力，同时还要具备良好的团队合作能力、逻辑思维能力、决策执行能力以及分析解决问题的能力，从而提高跨境企业的经营管理能力。

三 "一带一路"倡议下的会计人才培养路径分析

（一）构建国际化会计课程体系与师资队伍

为了满足社会对会计人才的多样化需求，广西高校必须建立完善的课程体系，让学生在接受传统的会计专业课程的基础上，再接受相应的国际课程，了解"一带一路"沿线国家的政治、历史、文化以及宗教等多方面的基础情况。除此之外，还需要指导学生从多个角度与多个方面学习与掌握国内外财务税法、国际贸易制度等知识。在具体教学实践中，要注重培养学生的自主探究与实践能力，创设适合本校学生的国际化会计课程体系。此外，在会计人才培养过程中，教师发挥着关键性作用，所以，必须优化师资队伍，提高教师队伍的国际化水平。

（二）创新会计人才培养的具体模式

（1）中外合作的分段式培养。随着"一带一路"倡议的提出，广西高校必须加强与沿线国家的高校联合培养，为"一带一路"建设提供国际化高端复合型会计人才。中外高校联合的分段式培养模式具体可分为"3+1"（国内3年本科+国外1年本科）、"2+2"（国内2年本科+国外2年本科）、"3+2"（国内3年本科+国外2年硕士）等多种形式。以"3+1"模式为例，教学内容上国内3年应以我国会计的理论和实务、计算机应用、合作高校所在国的语言课等为主，国外1年应以对方国家的财税制度等专业课程为主。

（2）指定国家的订单式培养。服务"一带一路"建设的会计人才具有较强的地域性，因此，可以采取对应国家的订单式培养模式。该模式是通过学校与企业签订合作协议，根据某一国家的特点及企业对人才的特殊要求，挑选适量的学生单独编班，利用校、企和沿线国家三方的办学资源，共同培养专业的会计人才。例如，为在泰国的多家中资企业培养的会计人才而订制的班级，可冠名"泰国会计班"。在专业授课方面增加泰国的会计准则和财税制度，增加泰国的文化、政治经济体制、法律制度等课程，并增设泰语课程。这个模式执行起来有一定难度，需要高校所在地区的教育厅、商务厅等部门牵头，搭建学校和企业之间沟通的桥梁。

（3）短期培训的针对式培养。所谓短期专题培训的针对式培养模式是指针对会计人员在"一带一路"建设中遇到的会计问题、文化差异、语言沟通障碍等举办短期专题培训的人才培养模式，其培养对象是具有一定会计工作经验，已经或将要为"一带一路"建设服务的会计人员。可根据会计工作中遇到的不同问题，举办7—15天的专题培训，内容可涉及沿线国家的会计准则、财税制度、会计核算、财务管理、审计等及其与我国相关制度的差异，具体工作可由我国财政部门或会计培训机构承办，邀请本地或沿线国家的会计专家授课。该模式的主要优势是能够精准对接企业需要的会计人员，有针对性地解决会计工作中遇到的实际问题，缩短培养周期，节约培养成本。

总的来说，"一带一路"为广西高校会计教育带来了新的契机、注入了新的动力，提供了强有力的保障。但我们也要看到广西高校会计教育在面向国际化发展的进程中的现实局面，及时剖析原因，对症下药，以此推动广西高校会计教育发展更持续、更健康、更富有活力，从而使国际化、高层次会计人才队伍不断发展壮大。

结　　语

人才培养问题是人类自有经济生活和教育活动以来永恒的话题，会计类专业人才的培养符不符合社会应用的需要，不仅是一个教育问题，还是一个经济问题、文化问题。培养模式是会计类专业人才培养的核心问题，培养模式的问题解决了，其他问题也就迎刃而解。

当前，广西会计人才培养模式具有多元化、立体化的特点，基本形成了系统专业教育、社会资格考试培训教育及会计实务操作技能教育以及会计人员继续教育等多层次并存的人才培养模式。在经济发展过程中，这种培养模式满足了社会对会计人才的各层次需求，发挥了积极的作用。但是，随着经济全球化的不断深入，尤其是中国—东盟自贸区的建成，广西的经济活动日益复杂，各会计主体对会计的需求也由原来的会计"人员"到现在的会计"人才"，这种从数量到质量的转变，对广西高校会计教育提出了更高的要求。

广西高校如何改变会计专业人才培养模式，使学生具有自主学习能力和良好的职业素养、职业道德，是其面临的重要课题。结合广西会计人才培养面临的机遇和存在的问题，本书认为广西高校会计人才培养必须站在面向未来的会计事业发展前沿，及时把握社会会计人才需求以及相关行业发展动态，以会计人才能力的培养为本位，构建适合广西特色的会计人才培养模式，要求具有鲜明的时代性，并具有自身的特色。

附件　会计人才培养模式满意度调查（学生）

为了解大家对学校会计专业人才培养模式的看法，我们进行此次问卷调查。问卷匿名，请根据你的实际情况填写，谢谢！

1. 您的当前学历

   A. 本科

   B. 硕士研究生

   C. 博士研究生

2. 您对本专业所涵盖的课程

   A. 很不满意

   B. 不满意

   C. 一般

   D. 满意

   E. 很满意

3. 您对本专业所使用教材体系

   A. 很不满意

   B. 不满意

   C. 一般

   D. 满意

   E. 很满意

4. 您对课堂上所采用的教学方法

   A. 很不满意

   B. 不满意

   C. 一般

   D. 满意

   E. 很满意

5. 您认为学校的考核方式是否合理？

A. 很不合理

B. 不合理

C. 一般

D. 合理

E. 很合理

6. 您认为本专业的人才培养方案是否符合社会的需求？

A. 非常符合

B. 比较符合

C. 基本符合

D. 不符合

7. 您觉得本专业对综合能力的培养如何？

A. 很不满意

B. 不满意

C. 一般

D. 满意

E. 很满意

8. 您对学院师资力量的满意度如何？

A. 很不满意

B. 不满意

C. 一般

D. 满意

E. 很满意

9. 您认为学校的师资队伍结构是否合理？

A. 不合理

B. 还可以

C. 合理

10. 您学院是否开设双语教学？

A. 有

B. 没有

11. 您学校是否安排学生进行毕业实习？

A. 是

B. 否

12. 您对学校的实习安排是否满意？

A. 很不满意

B. 不满意

C. 一般

D. 满意

E. 很满意

13. 您学校是否有会计专业实训场所？

A. 是

B. 否

14. 您认为学校的会计专业实训场所是否得到了充分利用？

A. 是

B. 否

15. 您学校是否邀请名师专家，开设专题讲座？

A. 是

B. 否

16. 您对未来的就业前景如何看待？

A. 充满信心

B. 没有想法

C. 比较迷茫

17. 您认为本专业的教材［多选题］

A. 实用性强

B. 案例丰富

C. 基本可以

D. 比较枯燥

18. 您学校通常采取的考核方式是［多选题］

A. 撰写论文

B. 实训演练

C. 闭卷考试

D. 开卷考试

E. 其他

19. 您认为我校人才培养方案制定、修订过程中的问题是［多选题］

A. 专业定位不清晰

B. 培养目标不准确

C. 培养目标未细化成课程目标

D. 修订流程不规范

E. 未经过充分调研

F. 其他

20. 您对于本校人才培养的建议（选做）

参考文献

彭坤明：《知识经济与教育》，南京师范大学出版社1998年版。

秦荣生：《面向21世纪会计后续教育问题研究》（财政部重点课题系列丛书），经济科学出版社2002年版。

许萍：《会计人员能力框架问题研究》，厦门大学出版社2010年版。

刘红霞：《高校会计专业人才培养模式创新与实现路径研究》，中国财政经济出版社2015年版。

邵军：《本科会计教育的课程结构与课程设置》，《会计教育改革与发展》，立信会计出版社2008年版。

陈之举：《我国大学本科会计教学改革研究》，硕士学位论文，西南大学，2008年。

陈海涛：《我国本科会计教育问题研究》，硕士学位论文，上海海事大学，2006年。

吴运霞：《应用型会计人才培养模式研究》，《统计教育》2006年第2期。

王伟：《基于调查问卷的广西高校会计人才培养问题研究》，《华中师范大学学报》（人文社会科学版）2013年第1期。

赵和玉：《广西会计人才供需结构均衡发展的对策研究》，《全国商情》（理论研究）2012年第7期。

李家瑷：《对区域性会计人才培养模式的探讨——以东盟国际会计人才培养创新实验班为例》，《广西财经学院学报》2009年第2期。

蓝永和：《论广西"十百千"拔尖会计人才培养体系的构建》，《经济研究参考》2013年第59期。

刘永泽、孙光国：《我国会计教育及会计教育研究的现状与对策》，《会计研究》2004年第2期。

周宏等：《企业会计人员能力框架与会计人才评价研究》，《会计研究》2007年第4期。

刘玉廷：《对我国高级会计人才职业能力与评价机制的探讨》，《会计研究》2004年第6期。

许萍、曲晓辉：《高级会计人才能力框架研究》，《当代财经》2005年第11期。

欧阳昌永、欧阳婷：《广西设立正高级会计师职称评审制度探讨》，《经济研究参考》2010年第59期。

马玉清：《从用人单位角度看大学会计专业人才培养模式的改进》，《石油教育》2006年第2期。

年素英：《论地方高校会计专业人才培养模式创新的探讨》，《经济师》2008年第6期。

阎达五、王化成、张瑞君：《面向21世纪会计学类系列课程及其教学内容改革的研究》，《会计研究》1998年第9期。

刘明传、谷福云：《入世对我国会计的影响与对策研究》，《山东科技大学学报》（社会科学版）2003年第2期。

刘建群：《论知识经济时代的会计人才培养》，《会计之友》2004年第10期。

程明娥：《深化会计学教学改革培养高素质的国际化人才》，《职业时空》（研究版）2006年第11期。

刘丽影：《知识经济时代国际化会计人才的培养》，《中国乡镇企业会计》2006年第5期。

何军峰、黄红球：《高校会计专业人才培养模式创新思考》，《会计之友》2006年第5期。

王军：《打造中国的国际型会计人才》，《首席财务官》2007年第11期。

庄学敏：《建立国际化会计人才培养体系的思考》，《中国乡镇企业会计》2007年第10期。

徐悦华：《信息社会会计人才的培养模式》，《中国农业会计》2007年第11期。

秦少卿、罗文洁：《中国—东盟经贸会计人才培养模式研究》，《会计之友》（上自刊）2007年第7期。

刘贤仕、杨春风、彭素琴：《新形势下国际化会计人才培养模式研究》，《中国乡镇企业会计》2008年第1期。

王同旭、李玉：《探研高校产学研合作机制的实现途径》，《黑龙江高教研究》2013年第8期。

施菊华、陈卫：《产学研合作教育视角下动力机制分析及构建》，《高等农业教育》2012年第11期。

祝爱武：《论高教强国视野下的高等教育办学体制改革》，《黑龙江高教研究》2011年第1期。

刘莉：《地方高校产学研合作问题研究》，《中国高校科技与产业化》2010年第8期。

陈玮：《21世纪我国本科会计培养目标研究》，《兰州商学院学报》1999年第4期。

陈小悦、刘霄仑：《构建注册会计师职业能力框架的目的与方法》，《中国注册会计师》2004年第3期。

成放晴：《关于建立正高级会计专业技术资格有关问题探讨——兼谈深圳地区创建正高级会计专业技术资格的尝试》，《会计研究》2005年第5期。

邓传洲、赵春光、郑德渊：《职业会计师能力框架研究》，《会计研究》2004年第6期。

杜兴强：《加入WTO后对我国会计教育改革的思考》，《四川会计》2002年第3期。

葛兵：《会计教学应实现学科本位向能力本位转变》，《广西会计》1999年第2期。

顾明远：《试论21世纪研究生的知识结构和能力结构》，《学位与研究生教育》1998年第3期。

李心合：《论会计教育目标》，《会计研究》1998年第3期。

刘国武、陈少华、贾银芳：《会计教学中批判性思维教学法运用策略分析》，《会计研究》2005年第12期。

刘永泽、孙光国：《我国会计教育及会计教育研究的现状与对策》，《会计研究》2004年第36期。

刘永泽、耿伟：《试论加入WTO我国高等会计教育理念的更新》，《会计之友》2003年第6期。

刘玉廷：《办好会计硕士专业学位教育开创我国高级会计人才培养新

局面》,《财务与会计》2005年第5期。

刘玉廷:《对我国高级会计人才职业能力与评价机制的探讨》,《会计研究》2004年第6期。

娄尔行、张为国:《高等院校会计专业研究生教学改革的设想》,《会计研究》1996年第2期。

马胜凯、李志强:《21世纪大学生应具备的知识结构与能力素质》,《沈阳电力高等专科学校学报》2003年第7期。

南京大学会计系题组:《中国会计作用:现状与判断——来自企业家阶层的报告》,《会计研究》2000年第11期。

曲晓辉、陈建煌:《关于我国会计准则建设问题的问卷调查及分析》,《会计研究》1998年第9期。

竺素娥:《加入WTO财会人员必备的专业能力》,《广西会计》2002年第1期。